Das Buch vom
GUTEN BENEHMEN

Das Buch vom GUTEN BENEHMEN

Die Empfehlungen
des Fachausschusses für Umgangsformen

WELTBILD VERLAG

Nr. 99-9799-2

Genehmigte Ausgabe für Weltbild-Bücherdienst, Augsburg

Titelbild und Fotos: TLC Foto-Studio GmbH, Velen-Ramsdorf
Zeichnungen: Gerhard Wawra, Wiesbaden

1999401594X7 2635 4453 6271

Fachausschuß für Umgangsformen

Lektorat Hannover, Textfassung Hans-Georg Schnitzer in Auswertung der Beschlüsse (Empfehlungen) der Fachausschußressorts:

»Familie, Arbeit, Freizeit«
Leiter Jobst Freiherr von Cornberg, Personalleiter, Rechtsanwalt, Baden-Baden

»Jugend und Sport«, Leiter Heiner Hoffmann †, Pfarrer, Evangelische Akademie, Bad Boll, Irene Vöhringer, Tanzlehrerin, ADTV, Heilbronn

»Tanz und Geselligkeit«
Leiter Gerd Hädrich, Tanzlehrer ADTV, Hamburg-Harburg

»Ausland, Reise, Gastronomie und Sondergebiete«
Leiter Hans-Georg Schnitzer, Journalist, Hannover

Deutschsprachiger Auslandszweig:
Referat Österreich: Emmerich Wagner, Tanzlehrer Wien
Referat Schweiz: Irene Patzold-Garbujo, Tanzlehrerin, Bern

Außereuropäischer Auslandszweig:
Alice Meyer-von Forell, Konsul, Melbourne (Australien)

Der Fachausschuß für Umgangsformen wurde 1956 durch den Allgemeinen Deutschen Tanzlehrer-Verband (ADTV) ins Leben gerufen und hat bis 1986 als unabhängiges, frei zusammenarbeitendes Expertengremium gearbeitet. Die Bezeichnung »Fachausschuß für Umgangsformen« wurde, da durch Tausende von Publikationen in Presse, Hörfunk und Fernsehen sowie durch Bücher und Broschüren (Gesamtauflage über 2 Millionen) weithin eingeführt, nach der Umorganisation im Jahre 1968 beibehalten.

Inhalt

Zum Umdenken herzlich willkommen!

Zunächst eine freundliche Warnung: Wer dieses Vorwort nicht liest, muß in den folgenden Kapiteln manches mißverstehen. Denn wir haben in dieser Auflage auf den Seiten 18–30 die wichtigsten Änderungen gegenüber den vorigen zusammengefaßt. So kann der Leser Vergleiche anstellen, wie man früher dachte und heute »Benimm« versteht.

Der Fachausschuß für Umfangsformen möchte Sie als Besitzer dieses Buches herzlich begrüßen.

Herzlich? – Darf er das?

Muß nicht gerade der »Kniggerat«, wie ihn die Presse gern nennt, sorgfältig unterscheiden zwischen »mit vorzüglicher Hochachtung« – »hochachtungsvoll« – »freundlich« – »recht freundlich« und – »herzlich«? Von »in Liebe« gar nicht zu reden!

Hat ein Fachausschuß überhaupt ein Herz? Die Frage ist berechtigt. Ihm gehören im deutschsprachigen Sprachraum dreißig Mitarbeiterinnen und Mitarbeiter an, darüber hinaus, als korrespondierende Mitarbeiter, rund hundert in allen Erdteilen.

Medizinisch betrachtet, also viele Herzen. In der Sache aber hat der Fachausschuß für Umgangsformen ganz bestimmt Herz und Verstand!

Wir leben in einer Welt, in welcher der Mensch Herzen fast wie Motoren auswechselt. Gerade in dieser wunderbaren, oft verfluchten Welt eines atemberaubenden technischen Fortschritts müssen wir alles tun, damit nicht die Technik uns zu herzlosen Robotern macht, sondern wir besser, freundlicher, menschlicher miteinander leben. Miteinander – wohlgemerkt.

Dazu gehört zweifelsohne gegenseitiges Achten, Respektieren, Freundlichkeit. So werden heute Umgangsformen verstanden.

Wir, der Fachausschuß, unterscheiden nicht zwischen Gläubigen und Ungläubigen. Wir sind weder Priester noch Richter, noch Politiker. Wir erheben weder Protokollpostulate noch Etikettevorschriften. Wir suchen nach Möglichkeiten, wie der Mensch mit seinem Mitmenschen, welcher Rasse, Religion und Ideologie er auch angehören mag, bei Begegnungen im In- und Ausland am besten auskommen könnte.

Wir diskutieren das Für und Wider und veröffentlichen Empfehlungen. Wir erteilen keine »geharnischten Absagen« an Vertreter anderer Auffassungen. Aber wir sind guten Willens, einen Beitrag für den Umgang von Mensch zu Mensch zu leisten.

Daher unser erster Appell:

Haben Sie Herz – mehr Verständnis für den anderen!

Rücksichtnahme, Hilfsbereitschaft und vor allem Menschlichkeit sind heute für alle im Umgang miteinander nötiger als die hohle Förmlichkeit einer überholten Etikette.

Wir wenden uns ab

- von hohlen Formen als Ersatz für mitmenschliches Verhalten;
- von der Heuchelei eines nur scheinbaren Mitgefühls;
- von autoritärer Bevormundung;

Wir setzen uns ein

- für gleichberechtigte Partnerschaft zwischen Frau und Mann und ein Zusammenleben in gegenseitiger Achtung vor der Persönlichkeit des anderen;
- für ein gesundes Verhältnis zwischen Alten und Jungen;
- für Toleranz und Nächstenliebe.

Etikette war eine Erfindung von Höflingen. Das Wort entstand am Hofe von Versailles in der Blütezeit des Absolutismus. Sie ist bis heute in den Protokollvorschriften der Regierungen ein oft nützliches Instrument, um Zusammenkünfte auf dem Parkett der internationalen Staatspolitik zu erleichtern.

Warum sich Etikette ändert

Die Protokollvorschriften zum Beispiel der Bundesrepublik Deutschland wurden in den ersten Jahren ihrer Konsolidierung, also zu einer Zeit geschaffen, als international noch die Ordnung eines Fürsten Metternich aus dem Anfang des vorigen Jahrhunderts galt. Die Kompliziertheit dieser Ordnung umständlicher Förmlichkeiten hätte alle Blitzbesuche unserer Staatsmänner unmöglich gemacht, wäre bei einer Außenministerkonferenz in Wien durch eine Fülle von Streichungen nicht den Zeichen unserer Zeit Rechnung getragen worden. In Wien wurde, zwar reichlich spät, aber immerhin – um die Mitte des zwanzigsten Jahrhunderts – erkannt, daß der Mensch heute nicht mehr mit der Postkutsche reist, sich des Fernsprechers anstelle reitender Boten bedient und daß sich bei staatspolitischen Kontakten kaum noch durch Erbfolge gekrönte Häupter, sondern gewählte Repräsentanten der Völker begegnen. In Wien wurde zwar nicht der Geist, aber das Tempo staatspolitischer Verkehrsmethoden geändert.
Die Ergebnisse waren fortschrittlich-demokratischen Außenministern bei weitem nicht modern, offen und praktisch genug, aber sie verursachten ein großes Aufatmen in fast allen Außenministerien der Erde. Der Mann auf der Straße, die Mutter im Kreise der Kinder, der Lehrer vor den Schülern, der Tanzlehrer vor den Kursusteilnehmern hatten lange noch keinen Grund zum Aufatmen. Für sie hatte sich noch nichts geändert. Ihnen wurden nach wie vor die zum Teil vor Jahrhunderten bei Hofe ausgeklügelten und im vorigen Jahrhundert von einem hoffähig gewordenen Großbürgertum für eine Gesellschaft mit Salon und Dienerschaft übernommenen Etiketteregeln empfohlen, wenn sie sich um »korrektes Verhalten« oder »guten Ton« bemühten.
Hinzu kam eine verständliche Re-Aktion nach dem Zweiten Weltkrieg. Nur allzu viele glaubten, mit besten Absichten, den laxen Sitten, die der Krieg – wie Kriege immer – mit sich gebracht hatte, am besten mit

den Lehren aus den Benimm-Büchern der zwanziger Jahre begegnen zu können. Dazwischen lag das sogenannte Dritte Reich, das selbst positive Appelle – wie den an den Gemeinsinn – als Mittel zum Zweck der Vernichtung mehr als fragwürdig gemacht hatte.
Abgesehen von einigen mutigen Versuchen, wenigstens auf Teilgebieten mit den Relikten höfischer Gesinnung im Bürgerhaus aufzuräumen, blieb den meisten, die nach Anleitung für die Jugend suchten, der Nachkriegsrückfall in längst verstaubte Etiketteregeln nicht erspart.

Warum Tanzlehrer bei uns mehr über Umgangsformen wissen

Es wird immer wieder gefragt, warum es ausgerechnet Deutschlands – und sehr bald auch Österreichs und der Schweiz – Tanzlehrer waren, die zum Nachdenken über zeitgemäße Umgangsformen anregten. Sie waren in den ersten Nachkriegsjahren noch in der Tradition ihrer Herkunft von Ballett- oder Tanzmeistern bei Hofe befangen.
Die Deutsche (deutschsprachige) Tanzschule entstand um 1718 herum, nachdem in Leipzig der Tanzlehrer Gottfried Taubert das erste umfassende Tanzlehrbuch in unserer Sprache veröffentlicht hatte: »Rechtschaffener Tantzmeister oder gründliche Erklärung der Frantzösischen Tantz-Kunst.« Dieses dreibändige Werk mit einem Umfang von 1200 Seiten enthält gleichzeitig Kapitel zur »äußerlichen Sitten-Lehre und gefälligmachenden Aufführung«. Anleitungen zu Tanz und »Umgangsformen« hatten schon Tauberts Vorläufer gemeinsam behandelt. So heißt es bei Meletaon auf dem Innentitel seines im Jahre 1713 erschienenen Lehrbuches „Von der Nutzbarkeit des Tantzens“: »Wie viel selbiges zu einer galanten und wohlanständigen Conduite bey einem jungen Menschen und Frauenzimmer beytrage; auch wie man dadurch sowohl Kinder als erwachsene Leute von beederley Geschlechte zur Höflichkeit, Artigkeit und Freymüthigkeit anweisen sollte.«
Die Wirkungen der Tanzanleitungen Tauberts lassen sich in der Literatur fast 200 Jahre lang, bis an die Schwelle des 20. Jahrhunderts, verfolgen. Auf dem Gebiete des »wohlanständigen Verhaltens« hat den Tanzlehrern jedoch ein Jahrhundert früher Adolf Freiherr Knigge mit seinem Buch »Über den Umgang mit Menschen« (erschienen 1788) den Rang abgelaufen. Nur unterschied sich das Werk Knigges, dessen Arbeit so oft fehlinterpretiert worden ist, bedeutend von den mehr auf die unmittelbare Praxis des Ballsaals bezogenen Anleitungen der Tanzlehrer. Knigge sprach zur ganzen Menschheit, die er, Sozialethiker und Schriftsteller, bessern wollte. Der Tanzlehrer vermittelte knappe Regeln. Ihr Vorteil: Sie ließen sich in aller Kürze in den Tanzunterricht einstreuen. Der Nachteil erwies sich erst in den fünfziger Jahren.

Sinn und Unsinn von »Benimm-Regeln«

Da stand plötzlich eine Jugend auf dem Parkett, die die Regeln nicht mehr als »von oben gegeben und daher zu akzeptieren« hinnahm. Sie fragte nach dem Sinn. »Warum sollen wir das?« Sie blätterte in alten und neuen »Benimm-Büchern« und wies nach, daß die Verfasser für viele Probleme konträre Richtlinien gaben. Aus der »Bekanntgabe von Anstandsregeln« entwickelte sich mehr und mehr, was die Tanzlehrer in Anbetracht der sich mehrenden Tänze nun erst recht stören mußte –

die Diskussion über Sinn und Unsinn überlieferter Formen. So nahmen sie, wie ihre Vorfahren vor 250 Jahren, es erstmalig wieder selbst in die Hand, nach zeitgemäßen Formen zu suchen.
Wie so oft im Laufe der Geschichte: Der Walzer hatte im vorigen Jahrhundert die bürgerliche Revolution und den Sieg der Demokratie eingeleitet. Mit der »Rock-'n'-Roll- und Beat-Revolution« verband sich nach dem Zweiten Weltkrieg die Kritik an verstaubten Gesellschaftsregeln, lange bevor Studenten gegen Mief und Muff an den Universitäten auf die Barrikaden gingen.

Notbremse für Tanzschulen

Als im Jahre 1956 der Allgemeine Deutsche Tanzlehrer-Verband auf Vorschlag des Bielefelder Tanzlehrers Tino Schneider (der dafür 1969 mit dem Bundesverdienstkreuz ausgezeichnet wurde) den Fachausschuß für Umgangsformen ins Leben rief, wurde sozusagen eine Notbremse für die Tanzschule gezogen. Und als die Tanzlehrerschaft 1968 in Berlin, ihren ersten großen deutschen Altmeister Gottfried Taubert ehrend, das 250jährige Jubiläum der Deutschen Tanzschule feierte, war die Arbeit des Fachausschusses für Umgangsformen mit Unterstützung von Presse, Rundfunk und Fernsehen bereits weit über die Tanzschule hinausgewachsen. Damals rief ADTV-Präsident Gerd Hädrich, selbst Mitarbeiter an neuen Umgangsformen und Verfasser von »Nobody is perfect«, bei einer Diskussion in der Berliner Kongreßhalle aus: »Meine Damen und Herren, das können Sie der Tanzschule nicht anlasten!« Aus dem Plenum war an das Podium (Diskussionsleiter Robert Lembke) die Aufforderung gerichtet worden: »Nehmen Sie Stellung zur Pille. Warum schweigt sich die Tanzschule dazu aus?«
Ganz einfach: Weil die Pille in den Intimbereich gehört und der Austausch von Intimitäten nur insoweit von den Umgangsformen erfaßt wird, als diese für mehr als die beiden Menschen sichtbar werden, die sie angehen!
Seitdem steht der Fachausschuß für Umgangsformen auf eigenen Füßen; finanziert er seine Arbeit allein aus Büchern und Broschüren; sind die Tanzlehrer, die ihn ins Leben gerufen haben, unter seinen vier Ressorts mit ihrem ureigensten Gebiet »Tanz und Geselligkeit« vertreten. Seitdem kann der Tanzschule nicht mehr angelastet werden, daß sie sich mit Umgangsformen in allen Bereichen des Lebens befasse. Aber die Geister, die sie 1956 rief, darunter viele Institutionen, die sich seitdem mit der Bitte um Erfahrungsaustausch an den Tanzlehrerverband ADTV gewandt haben, bleiben ihr in Dankbarkeit verbunden. Seitdem richtet sich der Appell zum Umdenken zuerst an die Familie, an Eltern und Kinder. Seitdem kann unter »Umgangsformen heute« auch über die Pille gesprochen werden.
Wenn wir den Leser mit diesem Vorwort zum Umdenken einladen, so bitten wir ihn gleichzeitig, für kommende Ausgaben dieses Buches durch Kritik mitzuarbeiten. Kritik und die Bereitschaft, Diskussion und Aussprache mit Kritikern zu suchen, haben dem Fachausschuß für Umgangsformen wohl entscheidend mit zu seiner heutigen Aussagekraft verholfen. Dazu ein Beispiel.

Höflichkeit mit Herz?

Als die Trümmer des Zweiten Weltkrieges mehr und mehr wieder menschenwürdigen Wohnungen Platz machten, zog in die neuen Wände auch der Wunsch ein, sich gepflegterer Formen im Umgang von Mensch zu Mensch zu bedienen. Aber auf der Suche nach Begriffen zeigten sich viele Worte als abgegriffen oder mißverständlich. Alte Vokabeln waren belastet durch Ideologien des Rassenwahns und der Vernichtung. »Volksgemeinschaft«, »Volksgenosse«, ja sogar »Mutter und Kind« waren verdächtig und selbst Appelle an »Nächstenliebe« für nicht wenige fragwürdig geworden.
Sie waren ebenso in den Sog der Mißachtung geraten wie der Glaube an ein »Vaterland«, das Millionen im eigenen wie in anderen Völkern um Leben, Heimat oder Existenz gebracht hatte.
Mancher Jüngere, der die Zeit der Umwertung und Abwertung all dieser Begriffe und den Strudel des Entsetzens, in dem sie untergingen, nicht miterlebt hat, kann diese Ausführungen kaum nachempfinden. Er wird sie erst aus Überlegungen seiner eigenen Zeit heraus verstehen. Als nämlich eine Jugend, die Vorkriegszeit und Krieg nicht miterlebt hatte, sich kritisch mit vielen Organisationsformen der heutigen Gesellschaft auseinanderzusetzen begann, stieß sie sich an wesentlich älteren Begriffen und erklärte sie mit ihren Auffassungen von Freiheit und moderner Demokratie als unvereinbar.

Mief und Muff vergangener Zeiten

So gerieten schließlich auch Begriffe, die von der Verzerrung im »Dritten Reich« unberührt geblieben waren, unter Beschuß, verdächtig geworden als »Mief und Muff« aus längst vergangenen Jahrhunderten!
Der Fachausschuß hatte sich 1956 für den Begriff »Umgangsformen« entschieden. Als er bei einer Umfrage jedoch feststellte, daß »Umgangsformen« nur für einen verhältnismäßig niedrigen Prozentsatz der Bevölkerung eine klare Aussage bedeutete, griff er zu »Höflichkeit«, weil dieses Wort für mehr als zwei Drittel genau umriß, auf welchem Gebiet zeitgemäße Empfehlungen entwickelt werden sollten.
Um das Wort zu aktualisieren, formulierte er – als Ergebnis eines Titelwettbewerbs – »Höflichkeit heute«.
Vor Herausgabe des vorliegenden Buches wurde nun durch eine erneute Umfrage festgestellt, daß sich heute »Umfangsformen« (76 %) und »Höflichkeit« (71 %) im Verständnis der Öffentlichkeit vor allen anderen »Benimmwörtern« die Waage halten.
Aber nicht allein aus diesem Grunde trägt dieses Buch den Titel »Umgangsformen heute«. Daß »Etikette« noch immer als »Etikettierung« von Menschen verstanden wird, hat den Fachausschuß für Umgangsformen schon bei seiner Gründung veranlaßt, sich dieses Klischees nicht zu bedienen. Er hat zunächst einmal durch Umfragen ermittelt, was breiteste Schichten der Bevölkerung unter »Höflichkeit heute« und »Umgangsformen« verstehen – und für welche alten Höflichkeitsformen der Mensch unserer Zeit kein Verständnis mehr hat, welche verstaubten Formen er gar belächelt.

Nach der Bestandsaufnahme, die ihren Niederschlag in dem 1964 erschienenen Buch »Höflichkeit heute – Schlüssel zum Erfolg« fand, begann die entscheidende Arbeit.

Keine hohlen Förmlichkeiten mehr

In Hunderten von Diskussionen mit jung und alt, Tausenden von Veröffentlichungen in Presse, Rundfunk und Fernsehen verdichtete sich durch Kritik und Gegenkritik in immer breiteren Kreisen der Öffentlichkeit der Wunsch nach einer Abkehr von hohler Förmlichkeit, Heuchelei und verlogenem Getue. Vor allem die Jugend attackierte eine Devise, die in nahezu allen einschlägigen Werken, Büchern, Broschüren und Traktätchen als Appell zu lesen ist: »Höflichkeit mit Herz.«
Dabei geht es um einen sicherlich erst heute klar erkennbaren Widerspruch. Die Devise »Höflichkeit mit Herz« allein ist bereits Kritik an der herzlosen Etikette:

- Kritik an einer Etikettierung von Menschen nach der Rangfolge vom Herrscher bis zum letzten Untertanen.
- Kritik an einer kaum übersehbaren Zahl von Regeln, die zu beherrschen ein Studium für sich bedeutete und die denjenigen, der die »Kunst des Umgangs mit Menschen« beherrschte, von vornherein »dem gemeinen Mann« gegenüber zum Überlegenen machte.

Drei Dinge kennzeichnen den Schlüssel zum Erfolg – Einfühlungsvermögen, Freude an der Arbeit und gute Umgangsformen.
HERMANN REUSCHER

Um es volkstümlich zu sagen: »Verpackung wichtiger als Inhalt.« – »Eine Vorschrift für Lakaien.« Oder, mit einem geflügelten Wort, »für Lackaffen«.
Wer also unter Höflichkeit die Verhaltensweisen von Höflingen versteht – und dieses Wort hat gleichfalls einen Abwertungsprozeß durchgemacht –, hat recht, wenn er behauptet, daß »Höflichkeit mit Herz« einen Widerspruch in sich bedeute: Der Appell, sich so zu verhalten, sei eine Aufforderung zur Heuchelei.
Auch an dieser Behauptung wird Wahres finden, wer danach sucht. Aber auf dieser Suche wird er auf eine Eigenschaft stoßen, um die wir heute um so weniger herumkommen, je mehr wir international brauchbare Formen für Menschen diesseits und jenseits unserer Grenzen zu finden bestrebt sind. Wir werden hinter jedem Schlagbaum – gerade heute im Zeitalter des Massentourismus – einige wenige Tabus zu beachten haben, die selbst ein Fachausschuß für Umgangsformen mit weltweiter Gesetzeskraft nicht beseitigen könnte.

Bleibe dem Gegner gegenüber immer fair, gleich, ob es sich um eine geistige oder körperliche Auseinandersetzung handelt.
MARGARETE FERETTY-FÜREDI

Diese Tabus gemahnen uns jedoch an etwas im Grunde Erfreuliches – nämlich an die Reste persönlicher Eigenart, die wir Rassen, Völkern, Großfamilien und Familien ebenso zugestehen müssen wie die Originalität, die jeden Menschen vom anderen unterscheidet. Eine allgemeine Gleichmacherei ist der Menschheit, die unseren Stern bevölkert, ganz gewiß nicht dienlich. Denn etwas haben alle Völker gemeinsam: Gegensätze ziehen sich an!

Autorität des Alters

Da Umgangsformen heute nur dann ihren Sinn erfüllen, wenn sie den Umgang mit Menschen erleichtern helfen, haben nur solche Empfehlungen Aussicht auf Erfolg, die auf die Freiheit der Persönlichkeit gegründet sind. Wer fünfzig oder auch nur zwanzig Jahre zurückverfolgen kann und den Vergleich zwischen damals und heute zieht, kommt um das Geständnis nicht herum, in einer neuen Welt zu leben. Auch sie hat ihre Fehler – wann wäre die Menschheit je vollkommen gewesen!? Aber diese Welt eines atemberaubenden Fortschritts braucht neue Konzepte, damit der Mensch mit seinen Errungenschaften Schritt halten kann. Denken wir allein an die Bewältigung der Lehrzeit wie der Freizeit! Auf beiden Gebieten haben sich die Etiketteformen von gestern zum großen Teil als überholt erwiesen.

Herz beweisen

Deshalb: Beweisen Sie Herz! Überprüfen Sie Ihre Auffassungen von Autorität, Respekt, Gehorsam! Sind Sie schon auf dem neuen Weg? Für Sie ist das alles selbstverständlich? Um so besser!
Mancher ältere Mensch wird in diesem Buche etliche Fragezeichen setzen. Vielleicht wird er mutmaßen, der Fachausschuß für Umgangsformen habe sich auf die Seite der »revoltierenden Jugend« geschlagen. Nun, er war von Anfang an ein Verbündeter jener jungen Kräfte, für die »Mief und Muff« nicht etwa ein Signal zum Kaputtschlagen oder gar zur Brandstiftung war, sondern Aushängeschild für eine sachliche Diskussion mit überzeugenden Argumenten. Älteren, die keine bessere Antwort auf Vorschläge zur Reformierung demokratischer Einrichtungen wissen, als auf Jahrhunderte alte Gesetze zu pochen, ist nicht einmal durch »Höflichkeit mit Herz« beizukommen.
»Wer die Formen beherrscht, darf sie wieder zerbrechen.« Ein altes Wort aus der Geschichte der Umgangsformen, einst so gedeutet: Der überlegene Mann von Welt hat es nicht mehr nötig, sich nach den erlernten Regeln zu benehmen. Von ihm weiß man, daß er's, wenn es darauf ankommt, kann!
Studenten in der Diskussion: »Wir wünschten uns nur, alle Professoren hätten den Mut, die von ihnen beherrschten reaktionären Formen zu zerbrechen. Sie würden unter uns Studenten eine begeisterte Gefolgschaft finden; denn viele unserer Ordnungen stammen aus Zeiten des Kadavergehorsams, in denen Einpauken wichtiger war als Mitdenken! Ohne Mitdenken kein Fortschritt in den Wissenschaften!«
So nah und so fern können die Ufer zwischen den Generationen sein. Hier junge Menschen, die Autorität auch am Mut zur Entscheidung gegen verstaubte Gesetze messen. Dort eine Autorität, die sich vielleicht nur deshalb hinter einem alten Gesetz verschanzt, weil es nebenbei erlaubt, die Vertreter einer fortschrittlichen Meinung einfach auszuschalten.
So eng sind die Beziehungen zwischen Erziehungsgrundsätzen und Umgangsformen.

Der ältere Leser könnte nach diesem Abschnitt vielleicht zu der Annahme neigen, der Fachausschuß für Umgangsformen ergreife grundsätzlich die Partei der Jüngeren.
Durchaus nicht. Wir versuchen stets, Brücken zu schlagen. In vielen Kapiteln dieses Buches sind die neuen Empfehlungen für eine jüngere Erwachsenengeneration jenen Formen gegenübergestellt, in denen viele Ältere verständlicherweise heute noch leben. Viele alte Zöpfe aus den Auffassungen der Etikette hat der Fachausschuß für Umgangsformen auch im »älteren Teil« bereits abgeschnitten. Diesen sollte der junge Mensch – wenn er sie nicht aus Elternhaus, Schule oder Tanzschule ohnehin kennt – gleichfalls aufnehmen.

Miteinander geht's leichter.
INGEBORG BEUSS

Nicht selten werden wir aus Takt zu berücksichtigen haben, daß es ein Alter gibt, in dem sich nur wenige noch umstellen können. Alten Damen und Herren gegenüber Achtung und Respekt mit den Formen ihrer Zeit zu erweisen, wird Jüngeren um so leichter fallen, je mehr Verständnis die Älteren Gegenwart und Zukunft ihrer Kinder und Enkel entgegenbringen. Das Grundprinzip unserer Arbeit soll allen nützlich sein: Weniger Formen – mehr Takt!

Weniger Formen – mehr Takt!

Bestehende Umgangsformen schließen heute für jeden die Freiheit ein, mit anderen Formen voranzugehen, soweit es taktvoll möglich ist. Dieses Risiko zu wählen ist besser, als in der Förmlichkeit von gestern zu erstarren. Förmlichkeit bremst. Fließende Formen fördern das Miteinander der Generationen und das Verständnis für den Nächsten.

Immer schnellerer Wandel

Es gibt wohl keinen besseren Beweis für die Aufgeschlossenheit, mit der weiteste Kreise der Bevölkerung die Empfehlungen des Fachausschusses für Umgangsformen aufnehmen, als diesen: Fünf Jahre nach Erscheinen der ersten Auflage unseres Buches waren durch öffentliche Diskussionen und Berichterstattung über alle Kommunikationsmittel bereits wiederum zahlreiche alte Formen aufgelöst, die bis dahin noch als unabrückbar gegolten hatten. Die wichtigsten Änderungen wurden dieser neuen Auflage vorangestellt.
In den siebziger Jahren ließ sich beobachten, wie die (nach Helmut Schelsky) skeptische Generation wieder das Gefühl für menschliche Kontakte zu entdecken begann. Aus dem Miteinander Kraft zu schöpfen, wurde erneut zu einem erstrebenswerten Ziel. Tragik dieser Generation in den achtziger Jahren: Hunderttausende wurden arbeitslos oder fanden keinen Ausbildungsplatz. So erkannte eine Arbeit suchende Jugend den Vorteil der Sicherheit, die aus guten Umgangsformen erwächst.

Das Grundgesetz der Umgangsformen

Sei taktvoll und natürlich!

Sei rücksichtsvoll und hilfsbereit!

Sei zuverlässig und pünktlich!

Bedenke

Auch Gleichberechtigung und Partnerschaft bedürfen einer Ordnung, nicht etwa einer Rangordnung des Standesdünkels, sondern der Achtung: der Achtung vor der Frau als Trägerin des Lebens, vor dem Alter als Träger der Lebensweisheit und vor der Leistung als Träger der Gemeinschaft.

Grundfragen des Verhaltens

Für Frauen und Mädchen

Wo bin ich?
Unter Verwandten, Freundinnen, Bekannten, Fremden; am Arbeitsplatz; in Gesellschaft?
Wem stehe ich gegenüber?
Einer ledigen, einer verheirateten Frau; einem ledigen, einem verlobten, einem verheirateten Mann, Gast oder Gastgeber(in), einem beruflich Vorgesetzten oder Gleichgestellten?
Bin ich wesentlich jünger oder älter?

Für Männer und Jungen

Wo bin ich?
Unter Verwandten, Freunden, Bekannten, Fremden; am Arbeitsplatz, in Gesellschaft?
Wem stehe ich gegenüber?
Einer ledigen, einer verlobten, einer verheirateten Frau, einem Mann, Gast oder Gastgeber(in); einem beruflich Vorgesetzten oder Gleichgestellten?
Bin ich wesentlich jünger oder älter?

Unsere Gesellschaft

Umgangsformen unterscheiden heute nicht mehr zwischen »feinen« und »anderen Leuten«. Sie dienen der Verständigung mit jedermann.

Rechnen Sie sich zur Gesellschaft? Gehen Sie gern in Gesellschaft? Zählen wir nicht alle zur Gesellschaft?
Ja, wir alle zählen zu unserer Gesellschaft – zur Gesellschaft freier Staatsbürger der Bundesrepublik Deutschland, der Bundesrepublik Österreich oder der Schweizer Eidgenossenschaft –, und wir wachsen wohl alle früher oder später in die Gesellschaft der Europäer hinein.
Nicht die Umstände seiner Geburt machen den Wert eines Menschen für seine Gesellschaft aus; sondern seine Einstellung zu Staat und Gesellschaft und sein Verhalten zu seinen Mitmenschen.

Fort mit allen Phrasen und Floskeln

Die Umstellung von den geschraubten Formen der höfischen und der großbürgerlichen Etikette zum natürlichen Gebrauch unserer Sprache ist oft leichter, als viele meinen. Wer sich bewußt darum bemüht, aus seinen eigenen Umgangsformen die alten Zöpfe abzuschneiden, wird bald nicht mehr begreifen, wie umständlich er bislang geredet hat.

- »Grüßen Sie Ihre Frau!« statt »Empfehlen Sie mich Ihrer verehrten Frau Gemahlin!«
- »Wie geht es Ihrem Vater?« statt »Darf ich mich nach dem Befinden Ihres Herrn Vaters erkundigen?«
- »Einen schönen Gruß an Ihre Schwester!« statt »Darf ich um einen Gruß an Ihr Fräulein Schwester bitten?«

Lachen Sie, wenn Sie eine Einladung erhalten, die mit den Worten beginnt: »Wir geben uns die Ehre …«!
Schreiben Sie aber, wenn Sie selbst einladen – damit andere nicht lächeln und Sie für altmodisch halten –, besser: »Wir laden Sie (herzlich) ein …«!
Werfen Sie alles Geschraubte und Unnatürliche aus dem Wortschatz verstaubter Etiketteregeln über Bord!
Noch werden Millionen von Briefen gedankenlos mit »Hochachtungsvoll« oder »Mit vorzüglicher Hochachtung« unterschrieben. Dabei ist den meisten Absendern gar nicht wohl bei diesen alten Floskeln. Aber sie meinen, sich mit einem verbindlicheren Briefschluß etwas zu vergeben. Dagegen vergibt sich heute niemand mehr etwas, wenn er seinen Brief »mit freundlichem Gruß« beendet.
Diese wenigen Beispiele seien angeführt, um jenen Leserinnen und Lesern, die sich dieses Buch vielleicht angeschafft haben, um »die komplizierten Formen der Gesellschaft« kennenzulernen, Mut zu machen!

Hin zum miteinander Reden

Wie oft können wir unterwegs mit den umständlichen Vorschriften der Etikette von vorgestern nichts mehr anfangen! Dabei zwingen uns öffentliche Verkehrsmittel, Supermarkt, Sportplatz, Tourismus fortge-

setzt zur Tuchfühlung mit Menschen, mit denen uns niemand bekannt gemacht hat. Oft möchten wir nach einer Haltestelle, nach der Qualität eines Waschpulvers, nach dem Namen eines neuen Bundesligisten oder im Ausland einfach fragen, was Eis auf spanisch heißt, aber wir haben Hemmungen, den Fremden neben uns so mir nichts, dir nichts anzureden.
Was unserer Gesellschaft am meisten fehlt, ist die Freizügigkeit, ohne den verzopften Formalismus umständlicher Regeln miteinander sprechen zu können. Vielen, vielleicht sogar den meisten von uns mangelt es an jenem Selbstverständnis, mit dem er»fahrene« Schlafwagengäste, obwohl einander fremd, eine Nacht lang im Schlafwagen als Partner des Zufalls nebeneinander und doch durch den Zwang der »Zelle« miteinander verbringen. Sie sprechen erst das Notwendigste und fragen sich nur insgeheim, wer der andere sein könnte. Sie wünschen sich »Gute Nacht« und »Gute Reise», weil sie gelernt oder in einem Buch gelesen haben, daß sich Partner eines Schlafwagenabteils nicht miteinander bekannt machen müssen. Sie bleiben anonym, selbst wenn sie sich eine Stunde oder länger unterhalten. Üben Rücksicht, sind höflich, zumeist beide sehr entgegenkommend: halten sich auf dem Gang auf, während der andere zu Bett geht, und verabreden, wer am nächsten Morgen als erster aufstehen und die kleine Waschnische benutzen wird. Und während sie sich mit freundlichem Gruß verabschieden – zumeist ohne Handschlag –, empfinden beide die Wohltat dieser anonymen Begegnung. Gewiß nicht immer, aber wenigstens oft oder manchmal.

Gespräche nützen immer

Ähnliche Gespräche können Nachtzüge oder Nachtflüge vermitteln. Gespräche mit Zufallsnachbarn über Gott und die Welt, über kleine und große Probleme. Gedankenaustausch zwischen Fremden, die ein paar Stunden lang Nachbarn sind! Die ein paar Gedanken und vielleicht sogar ein paar nützliche Erfahrungstips verbindet, für die sie einander dankbar bleiben, obwohl sie nicht wissen, wie der andere heißt. Was hindert uns eigentlich daran, jedem Nachbarn nebenan, neben unserer Wohnung, neben unserem Garten, auf der Bank, in der Straßenbahn – wo auch immer – ebenso gesprächsbereit zu begegnen wie dort, wo uns die Zufallsfügung einer Fahrkarte oder eines Flugtickets zusammenführt?!
Lernen wir, Gespräche miteinander zu führen, ohne zu wissen, wer und was wir sind! Dazu gehört nicht mehr als Vertrauen in jeden möglichen Gesprächspartner, in den Mitmenschen, welchen Berufes, welchen Bildungsgrades auch immer! Haben wir uns wirklich etwas zu sagen, ist später immer noch Zeit, uns namentlich miteinander bekannt zu machen.

Sie sollten Ihren Nachbarn kennen

Wenn wir zum Beispiel als neue Wohnungsnachbarn die Namen ausgetauscht haben, werden unsere Gespräche mit der Zeit erweisen, ob wir uns mehr bedeuten können als gute Nachbarn. »Ein guter Nachbar« – das ist schon sehr viel!

Kaum eine andere Untersuchung des Fachausschusses für Umgangsformen hat derartig offenkundig gemacht, wie stark die Öffentlichkeit nach dem Kriege durch die Verbreitung verstaubter Etikettebücher und -ansichten verunsichert worden ist. Viele haben nur deshalb auf jede Beziehungsaufnahme zu den neuen Nachbarn verzichtet, weil ihnen das Etikettereglement von Besuch und Gegenbesuch mit Recht unzumutbar erschien.

Der Fachausschuß für Umgangsformen hat durch seine Untersuchung festgestellt: Vor allem der umziehende Großstädter möchte sich im neuen Wohnbereich zunächst einmal nach allen Seiten »offenhalten«. Die Mehrheit strebt an, die unmittelbaren Nachbarn so weit kennenzulernen, daß man sich grüßt und hin und wieder miteinander spricht, wenn man – im Hausflur, im Treppenhaus oder beim Kaufmann – nebeneinander steht. Ein Zwang, bei Begegnungen anhalten zu müssen – »nur weil man benachbart ist« –, wird von vielen schon als lästig empfunden.

In gewisser Beziehung ist eine Großstadt, vor allem in ihren Außenbezirken, eine Anhäufung von Kleinstädten. Je lockerer die Bebauung wird, um so leichter arrangiert man sich.

Im Hochhaus gibt es allenfalls Kontakte auf dem gleichen Stockwerk, selten jedoch mit weiter entfernt wohnenden Mietern im selben Haus. Ausnahme: Eltern mit Kindern haben häufiger den Wunsch, die unmittelbar unter ihren Räumen wohnende Mietpartei kennenzulernen. Sie verhalten sich wie auch andere umsichtige Mieter, die in Anbetracht des Getrappels temperamentvoller Füße bei den davon Betroffenen lieber vorbeugend um gutes Wetter bitten, als sich erst einer Beschwerde auszusetzen.

Die meisten Mieter folgen in dieser Beziehung gewissermaßen dem § 1 der Straßenverkehrsordnung, nach dem der Verkehrsteilnehmer niemanden belästigen, behindern oder gar gefährden darf.

Schlüssel für den Nachbarn

Der Trend zu längeren und weiteren Reisen hat selbst eingefleischte Gegner von Nachbarschaftskontakten darüber nachdenken lassen, ob es nicht im gegenseitigen Interesse liegt, wenn in den Wochen der Abwesenheit ein Nachbar ein Auge auf die Wohnung hält, die Blumen gießt, den Rasen mäht oder den Zustand von Wasser-und Heizungsanlagen kontrolliert und den Briefkasten leert. Nachbarliche Hilfe erwächst oft auch aus dem Mangel an Handwerkern – oder aus allgemeinen Engpässen. Wie schön ist es nach wie vor, wenn die Nachbarin mit Milch, Kartoffeln oder Salz aushelfen kann.

Aus seinen Untersuchungsergebnissen hat der Fachausschuß für Umgangsformen folgende Schlüsse gezogen:

In weiten Kreisen besteht heute der Wunsch, zum Nachbarn gute Kontakte zu haben. Darum macht man sich, wenn man in eine neue Wohnung zieht, am besten gleich mit den Nachbarn bekannt. Dazu bedarf es keines »offiziellen Besuches« mehr. Die Entwicklung unserer heutigen, für soziales Denken aufgeschlossenen Gesellschaft und der Wandel unserer Arbeits-, Freizeit- und Wohngewohnheiten im Zuge der fortschreitenden Technisierung haben die alten Formen von Besuch und Gegenbesuch schon seit langem fragwürdig gemacht (siehe Seite 135: Bitte vorher anmelden!)

Der erste Besuch läßt sich noch nach Jahren nachholen

Für alle, die einen beim Einzug unterlassenen Besuch nachholen möchten, hier ein paar »Ausreden«, um mit dem Nachbarn bekannt zu werden:
a) »Am Umzugstag hatten wir das Gefühl zu stören, danach hatten wir erst einmal andere Probleme!«
b) »Als wir einzogen, waren Sie wohl verreist. Schließlich haben wir uns gesagt: Richten wir uns erst einmal richtig ein! Dabei ist die Zeit vergangen.«
c) »Die Wohnung war eigentlich nur für einen kurzen Übergang gedacht. Jetzt haben wir uns entschlossen, hier doch festen Fuß zu fassen. Die Gegend gefällt uns.«
d) »Wir waren jung verheiratet, wollten nicht stören und nicht gestört werden. Jetzt ist unser erstes Kind so weit, daß es (auf dem Balkon, im Garten) mit seiner kräftigen Stimme einmal die Nachbarn belästigen könnte. Daher möchten wir fragen, wann Sie regelmäßig ruhen.«
e) »Wir haben uns einen Hund angeschafft, weil in unserer Gegend öfter eingebrochen wird. Er ist leider ein Kläffer. Wann würde es Sie am wenigsten stören, wenn wir ihn (in Hof, Vorgarten oder Garten) rauslassen?«
f) »Bislang waren wir, wie wir meinen, ruhige Mieter. Jetzt planen wir ein Fest mit vielen Gästen und möchten mit Ihnen beraten, wann wir Sie am wenigsten stören würden. Bei dieser Gelegenheit möchten wir uns mit Ihnen bekannt machen.«
g) »Ehrlich gesagt, wir wollten uns im neuen Heim erst einmal von unserer alten, allzu lauten Umgebung erholen.«

Es geht heute zwangloser

Falls sich der erste Kontakt nicht durch Zufall am Einzugstag im Treppenhaus ergeben sollte und man den Nachbarn nicht antreffen konnte, kann man ein paar Zeilen in den Briefkasten werfen. Beispiel: »Wir sind (als Mieter, in das Nebenhaus, den Neubau nebenan) eingezogen und würden uns gern mit Ihnen bekannt machen. Für Nachricht, wann wir Sie in nächster Zeit aufsuchen könnten, wären wir Ihnen dankbar. Uns würde es am besten passen am ... (verschiedene Tage und Uhrzeiten). Mit freundlicher Empfehlung: Ihre (neuen) Nachbarn. Vor- und Zunamen des Ehepaares. Eltern fügen Vornamen und Alter der sie begleitenden Kinder hinzu, also zum Beispiel »mit Andrea (5 Jahre), Monika (7) und Peter (10)«.
Es gibt auch die Möglichkeit, daß der Zuziehende seine Nachbarn einlädt: »Wir sind in die Wohnung (Haus, Neubau, Stockwerk) eingezogen und würden uns freuen, wenn unsere neuen Nachbarn am ... in der Zeit von ... bis ... uns Gelegenheit zum gegenseitigen Kennenlernen geben würden.«
Als Mitbringsel kann der Eingeladene einen kleinen Blumenstrauß mitbringen.

Neu ist die Form des Bekanntmachens an einem dritten Ort: Der neue Mieter lädt zu einem Bier, einer Tasse Kaffee (nicht zu einem den Nachbarn verpflichtenden Essen) in eine Gaststätte ein.
Je zwangloser solche ersten Kontakte organisiert werden, um so mehr sprechen sie heute an.

Meine Dame, mein Herr, mein Fräulein?

Nur sehr langsam wächst die Zahl jener, die sich in Fragen der ersten Anrede an Unbekannte einfach unsere französischen Nachbarn zum Beispiel nehmen, Fremde mit »Mein Herr« (»Monsieur«), »Meine Dame« (»Madame«) oder »Mein Fräulein« (»Mademoiselle«) anzureden.
Sie meinen: »Es ist mir lieber, eine Verkäuferin nimmt mich freundlich mit »Mein Herr« zur Kenntnis als mit einer der üblichen Redensarten: »Womit darf ich Ihnen dienen?« »Kann ich Ihnen helfen?« oder »Sie wünschen, bitte?«.
Viele Verkäuferinnen stehen auf dem Standpunkt »Meine Dame« erspart mir die ständige Frage, ob sich die Kundin mit »Gnädige Frau« anreden läßt oder nicht; viele lehnen »Gnädige Frau« als Schmeichelei ab. Oft ist diese Anrede ja auch unpassend.
Eingebürgert hat sich »Mein Fräulein« – allerdings als Anrede für Mädchen im Kindesalter. Hierzu paßt der Trend, »meine Dame« schon zu sehr jungen Kundinnen zu sagen, wie man ja in Frankreich im Geschäft gleichfalls dazu neigt, die Kundin schon verhältnismäßig jung mit »Madame« anzureden.
Die Anreden »Meine Dame« und »Mein Herr« nehmen nicht zuletzt als Folge der zunehmenden Erfahrungen Deutscher im Ausland immer mehr zu.

Ist die Ehe auf Probe gesellschaftsfähig

Der Fachausschuß für Umgangsformen hat ebensowenig zu Fragen des Abbaus überflüssiger Autorität geschwiegen wie zu den Auswirkungen der vorehelichen Beziehungen.
Der Schweizer Nationalrat und Publizist Dr. Fritz Tanner hat das Wort geprägt: »Wichtig ist, daß Fesseln fallen – zu wahrer Humanität.« Ein besseres Motto läßt sich wohl kaum finden für den Fragenkomplex: Ist das Zusammenleben ohne Trauschein gesellschaftsfähig?
Wie lange das die Bundesbürger beschäftigt, wurde offenkundig, als der »Kniggerat« im Jahre 1974 Diskussionen über Nachbarschaftsprobleme unter dem Stichwort ausschrieb: »Sie kennen Ihren Nachbarn nicht?« Als nämlich die Meinungen von 2300 Diskussionsteilnehmern quer durch die Bundesrepublik und Fragebogen von 940 Schlüsselpersonen ausgewertet waren, stand unumwunden fest:
Weite Kreise der Bevölkerung denken heute großzügiger über nichteheliche Beziehungen als noch in den fünfziger Jahren. Das bedeutet keinen Sittenverfall gegenüber früheren Auffassungen, sondern eine Abkehr von doppelter Moral. Das Verständnis für Menschen, die ohne behördliche oder kirchliche Papiere zusammenziehen, wächst. Und immer mehr Eltern geben zu, sich vor ihrer Eheschließung in aller Heimlichkeit »das Recht genommen zu haben«, das sie ihren mündigen Kindern nunmehr zubilligen. Und zwar nicht allein ihren männli-

chen Nachkommen, die bekanntlich selbst in Zeiten prüdester Etikettediktate mit dem Freibrief zum »Hörnerabstoßen« bei sichtbaren Folgen unbehelligt blieben.

Meine »Verlobte« oder »meine Bekannte«?

Hier die fünf Fragen, die der »Kniggerat« unter dem Aspekt »Unverheiratet – und doch ein Paar mit gemeinsamer Wohnung« zu beantworten hatte:

Frage 1

Wie können sich unverheiratet zusammenlebende Partner bezeichnen – als Verlobte, Partner, Befreundete, Bekannte, Lebenskameraden, Lebensgefährten? –

Als »Verlobte« begreift der allgemeine Sprachgebrauch noch immer zwei Menschen, die sich die Ehe versprochen haben. Die Bezeichnung »Mein(e) Verlobte(r)« kann – vor Zeugen häufig wiederholt – bei Trennungen unter Umständen rechtliche Folgen (Heiratsversprechen) haben. »Verlobte« ist dann treffend, wenn die Absicht zur Heirat feststeht; denn es gibt heute keine Verpflichtung mehr, eine Verlobung öffentlich bekanntzugeben oder zu feiern.

Die zwei, die unverheiratet in der gleichen Wohnung leben, können nur selbst beantworten, ob sie eine »Ehe auf Probe«, »Ehe auf Zeit« oder eine »Dauerpartnerschaft ohne Trauschein« miteinander eingegangen sind. Auf jede dieser Formen treffen Begriffe wie »Partnerin und Partner« oder »Freund und Freundin« zu.

»Lebensgefährten« und »Lebenskameraden« sind Traditionsbegriffe aus dem Wortschatz von Eheleuten bzw. der amtlichen wie kirchlichen Trauung. Für das Bekanntmachen sind sie weniger geeignet, so zutreffend sie vor allem für ältere, unverheiratet zusammenlebende Partner als Bezeichnung gegenüber Dritten auch erscheinen mögen.

Frage 2

Wie können sie bei Geselligkeiten durch Dritte mit anderen bekannt gemacht werden? –

Der Gastgeber kann sich auf den Standpunkt stellen: »Es ist ihre Sache, wem sie die Art ihrer Beziehungen anvertrauen wollen. Für mich sind sie zwei gute Bekannte oder Freunde, die miteinander gekommen sind.« Er wird sie demnach mit ihnen unbekannten Gästen einzeln bekannt machen.

Frage 3

Können auf sie die Tischregeln für Ehepaare angewandt werden? –

Ob die traditionellen Tischregeln strikt oder in zeitgemäß lockerer Form gehandhabt werden – es besteht keine Veranlassung, unverheiratete Partner getrennt zu plazieren. Auch ein Ehepaar kann – mit dem Dank für die Einladung zu einer großen Festlichkeit – ohne weiteres den Wunsch äußern, nebeneinander plaziert zu werden.

Frage 4

Sollte bei Einladungen jeder für sich oder beide zusammen Geschenke machen?

Es ist heute ganz allgemein nichts mehr dagegen einzuwenden, daß sich Freundinnen und Freunde wie auch Bekannte zu einem gemeinsamen Geschenk zusammenschließen. Der Gedanke, als Gruppe einen schöneren Blumenstrauß oder ein wertvolleres Geschenk überreichen zu können, hat sich durchgesetzt.

Frage 5

Sollen sie sich zu einem Tanzkursus für Ehepaare oder für Unverheiratete anmelden? –

Die Antwort hängt vom Alter des Paares ab. Junge Unverheiratete werden sich wahrscheinlich unter jungen Unverheirateten am wohlsten fühlen. Viele Tanzschulen gehen heute dazu über, »Kurse für junge Paare« – befreundete, verlobte wie auch verheiratete – im Alter zwischen 20 und 30 Jahren einzurichten. Ältere befreundete Paare werden ohne weiteres in Ehepaarkurse etwa Gleichaltriger aufgenommen.

Ehe auf Zeit – die meisten sind dafür

Wen die vorstehenden Ausführungen überraschen sollten, wird vielleicht mit noch größerem Erstaunen erfahren, daß an den Diskussionen um diesen Fragenkomplex etwa zwei Drittel Ältere (26 bis 60 Jahre alt) teilnahmen. Bei der Repräsentativumfrage bei 940 Schlüsselpersonen äußerten sich nur 2 % zur »Ehe auf Zeit« negativ.

Ein Jahr später ergab eine Repräsentativumfrage der Wickert-Institute, daß 30 % aller Männer und 28 % aller Frauen im Alter über 18 Jahre die Form einer »Ehe auf Zeit« – wenn man sie einführen würde – gut fänden. Von den Geschiedenen waren sogar 53 % für eine solche Form der Lebensgemeinschaft. Bei den Verheirateten stimmten 24 und bei den Ledigen 38 % dafür.

Diese Probleme galten einst als Tabus. Heute zählen sie zum offenen Gespräch. Umgangsformen müssen daher auch diesen Lebensbereich erfassen, der inzwischen als Unterrichtsfach Sexualkunde Eingang in die Schulen gefunden hat.

Daß sich die Lehrerschaft damit befassen muß, ist nicht zuletzt eine Folge der Erkenntnis, daß die meisten Eltern bis dahin nicht in der Lage waren, ihre Kinder richtig aufzuklären. Das ändert nichts an der Forderung vieler Lehrer und Eltern, die Aufklärung über Sexualfragen gehöre nach wie vor ins Elternhaus.

Liebe und Sex – kein Tabuthema im Elternhaus

Eltern, die ihren Kindern Liebe vorleben und offen über sexuelle Fragen sprechen, geben ihnen die besten Lebenshilfen; denn auch die Sexualkunde der Schule kann nur eine Notlösung für einen Übergang zwischen den Auffassungen vom »Elternhaus damals« und dem »Elternhaus morgen« sein.

Mutter oder Vater wissen, wie leicht verletzbar Liebe machen kann. Sie verfügen zumeist über jene Erfahrungen, die jungen Menschen allenfalls noch der Arzt zu deuten vermag – daß körperliche Liebe allein auf die Dauer nicht glücklich macht.

Vorbeugen ist besser als Heilen. So sollten Eltern, in Rückerinnerung an die eigene Zeit ihrer jungen Liebe, gleichfalls denken und Tochter wie Sohn diese Lebenshilfe mitgeben. Je früher, desto besser, bevor es andere tun, die mit ihrem Rat vielleicht nur im Sinn haben, schnell an ihr eigenes selbstsüchtiges Ziel zu kommen!

Nur Mutter oder Vater können einem Kind verständlich machen: Sobald der Rausch verebbt, beginnt der Verstand, den Liebespartner abzutasten und das Maß seiner Liebe daran zu messen, ob er rücksichtsvoll ist oder nicht, ob er hilfsbereit ist oder nicht, ob er nur an sich selbst denkt oder hilft, ob er nur seinen Trieb abreagiert oder als fühlender und denkender Mensch – mit Herz und Verstand – zu lieben vermag.
Bei seinen Untersuchungen über die Folgen der Sexwelle hat der Fachausschuß für Umgangsformen die Äußerung einer 18jährigen Diskussionspartnerin zum Leitfaden für weitere Diskussionen gemacht: »Die Sexualkunde hat uns die Augen dafür geöffnet, wie und worum es in der körperlichen Liebe geht. Wir wählen jedoch einen Partner nicht etwa als Sexpartner, sondern weil wir ihn für sympathisch halten oder lieben. Ziel ist, den richtigen für die Ehe zu finden.« Ihrem Standpunkt stimmten mehr als 90 % der befragten Jugendlichen zu. Als dann weitergefragt wurde, mit wem junge Menschen über ihre Intimerlebnisse sprechen, ergab sich, daß 72 % allein im engsten Freundeskreis darüber reden, mit Eltern und Geschwistern jedoch nur 22 %. Andere Verwandte oder gar Bekannte gehe ihr Intimleben nichts an (78 %).
78 % der Eltern haben es also bisher versäumt, zu ihren Kindern ein so enges Vertrauensverhältnis herzustellen, daß Tochter oder Sohn freimütig im Schoße der Familie Lebenshilfen für jenes Gebiet erfragen, das für ihre Zukunft bestimmend sein kann.

Unehelich geboren – kein Makel mehr

Heute geht – da im allgemeinen beide berufstätig werden – nicht allein der junge Mann in eine Lehre, sondern auch das Mädchen. Für die erste Begegnung mit dem anderen Geschlecht – ob in der Heimatstadt oder an einem fernen Ausbildungsort – kann sie niemand besser wappnen als ein intaktes Elternhaus. Unter einem »intakten Elternhaus« ist ein Elternhaus zu verstehen, in dem Vater und Mutter nicht nur miteinander verheiratet, sondern auch wirklich miteinander verbunden sind – durch Liebe zueinander und auch zu ihren Kindern.
Doch leider ist es so, daß viele Eltern nur den Schein ihrer Ehe noch aufrechterhalten. Viele lassen sich, wie sie sagen, »allein ihren Kindern zuliebe« nicht scheiden. Diese Eltern sind eigentlich nicht mehr miteinander verwandt, weil sie mit einem anderen Partner leben und den Ehemann oder die Ehefrau längst nicht mehr lieben.
Dagegen kann eine Mutter, die ihr Kind nichtehelich geboren hat, es aber mit der ganzen Wärme einer Mutter erzieht, ihrem Kinde eine echte Verwandte – eine ihm wirklich Zugewandte sein. So gesehen, war es höchste Zeit, daß der Gesetzgeber wichtige Voraussetzungen dafür geschaffen hat, unehelich geborene Kinder und ihre Mütter offiziell vor den Folgen der verlogenen Moralbegriffe aus einer verstaubten Etikette zu befreien. Ein uneheliches Kind zu haben ist längst kein Makel mehr.
Was berechtigt auch dazu, an der Aufrichtigkeit eines jungen Paares zu zweifeln, das die öffentliche Diskussion um alle Fragen von Sexualität und Liebe darin unsicher gemacht hat, ob ihre Bindung auf die Dauer

haltbar sein kann?! Können denn Eltern mit Sicherheit voraussagen, ob eine frühe Ehe oder eine längere abwartende Prüfung für die beiden besser ist?
Oder – zum Entschluß der jungen Mutter, allein zu bleiben: Wer kann wissen, ob sie ihn nicht im Interesse ihres Kindes gefaßt hat, wenn sie sich nach ernsthafter Prüfung dazu durchrang, es ohne Vater aufwachsen zu lassen? Wer kennt ihn besser als sie? Wer hat das Recht zu behaupten, sie sei »sitzengelassen« worden oder habe leichtsinnig gehandelt?

Nicht vor Kindern schreien und streiten

Wer Gerechtigkeit gegenüber jedermann zu üben weiß – und sich immer wieder dazu zwingt, Gerücht und Klatsch mit diesem Maß zu messen, übt Selbstdisziplin nicht zuletzt auch für sein Verhalten zu seinen Nächsten, seiner Familie.
Auch Liebe hat – darin kann das Elternhaus ideale Schule sein – ihren Alltag und ihre Feiertage.
Eltern, die ganz natürlich miteinander umgehen und keine Hemmungen haben, vor ihren Kindern zu zeigen, daß sie sich lieben, können schnell erkennen, wann sie die Grenzen des Taktes, den schon kleine Kinder brauchen, überschreiten. Wenn Kinder plötzlich »große Augen« machen und Angst in ihren Mienen steht, weil die Eltern sich anschreien, dann ist höchste Zeit für Vater und Mutter, einmal über sich und das eigene Verhalten nachzudenken.
Hier nützen alte Erkenntnisse nichts wie »Wer schreit, ist dumm«, oder »Wer schreit, setzt sich ins Unrecht«. Hier hilft nur das Versprechen der beiden, einander nie zu belügen, einander nie Grund zum Zweifel zu geben, im Zweifel aber stets dem anderen und keinem Außenstehenden zu glauben. Eltern, die sich zu solcher Haltung durchringen können, finden die Kraft, ihr Kind nie einer Lüge zu schelten, wenn sie nicht genau geprüft und den Beweis dafür gefunden haben. Im Zweifel für ihr Kind, für seine Darstellung, seine Meinung!
Leidenschaftliche Hingabe verglüht, reift zu tiefer Liebe. Sie lebt weiter in vielen kleinen Zeichen des Für-einander-Daseins, gegenseitiger Hilfsbereitschaft und Rücksichtnahme – ja, der Rücksichtnahme auch auf Augen und Ohren und den zumeist zu gering geschätzten Verstand ihrer Kinder.
Gewiß gehört es zum gegenseitigen Verstehen, sich daheim auch einmal gehenlassen zu können. Die zwei, die in Liebe verbunden sind, verstehen das, solange es Ausnahme, Befreiung von einer Alltagslast, von Ärgernissen aus der Umwelt bleibt. Tröstende Worte helfen Ärger und Aggressionen abzubauen; zum Beispiel: »Nimm's leicht!« – »Ärgere dich nicht länger, du hast ja mich!«
Problematisch wird jedes Sichgehenlassen zumeist erst in Gegenwart von Zeugen. Wohlverstandene Liebe zum Kind sollte deshalb schon an seiner Wiege mit dem Versprechen der zwei beginnen, es nie zum Zeugen von Szenen zu machen, die es erschrecken lassen, weil es den Sinn von streibarer Diskussion noch nicht verstehen kann. Daß eine Auseinandersetzung durchaus befreiend sein kann wie ein Gewit-

ter, das die Atmosphäre von dumpfer Schwüle reinigt, wird das Kind erst verstehen, wenn es mitstreiten – mitprotestieren darf.

Elternschule des Protestes

Protest paßt ganz gewiß nicht in das alte Etiketteklischee vom »wohlbehütenden Elternhaus«. Es paßt jedoch als demokratische Parallele zum ritterlichen Erziehungsideal. Zum Gebrauch von Degen oder Florett, zu dem ein Junge erzogen wurde, gehörte oft die Kunst der Rede. Dabei kam es nicht allein auf die Fertigkeit an, sich »mit artigen Worten« in der Fremde einzuführen, sondern auch Rede und Antwort stehen zu können, wo man nicht unbedingt willkommen war.
Ähnliche Ratschläge enthalten übrigens auch Ratgeber für Handwerker, die nach überliefertem Zunftbrauch auf die Wanderschaft geschickt wurden. Freilich hat damals niemand die Jungen zum Protest aufgefordert. Ihre Meinung notfalls mit recht deutlichen Worten zum Ausdruck zu bringen, ist zwar nicht völlig neu – man denke nur an die Thesen, die der junge Martin Luther an das Portal der Schloßkirche zu Wittenberg schlug! Das Wissen um die Notwendigkeit, der Jugend die Rechte eines gleichberechtigten Gesprächspartners zuzugestehen, ist bedeutend jüngeren Datums.
Der Fachausschuß für Umgangsformen hat sich schon in den Jahren der Studentenrevolten mit dem Ziel des Abbaus überflüssiger Autorität dafür eingesetzt: Das Kind sollte von den Eltern als gleichberechtigter Gesprächspartner behandelt werden, sobald es zu denken beginnt. Der gleichen Grundeinstellung entspricht die Forderung, Protest und Diskussion als Pflichtfach in die Schulen einzuführen.
Warum sollten sie nicht schon innerhalb der Familie am runden Tisch zwischen Eltern und Kindern geübt werden – gewissermaßen als »Elternschule des Protests«?!

Vertragen Eltern Kritik von ihren Kindern?

In einer Diskussionsrunde des Fachausschusses für Umgangsformen zum Thema »Vertragen Eltern Kritik von ihren Kindern?« hat einmal ein Vater über ein erfolgreiches Experiment mit seiner Familie berichtet. Er hatte »seine drei Köpfe«, wie er sie nannte – Frau, Tochter, Sohn –, dazu aufgefordert, ihre abendliche »Sprechstunde« nach dem Essen – zum Protestieren zu nutzen.
Beim Abschalten des Fernsehers nach den Nachrichten begann ein Familienmitglied, das gerade ein Thema wußte, an zwei festgelegten Wochentagen fortan mit dem Wort: »Ich protestiere gegen ...« Die Themen wurden stets ausdiskutiert, und sei es mit Unterbrechung. Wenn eine Fernsehsendung auf dem Familienprogramm stand, wurde der Faden bei nächster Gelegenheit wieder aufgenommen. Hier die Themen, die der Vater der Reihe nach notiert (und hin und wieder auch kommentiert) hat:
Sohn (17 Jahre alt): »Gegen zu niedriges Taschengeld.«
Vater: »Gegen das materialistische Denken der heutigen Jugend.«
Tochter (19 Jahre alt): »Gegen den Gruppensex.«
Mutter: »Gegen das schnelle Auswechseln der Freunde durch unsere Tochter.«

Sohn: »Gegen das elterliche Gebot, zu Mitternacht spätestens zu Hause zu sein.«
Tochter: »Gegen das elterliche Verbot, mit einem Freund zusammen in die Ferien zu reisen.«
Vater: »Gegen die Verdrehung väterlicher Motive durch Mutter und Sohn.« (Folge: Tochter und Freund werden von den Eltern zu gemeinsamer Ferienreise eingeladen.)
Freund der Tocher (die Protestgespräche wurden in den Ferien fortgesetzt): »Gegen den Handkuß.«

Beim Trinken, beim Spiel und im Umgang mit Frauen erkennt man den Herrn.
EGON MAYER

Vater: »Gegen die Unsitte, in einem Weinland Bier trinken zu sollen.« (Mutter, Münchenerin, hatte bei Tisch die Behauptung aufgestellt, Weintrinker gäben mehr Geld aus.)
Tochter: »Gegen das Nacktbaden.«
Sohn: »Gegen die Unsitte, Kleinwagenfahrer von vornherein als arme Leute abzuqualifizieren.«
Mutter: »Gegen das Schreiben von Ferienpostkarten.«
Tochter: »Gegen das Herumschnüffeln von Brüdern hinter Schwester und Freund.« (Der Freund bejahte die Verpflichtung beider, den Bruder zu ihren abendlichen Ausgängen mitzunehmen. Die kürzeste aller Protestdiskussionen.)
Vater: »Gegen den Plan, auf der Heimreise 800 km an einem Tag zurückzulegen.«
Freund: »Gegen das Feiern von Verlobungen.« (Kommentar des Vaters: Nach den Ferien hatten sie ohnehin eingesehen, nicht zueinander zu passen.)
Vater: »Gegen die Einmischung der Schule in das Elternhaus.« (Es sei unerträglich, den Unterricht so zu gestalten, daß die Eltern ihren Kindern bei den Schulaufgaben helfen müßten.
Mutter: »Gegen die Arroganz der Männer, die zu Gesprächen mit dem Lehrer stets die Frau in die Schule schicken.«
Sohn: »Gegen die Kritiklosigkeit der Deutschen, immer wieder in solche Länder zu reisen, von deren Bevölkerungsmehrheit sie abgelehnt werden.«

Es ist das Recht der Jugend, nach den Sternen zu greifen. Fernziele locken mit dem tönenden Vokabular der Ideologien. Hier und jetzt im Alltag gültig, taktvoll und hilfreich zu sein, ist mindestens ebenso wichtig.
INGE HAUSA

Tochter: »Gegen das Selbstverständnis, mit dem Eltern das Wort handhaben: Das habe ich dir ja gleich gesagt. (Wäre ich mit meinem Freund allein gefahren, hätte ich ihn schon nach einer Woche auf den Mond geschickt! So hat er sich, nur euch zuliebe, drei Wochen lang von seiner besten Seite gezeigt!«)
Vater: »Gegen die große Party zum Abgelten vieler Verpflichtungen.«
Tochter: »Gegen das Vorrecht der Männer beim Auffordern zum Tanz.«
Sohn: »Gegen die Einmischung der Kirche in Fragen des § 218.« (Er war mit seiner Schwester der Auffassung, über diese Frage sollten die Frauen, als die Betroffenen, allein entscheiden.)
Mutter: »Gegen den Mißbrauch der Pille als Mittel, einen Mann, der an die Empfängnisunfähigkeit der Geliebten glaubt, durch ein Kind zur Ehe zu veranlassen.«
Tochter: »Gegen den Gebrauch meist unverständlicher Fachbegriffe bei Diskussionen.«

Mutter: »Gegen einen zu schnellen Modewechsel, der Kleider schon untragbar macht, wenn sie noch wenig getragen sind.«
In der Mehrzahl wurden zweifellos Themen, über die fast jeder von uns schon einmal gesprochen hat, diskutiert. Das Positive an der Aktion dieser Familie ist die Form des sich gegenseitig Herausforderns. So erläuterte der Vater: »Bei vielen Themen war nicht zu übersehen, daß wir, die wir unsere Meinungen und Einstellungen ja zum größten Teil kannten, mindestens ein Familienmitglied regelrecht angriffen. Wir hatten uns dazu von Anfang an verpflichtet und uns versprochen, dabei wissentlich niemanden von uns zu verletzen.«

Protest und Gegenreaktion üben

Das Fazit der Diskussion: Eltern und Kinder können vielleicht in Fragen der Ausbildung nichts Besseres füreinander tun, als sich gegenseitig in Protest und Gegenreaktion zu üben. Gangbare Spielregeln vorausgesetzt, lernen sie sich mit großer Wahrscheinlichkeit noch besser kennen und vor allem immer besser verstehen.
Der jüngste Ehemann in der Diskussionsrunde des Fachausschusses für Umgangsformen – 24 Jahre alt – hat noch ein Fazit hinzugefügt: »Ein Elternhaus ohne das Recht zu gegenseitiger Kritik ist ein langweiliges Elternhaus. Selbst die Liebe wird interessanter, wenn sich Liebende gegenseitig mit Freuden fair kritisieren!«

Immer mehr gleiche Rechte für die Frau

Früher durfte ein Herr eine Dame in Begleitung nur dann zum Tanzen auffordern, wenn ihr Ehemann oder Bekannter sein Einverständnis erklärte. Nach dem Tanzen hatte er sie mit einem Wort des Dankes zu ihrem Begleiter zurückzubringen.
Diese alte Etiketteregel stammt aus Zeiten, in denen die Frau als dem Manne untertan galt und das Prinzip gleichberechtigter Partnerschaft noch keinen Raum hatte. Frauen gelten heute nicht mehr als Eigentum ihrer Männer, das man sich früher zum Tanzen »so eben einmal ausleihen konnte«. Sie sind heute selbständig und selbstsicher genug zu entscheiden, ob und mit wem sie tanzen wollen. So entscheidet die Partnerin selbständig, ob sie eine Aufforderung akzeptiert oder nicht. Dieser Standpunkt schließt für den Auffordernden natürlich nicht aus, den Mann, in dessen Gesellschaft sie sich befindet, zumindest freundlich zur Kenntnis zu nehmen.

Welchen Namen auf Wohnungstürschild?

Viele Gewohnheiten haben die Frauen bis heute einfach hingenommen. Zum Beispiel steht auf den meisten Wohnungstürschildern noch immer nur der Name des Mannes. Der Fachausschuß empfiehlt, entweder nur den Familiennamen oder den Familiennamen mit den Vornamen beider Partner auf das Schild zu setzen. Den Namen der Frau grundsätzlich voranzustellen, würde dem Prinzip der gleichberechtigten Partnerschaft widersprechen. In welcher Reihenfolge die Vornamen gewählt werden, kann auch von Fragen des Wortklanges abhängen. Oder: Wenn beide Ehepartner berufstätig sind, ist es sinnvoll, den Vornamen dessen voranzustellen, der häufiger aus beruflichen Gründen in der Wohnung aufgesucht wird.

Das Prinzip der gleichberechtigten Partnerschaft hebt andererseits natürlich die Pflicht des Mannes auf, die Frau zuerst zu grüßen. Die Mehrheit sagt allerdings: Nur theoretisch! Für Begegnungen gilt heute übrigens allgemein der Grundsatz, daß derjenige zuerst grüßt, der den anderen zuerst erkennt.

In Hotels und Gaststätten

In zahlreichen Hotels und Gaststätten wird die alleinreisende Frau in einer Art und Weise behandelt, die ihrer heutigen Rolle in unserer Gesellschaft in keiner Weise gerecht wird. Selbst in erstklassig geführten Restaurants wird ihr oft nur ein sogenannter Katzentisch zugewiesen. Gastronomen, die ihre Ober und Kellner entsprechend anweisen, sollten darüber nachdenken, daß nicht zuletzt die berufstätige Frau, die ihre Aufgaben häufiger zum Essen in Gaststätten führt, längst die gleichen Leistungen für unsere Gesellschaft erbringt wie der Mann.

Takt bringt Ordnung in eine Tonfolge, Takt auch Ordnung in unsere mitmenschlichen Beziehungen, um das Leben in der Gemeinschaft, der sich niemand entziehen kann, erträglicher zu gestalten.
GERD HÄDRICH

Beim Bestellen war es bisher üblich, daß der Mann die Bestellung beim Kellner auch für seine Frau mit aufgab und vor allem als Gastgeber in größerer Tischrunde die Bestellungen sammelte. Der Kellner mußte sich dabei oft über Gebühr lange am Tisch aufhalten, bis sich Partnerin und Partner bzw. Gastgeber und Gäste über die Zusammenstellung des Menüs geeinigt hatten. Noch heute läßt sich beobachten, daß Männer die Bestellung aufgeben, ohne Frau oder Partnerin überhaupt zu fragen oder ihr Gelegenheit zu geben, sich vom Kellner zum Beispiel über die Zusammensetzung eines Menüs auch selbst informieren zu lassen. Zumeist wird ihr nicht zugetraut, über die Bestellung eines zum Menü passenden Weines mitzureden.
In der Regel wird nur ihm das Etikett der bestellten Flasche gezeigt und ihm das Verkosten überlassen.
Es ist natürlich nichts dagegen einzuwenden, wenn sie oder er die Bestellung für beide aufgibt oder ein Elternteil auch für Kleinkinder die vorher besprochenen Wünsche dem Kellner gesammelt aufgibt.
Aber in größerer Runde sollte der Kellner reihum gehen und die Bestellungen einzeln aufnehmen, auch dann, wenn ihm der Gastgeber gesagt hat, ihm am Ende die Rechnung für alle zu bringen.
Sind die Tischpartner nicht eingeladen, sollte der Kellner beim Aufnehmen der Bestellung informiert werden, in welcher Zusammenstellung die Rechnung gewünscht wird. Damit wird er der oft als aufdringlich empfundenen Frage enthoben: »Die Rechnung für alle zusammen?« Kellnerin bzw. Kellner sollten diese Frage grundsätzlich besser so stellen: »Wie wünschen Sie die Rechnung bitte?« Dabei hat auch die Frau die Möglichkeit, den Wunsch zu äußern, selbst bezahlen zu wollen, wenn sie nicht vorher die Einladung des Tischpartners ausdrücklich akzeptiert hat.

Weniger Formen – mehr Takt!

Das Wort des Apostels Paulus vom Untertansein der Frau sollte der junge Ehemann möglichst vergessen. Fortschrittliche Geistliche bekennen: »Hätte Paulus in unserer Zeit gelebt, so hätte er die Beziehungen zwischen Mann und Frau sicherlich anders formuliert!«

Hinweise, die Eheglück erhalten

Gewiß gibt es zahlreiche weitere Gründe dafür, weshalb sich, als Folge des jahrhundertelangen Herrschaftsanspruchs des Mannes gegenüber der Frau, noch heute mancher Ehemann und Vater als Familiendespot gibt. Über eines jedoch gibt es keinen Zweifel mehr: Der erfolgreiche Weg zu einer auf Dauer glücklichen Ehe und zum harmonischen Familienleben beginnt heute mit der gegenseitigen Anerkennung gleichberechtigter Partnerschaft.
So sollte jeder Ehemann und selbstverständlich jede Ehefrau innerhalb der häuslichen Gemeinschaft alles unterlassen, was geeignet sein könnte, die Persönlichkeit des anderen zu verletzen.
Auch Hausfrau ist ein Beruf, nicht leichter und nicht schwerer als viele Männerberufe. Vom Standpunkt der Umgangsformen aus betrachtet, ist es daher in gewissem Sinne unwichtig, ob der Mann allein oder ob beide einem Beruf außerhalb des Hauses nachgehen oder ob die Frau draußen und er innerhalb der vier Wände arbeitet.
Entscheidend ist, daß die für Wohnung, Haushalt und Kinder anfallende Arbeit sinnvoll auf die Schultern beider Eheleute verteilt wird und daß jeder zur notwendigen Erholung und Entspannung kommt.
Diese Planung setzt beiderseitige Rücksichtnahme und Takt voraus – zwei Hauptfaktoren der Umgangsformen.
Wird bei der oft entscheidenden Arbeitsverteilung dem einen Partner zuviel zugemutet, liegen Krisen nahe, die vom einen oder anderen verschuldet, Folgen einer falschen Kräfteverteilung sind.
Die Selbstverständlichkeit, mit der in der Vergangenheit zumeist dem Manne von vornherein zugestanden wurde, als Ernährer der Familie zugleich auch der vom Beruf stärker belastete Partner zu sein, während »Hausfrau und Mutter« als untergeordnete Nebenbeschäftigung galt, hat auch von den alten Etiketteformen her seine Rolle als Alleinherrscher gefördert.
In ihrer heutigen Rolle steht ihm die Ehefrau und Hausfrau als gleichberechtigte Partnerin gegenüber. Diese Grundhaltung ist dem Bestand der Ehe sicherlich dienlicher als das alte »Pascha«-Denken: »Ich bin völlig fertig von der Arbeit, jetzt darf ich mich gehen lassen.« Es drängte früher viele Frauen in die Rolle einer Dienerin oder gar Sklavin.

Früher war das Weib dem Manne untertan. Früher!
Erika Tonn

Die alte Rollenverteilung führte nur allzuoft zur schrittweisen Aufgabe jener Eigenschaften und Umgangsformen, aus denen Sympathie und Liebe als Voraussetzungen zur Heirat erwuchsen. Freilich wird vieles mit der Zeit zur Gewohnheit, aber das Gewohnte muß nicht in Langeweile oder Gleichgültigkeit einmünden. Die besten Gehilfen sind dabei wiederum Rücksichtnahme und Takt.

Ehe ist Partnerschaft

Früher wurden Umgangsformen zwischen Eheleuten entweder überhaupt nicht oder nur am Rande behandelt, zumeist unter Überschriften wie »Pflichten des Gatten« – »Pflichten der Gattin«. Tenor: Der arme Mann muß Tag für Tag hinaus ins feindliche Leben, die Hausfrau hütet das traute Heim und bewahrt die Kinderchen.
Heute steht die eheliche Partnerschaft im Vordergrund der Umgangsformen. Sie ist ausschlaggebend für einen glücklichen Verlauf der Ehe. Obendrein wirkt sich Partnerschaft von Mutter und Vater auch positiv auf die Umgangsformen der Kinder aus.
Aufstehen, Frühstück, gemeinsames Mittagessen (durch die heutigen Organisationsformen am Arbeitsplatz immer häufiger getrennt eingenommen) – nichts ist unwichtig am Tagesablauf.
Von wachsender Bedeutung wird heute mehr und mehr der Feierabend. Sein Beginn und sein Verlauf sind Gradmesser für Erfolg oder Mißerfolg der Umgangsformen beider Partner; denn dann begegnen sie sich, vom arbeitsreichen Tag mehr oder weniger stark beansprucht, im Zustand einer gewissen Abnutzung. Hinzu kommt vielfach die abstumpfende Monotonie des täglichen gleichen Heimwegs in den gleichen Verkehrsmitteln oder der Zwang zu höchster Konzentration für den Rad- oder Kraftfahrer in Verkehrsschlangen.
Und dennoch hängt viel davon ab, daß sich der Heimkehrende auf den Beginn des Wiedersehens mit Partnerin oder Partner bewußt vorbereitet. Wer sich dann gehenläßt, wer sich nur auf die Rolle einstellt, »jetzt einen Anspruch darauf zu haben, daß sich alles um ihn allein dreht«, der handelt letztlich gegen sein eigenes Interesse.
Hierzu einige Hinweise:
Jedes Nachhausekommen bedeutet ein Wiedersehen. Wiedersehensfreude sollte immer betont werden. Das heißt:

Kleine Geschenke erhalten die Liebe

Wer heimkommt, sollte vorher überlegt haben, womit er Freude bereiten kann. Ein liebes Wort, ein hübscher Einfall, hin und wieder ein Mitbringsel! Ebenso sollte sich auch der Partner daheim auf den Heimkehrer vorbereiten.
»Hier bin ich Mensch, hier darf ich's sein!« Allzu wenige fragen sich, wie dieser Mensch, der nun die Lasten des Alltags abstreift, auf seinen Partner wirkt:
Wäscht er sich die Hände oder duscht, badet er gar? Putzt er sich die Zähne? Verwandelt er sich in einen lässig oder in einen nachlässig gekleideten Hausgenossen? Wird sie zur Gesellin eines anregenden Feierabends oder zur schlampigen Nörglerin, die den Abend verdirbt? Hunger ist oft nur zu verständlich. Aber die Geduld, die man in einer

Gaststätte aufbringt, bis ein Getränk oder eine Mahlzeit auf dem Tisch steht, sollte zu Hause eigentlich selbstverständlich sein, da es doch dort an Gesprächsstoff nicht mangelt. Oder?
Nebenbei gesagt: Erst die Frau und, so vorhanden, die Kinder, dann der Fernsehapparat! (Auf den »Hausfreund Nr. 1« – den Bildschirm – werden wir noch zurückkommen.)

Täglich einmal »Unsere Stunde«

Eine, zumindest eine halbe Stunde sollten Mann und Frau vom Feierabend bewußt füreinander bewahren: »Unsere Stunde« – vor oder nach Fernsehprogramm oder Zeitungsstudium, nach dem Zubettgehen der Kinder und auch, wenn Besuch da war. Was junge Eheleute bewußt einführen und von vornherein beim Namen nennen – »unsere Stunde« –, bleibt haltbar, wenn heute der eine, morgen der andere Partner darauf besteht. Dazu gibt es eine Erfrischung oder einen Abendbummel ums Viereck. Hauptzweck: Allein miteinander zu sprechen. Erlebnisse des Berufsalltags, Zeitungs- oder Fernsehnachrichten, Kinder, Verwandtschaft, Urlaubspläne – es gibt Stoff genug, um im Partner nie das Gefühl aufkommen zu lassen, mit seinen Meinungen, Interessen, kleinen Sorgen und Nöten allein zu sein. Regelmäßig miteinander zu sprechen, ist ebenso wichtig als Beitrag zum Bestand einer Ehe wie die Harmonie der Ehepartner im Intimbereich!

Wichtigste Aufgabe des Menschen ist zu lernen, wie man miteinander reden muß.
Ilse Wendt

Wo es unterlassen wird, die engste Verbindung zwischen Frau und Mann in der Distanz des Alltags, im engsten Familienkreis wie unter Fremden, Freunden und Bekannten durch die kleinen Beweise der Zusammengehörigkeit zu ergänzen, zu denen auch Umgangsformen zählen, ergeben sich früher oder später berechtigte Zweifel an wirklicher Zuneigung.
Dieser Hinweis erscheint heute um so wichtiger, als die öffentliche Behandlung aller Fragen der Sexualität bei schwachen Naturen den Trugschluß nährt, beiderseitiges Verstehen auf diesem einen Sektor der Partnerschaft zwischen Mann und Frau sei allein entscheidend. Im Gegenteil. Das Gespräch sowie alle Formen der Achtung vor der Eigenpersönlichkeit des Partners können sogar, als Beweise geistig-seelischer Gemeinschaft, Unstimmigkeiten im körperlichen Bereich dauerhaft überbrücken.

Anrede: Frau oder Fräulein?

Früher war das »Fräulein« – die Unverheiratete –, sobald Schwestern und Freundinnen »unter der Haube« waren, nicht viel mehr als eine Randerscheinung der Gesellschaft. Gewiß gab es Ausnahmen, aber die Etiketteregeln wiesen ihr überall den zweiten Rang zu. Die verheiratete Frau hatte selbst dann, wenn sie wesentlich jünger war, grundsätzlich den Vortritt. Das ältere Fräulein wurde der jungen Frau vorgestellt und hatte zu warten, bis ihr die Hand gereicht wurde. Die Bezeichnung »Fräulein« haftete ihr in Korrespondenz und Anrede bis zu ihrer letzten Stunde als Odium an, »keinen Mann mitbekommen« zu haben.
Heute kann sich die Unverheiratete, sobald es ihr gefällt, mit »Frau« anreden lassen und, wo üblich, wird sie auch mit »gnädige Frau« angesprochen (siehe Kapitel „»Frau Schulze«, »Gnädige Frau« oder »Genossin«?“).

Heute hat die ältere grundsätzlich den Vortritt vor der verheirateten jüngeren Frau.
Heute genießt das ältere »Fräulein« nicht nur vor dem Gesetz alle Rechte einer Frau.
Daß seit einigen Jahren die Behörden aus Vereinfachungsgründen noch schneller mit der Anrede »Frau« zur Hand sind und daß es auch im Ausland derartige Bestrebungen gibt, ist wohl allgemein bekannt. Die Behördenhandhabe, möglichst allein noch Teenager mit »Fräulein« anzureden oder anzuschreiben und jedes herangewachsene Mädchen, das theoretisch verheiratet sein könnte, »Frau« zu nennen, hat nicht nur im deutschen Sprachgebiet keinen Beifall bei den jüngeren Ledigen gefunden. Sie möchten von sich aus entscheiden, wann sie mit der Anrede »Fräulein« gewissermaßen ein Erkennungsmerkmal, noch unverheiratet zu sein, abzulegen gedenken. Diese Entscheidung wird im allgemeinen im Alter zwischen 20 und 30 getroffen.
Hier fließen drei Überlegungen zusammen:
1. Der Gedanke, schneller umworben zu werden. Denn mit der Anrede »Fräulein« wird neuen Bekannten ja gleich signalisiert, noch ungebunden zu sein.
2. Das gewachsene Selbstbewußtsein vieler weiblicher Berufstätiger, die sich in ihrem geschäftlichen Wirkungskreis so wohl fühlen und als Persönlichkeit bestätigt sehen, daß sie keinen Zweifel daran hegen, auch in reiferen Jahren noch einen passenden Ehepartner zu finden.
3. Unverheiratet zu sein und zu bleiben, ist kein Makel mehr. Diese Entwicklung ist ein Beweis dafür, daß die Frau in vielen Berufen – auch solchen, die einst als männliche Reservate galten – »ihren Mann steht« und ihre Erfolge auf diesem Gebiete nicht ohne weiteres aufgeben möchte. Darauf basiert die Beobachtung, daß heute immer mehr Ehefrauen, wenn die Kinder herangewachsen sind und Lehre oder Studium aufgenommen haben, mit Freuden wieder in den Beruf zurückkehren, aus dem sie mit der Heirat »vorübergehend« ausschieden. Und die Statistik besagt, daß Ehen, in denen beide Partner eine echte Beziehung zu ihrem Beruf haben, bei weitem weniger scheidungsanfällig sind als andere.
Die Neufassung der Umgangsformen basiert in vielen Empfehlungen auf der gewandelten Einstellung zur Frau.

Wie sich kluge Eltern verhalten

Früher dienten Umgangsformen unter anderem dazu, den Herrschaftsanspruch der höfischen Gesellschaft »bis zum letzten Untertan« durchzusetzen und damit auch bis zum kleinsten Kind.
Heute sollen Umgangsformen auch das Gespräch des freien Staatsbürgers mit den von ihm gewählten Vertretern höchster und hoher Behörden erleichtern. Überspitzen wir das Beispiel ein wenig und beziehen wir es auf die Familie:
Kinder sollen in erster Linie von ihren Eltern, von Mutter und Vater, erzogen werden, heute nicht mehr als Untertanen von Untertanen, sondern, sobald sie zu denken beginnen, als gleichberechtigte Gesprächspartner der Eltern. Je besser die Eltern, die Älteren und Lebens-

erfahreneren, es verstehen, auf die noch unerfahrene Welt des Kindes einzugehen, je früher sie dem Kinde begreiflich machen können, warum sie dieses und jenes anders tun, je klarer sie ihm vorleben, wozu es nur des Vorbildes bedarf, um so fester werden sie darauf bauen können, daß sich eines Tages ihre Kinder nicht von ihnen abwenden!
Dieser Weg steht durchaus nicht im Widerspruch zu der Tatsache, daß Jugendliche eines Tages vieles anders machen wollen als die Generation der Eltern. Dieser Wunsch wird früher oder später dann aufkommen, wenn die Kinder Gelegenheit haben, die Umgangsformen der »Alten« mit Gleichaltrigen von der Schulbank oder vom Arbeitsplatz unter die Lupe zu nehmen.
Kluge Eltern beziehen das »Unvermeidliche« in ihre Erziehungsmaßnahmen und in erste Gespräche über Umgangsformen ein. Sie geben von vornherein zu: An den Umgangsformen unserer Eltern haben wir auch herumkritisiert. Nur zu! Vielleicht macht ihr's später besser, vielleicht stellt ihr aber auch fest, daß unsere Auffassungen gar nicht so dumm waren?! Kluge Eltern stellen Umgangsformen zur Diskussion oder sogar in Frage, statt sie als gegeben einzupauken.
Vielleicht sollten Eltern sogar ihre eigenen Formen unter sich bereits zur Diskussion stellen, wenn sie ihr erstes Kind erwarten und sich dessen bewußt sind, daß sie künftig von Jahr zu Jahr kritischer beobachtet werden. Mit solchen Gedanken begann eine Grundsatzdiskussion des Fachausschusses für Umgangsformen zum Thema »Die ersten Umgangsformen der Kinder«. Nachstehend einige Ergebnisse:

»Umgangsformen-Kinderschule«?

Eine »Kinderschule für gutes Benehmen«, wie sie für 3- bis 5jährige in den USA angeboten wird, lehnt der Fachausschuß für Umgangsformen ab. Gerade die ersten Umgangsformen sollten nicht durch Fremde gelehrt werden. Je länger die Eltern Gelegenheit haben, auf ihre Kinder einzuwirken – vorausgesetzt, sie handeln bewußt und mit Überlegung –, um so größer ist die Chance, daß sich die Kinder später zu ihrem eigenen Nutzen der jungen Gemeinschaft zuwenden. Dazu sollten ihnen die Eltern verhelfen, indem sie ihnen weniger Formen als ein sicheres Gespür für den Umgang mit Kindern und Erwachsenen ins Leben mitzugeben versuchen. Daß einige Formen und die dazu notwendigen Regeln sein müssen, erkennt man nie wieder so deutlich wie in Gegenwart eines Kindes, das zum ersten Mal einen Löffel in die Hand bekommt.

Richtige Sitzhöhe für den ersten Löffel

Nicht minder wichtig als Vaters Mithilfe beim Füttern des Kleinkindes ist die stete Sorgfalt der Eltern, während seines ersten Wachstumsprozesses immer um seine ideale Sitzhöhe am Tisch bemüht zu sein. Am Tisch kann das Kind nur dann richtig essen lernen, wenn es beide Hände über der Tischplatte frei bewegen kann.

Nachahmungstrieb ausnutzen

Sobald »Schieber und Löffel« von »Messer, Gabel, Löffel« abgelöst werden, wird der kleine Tischgenosse zum scharfen Beobachter. Nun sitzt er selbständig am Tisch und macht den Eltern nach, wie sie dieses und jenes zu sich nehmen. Vor zu rügenden Fehlern also kurz überlegen, ob der kleine Benimmschüler sie nicht etwa elterlichen »Beispielen« entnommen hat.

Lehrreiche Tischordnung

Wo der Tisch grundsätzlich nach der allgemeinen Handhabung gedeckt wird – auch wenn kein Besuch zu Gast ist –, lernen Kinder zum eigenen Vorteil zumeist sehr schnell, daß Kaffeetassen wie Gläser stets rechts oben neben dem Hauptteller stehen. Ebenso suchen sie Löffel und Messer grundsätzlich rechts und die Gabel links neben dem Teller sowie den wichtigen Dessertlöffel oben quer darüber liegend. Ihrer scharfen Beobachtungsgabe entgeht auch nicht, wie man nach dem Abschied vom Lätzchen mit der Serviette hantiert.

Abschied vom »schönen Diener« und »tiefen Knicks«

Wichtiger als der »schöne Diener« mit Blickrichtung auf seine mehr oder weniger blanken Schuhe ist es, dem Gast mit Tageszeit oder Abschiedsworten (»Guten Tag!«, »auf Wiedersehen«) die Hand zu reichen und ihn dabei anzublicken. Das gilt auch für den »Knicks«, der ebenso entbehrlich ist wie jede allzu unterwürfige tiefe Verbeugung. Kinder sind keine Untertanen!

Kleine, aber echte Gesprächspartner

Sobald sich im Kind eigenes Denken regt – wenn es zu fragen beginnt, und seien seine Fragen noch so »dumm« –, sollten die Eltern es als gleichberechtigten Gesprächspartner behandeln. Eltern sollten grundsätzlich eine Antwort wissen und sich nicht etwa auf Ausreden zurückziehen wie »Das verstehst du noch nicht. Dazu bist du viel zu jung!« Dabei lohnt sich immer das Bemühen, ihre Fragen aus der Sicht des Kindes zu beantworten. Eltern werden um so eher als Erzieher anerkannt, je sicherer sie auf jede Frage Antwort wissen.

Sprechen und Zuhören gehören zusammen

Am Beispiel der Eltern sollten Kinder auch lernen, daß Gespräche aus Sprechen und Zuhören bestehen und daß man den anderen aussprechen lassen muß. »Paß auf: Wenn Mutti spricht, hören Michael und Vati zu. Redet Vati, dann sind Mutti und Michael still. Und hat Michael etwas zu sagen, halten Vati und Mutti den Mund!« Übrigens ein lehrhaftes Umgangsformenspiel, das zu üben allen Teilnehmern regelrecht Spaß macht!
Wie nützlich dieses Spiel ist, erweist sich erst recht, wenn Kinderbesuch kommt: »Erst du, dann ich!« und beim nächsten Mal: »Erst ich – dann du!« Solches Abwechseln schärft den Sinn für Gerechtigkeit mit der Zeit selbst bei kleinen Egoisten.

Keine Babbelei!

Nicht gespielt werden sollte mit der Sprache. Daß das Babbelgestammel Erwachsener im »Gespräch« mit Kleinkindern Liebe ausdrücken soll, kann der kleine Erdenbürger kaum verstehen. Er hat noch keine Vergleichsmöglichkeiten. Warum also alberne Wortbildungen, die das Kind unbewußt durch Zufall selbst geprägt hat, durch Aufgreifen und Wiederholen sich erst festsetzen lassen? Wenn es älter wird, muß das Kind doch die richtigen Wörter lernen. Und es muß ferner begreifen, daß der »Onkel Briefträger« kein Onkel und die »Tante Bäcker« keine Tante ist. Warum also die Kleinen erst mit falschen Anreden verwirren, um sie später – und dann zumeist mit Strenge – »umerziehen« zu müssen?!

Falsche Erziehungshilfen

Eltern sollten es ihrem Kind ersparen, Scheinbilder gestrenger oder gar böser Menschen als »Erziehungshilfen« heranzuziehen. Schließlich soll es im Polizeibeamten möglichst bald einen Freund und Helfer erkennen. Wie dumm also, es glauben zu machen, wenn es nicht brav sei, komme »der Polizeimann und stecke es zur Strafe ins finstere Loch!« Nicht weniger falsch sind Drohungen wie »Warte nur, bis du in die Schule kommst. Der Lehrer mit dem Stock wird dich schon Mores lehren!« Wie soll es dann Vertrauen zum Lehrer finden, wenn es eingeschult wird?!

Sicherheit für den Umgang mit Fremden

Ihr Zuhause soll für Kinder ihre sicherste Zuflucht sein. Die Wohnung von der Straße abzugrenzen, zählt zweifellos zu den besonders schwierigen Erziehungsfragen, zu deren Lösung ja auch Umgangsformen verhelfen sollen. Denn die Vorsicht vor den Gefahren außerhalb der Wohnung sollte nicht dazu führen, daß sich das Kind vor dem Draußen wie vor einer feindlichen Umwelt ängstigt. Kinder sollten vielmehr lernen, jedermann freundlich zu begegnen – ebenso freundlich aber auch nein zu sagen, wenn ihnen ein Fremder etwas schenken oder sie auffordern will, ihn zu begleiten. Kinder sollen durch Umgangsformen nicht etwa zu verkleinerten Erwachsenen »getrimmt«, sondern immer sicherer im Umgang auch mit Fremden werden.

Die Entdeckung des anderen Geschlechts

Je früher ein Kind – Mädchen wie Junge – an Vater und Mutter zu erkennen vermag, daß ein Mann anders gebaut ist als eine Frau, um so ungezwungener ist mit ihm auch das Gespräch zu führen, wie denn die Kinder auf die Welt kommen. Freizügiges Bewegen innerhalb der Wohnung ohne falsche Scham vor dem nackten Körper und Offenheit im Erörtern aller Kinderfragen sind die besten Voraussetzungen dafür, daß es gar nicht erst zu fehlgeleiteter Neugier und Geheimniskrämerei um Probleme der Sexualität kommt.
Eltern sollten grundsätzlich mit ihrem Kind auch über ihre Liebe zueinander sprechen – und wie aus ihrer Liebe der Wunsch nach einem Kind und zum Gründen einer Familie erwuchsen. Sie bewahren mit Vertrauen und Offenheit ihr Kind nicht zuletzt auch davor, Notwendiges über Empfängnis und Geburt zu spät und erst durch Fremde zu erfahren, denen zumeist das Verantwortungsbewußtsein für junge Menschen fehlt.

Gerecht oder gar nicht strafen

In Familien, die in dieser Beziehung intakt sind, in denen die gegenseitige Achtung der Eltern Tag für Tag auf die Kinder ausstrahlt, in denen weder Vater noch Mutter mit Machtworten um die Oberhand streiten, ringen Vater und Mutter allenfalls in gemeinsamer Sorge um ein gerechtes Strafmaß, wenn einmal gestraft werden muß.

Vor allem strafen sie nie, ohne dem Kind Gelegenheit zur Verteidigung gegeben zu haben. Eine Ohrfeige ist nie ein überzeugendes Erziehungsargument. Ein Gespräch über das, was falsch gemacht wurde, erspart allen drei Beteiligten den Schmerz der Ohrfeige.

Nie sagen: Das verstehst du nicht

In der Familie wird der entscheidende Grundstein für die Umgangsformen der Jugend gelegt. Nur allzubald rächen sich Gedankenlosigkeit und Bequemlichkeit von Eltern, die sich zum Beispiel der Antwort auf unbequeme Fragen des Kindes einfach mit der Erklärung entziehen: »Das verstehst du noch nicht. Dazu bist du noch zu klein (zu jung)!« Die Quittung wird oft nur wenige Jahre später präsentiert, wenn die Eltern ihrerseits nun unbequeme Fragen stellen: »Das versteht ihr nicht mehr, dazu seid ihr schon zu alt!«
In der Zwischenzeit hat sich das Kind bei Freundin oder Freund, vielleicht auch bei wirklich oder nur scheinbar kinderfreundlichen Älteren die Antwort geholt und herausgefunden, daß die eigenen Eltern mit etwas Wichtigem hinter dem Berge halten, daß sie ihrer Tochter, ihrem Sohn nicht vertrauen oder für neue Erkenntnisse – zum Beispiel in den Beziehungen der Geschlechter – schon zu alt sind.

»Faule Ausreden« und »unumgängliche Notlügen«

Wo das Vertrauensverhältnis zwischen Elternhaus und heranwachsenden Kindern gestört ist, spielen sehr häufig Unterlassungssünden der Eltern mit.
Probleme entstehen auch oft daraus, daß – aus der Sicht der Kinder – Eltern und Lehrer grundsätzlich auf ihr Recht pochen und Kindern keine Rechte einräumen; denn man hat sie nach ihrer Darstellung nie gefragt oder das, was sie wahrheitsgemäß äußerten, als »faule Ausreden« oder gar »Lügen« hingestellt. Kommt noch hinzu, daß Eltern hin und wieder selbst zu Notlügen greifen oder gar das Kind als Zeugen zur Täuschung von Vater, Mutter oder Lehrer heranziehen, dann kann die Achtung vor Erwachsenen von heute auf morgen zusammenbrechen.
Gewiß kommen Erwachsene aus Gründen der Rücksichtnahme, des Mitleids oder der Verlegenheit manchmal um eine Notlüge nicht herum. Auch der Takt kann sie gebieten. Wird nun aber das zur Wahrheitsliebe erzogene Kind Zeuge einer Notlüge von Vater und Mutter, dann sollten die Eltern die nächste Gelegenheit dazu nutzen, ihm in aller Behutsamkeit zu erklären, warum es hilfreicher für den Belogenen war, ausnahmsweise einmal von der Wahrheit abzuweichen.
Das Gespräch mit dem Kinde kann in diesem Fall vom Negativen – »Die Eltern haben gelogen!« ins Positive umschlagen: »Sie ziehen mich ins Vertrauen!« Peinlich aber – und keine Sicherheit dafür, das Kind wirklich überzeugen zu können –, wenn die Eltern es zum ersten Mal dann ins Vertrauen ziehen, wenn es darum geht, ihren eigenen Fehler auszubügeln. Schon kleine Kinder sind zumeist bessere Beobachter, als viele Eltern meinen. Deshalb sollten sie in weniger schwerwiegenden Erziehungsfragen – zum Beispiel in alltäglichen Umgangsformen – bemüht sein, dem Nachahmungstrieb des kleinen Hausgenossen bei Tisch wie im Umgang mit anderen stets als gutes Vorbild zu dienen.

Kritik aus jungen Ehen

Junge Menschen bekommen ihre kleinen und großen »Sünden« mit entsprechender Kritik von Älteren und Eltern jahrelang vorgehalten. Aber eines Tages schlägt das Kritikbarometer um – und die Jungen beginnen, die Generation ihrer Mütter und Väter zu kritisieren. Für die von ihnen beobachteten Fehler gibt es weder Rügen noch Ausgehverbote, geschweige denn Prügel. Das Strafmaß der Kinder hängt davon ab, wie sich ihre Eltern als Strafende bewährt haben. Dabei wird zumeist nicht nach der Härte, sondern nach der Gerechtigkeit der Rügen gefragt. Die strengste Strafe für die Eltern: Wir Jungen machen alles anders – besser!

Wer kritisieren, führen und leiten will, muß sich erst einmal selbst kritisieren, führen und leiten lassen können.
Auch ein Lehrling kann einem Chef Tips für besseres Verhalten geben.
Bruno Neckermann

So hat der Fachausschuß einmal gefragt, welche Schlüsse Kinder später aus der Ehe ihrer Eltern für die eigene Ehe gezogen haben.
Die erste Frage hieß: »Haben Sie die Ehe Ihrer Eltern uneingeschränkt als Vorbild für Ihre Ehe übernommen?« 47 der jungen Ehepartner und 53 von 100 ihrer Frauen sagten unumwunden ja. Aber 39 Ehepartner und 19 Ehepartnerinnen von 100 gingen streng mit den Eltern um. Am häufigsten beanstanden junge Eheleute am Verhalten ihrer Eltern (in der Reihenfolge der Erwähnungen):
Der Vater ist zu anderen Frauen höflicher als zur eigenen – wenn es darum geht, ihr in den Mantel zu helfen, im Gespräch auch ihr zuzuhören und bei der Auswahl des Fernsehprogramms öfter auch ihre Wünsche zu respektieren.
Die Mutter ist zu anderen Männern freundlicher als zum Vater; sie stellt seine Schwächen heraus und hebt die guten Seiten anderer Männer hervor. Sie vergleicht ihre Leistungen vor den Kindern mit geringeren des Vaters.
Die Eltern kritisieren das Verhalten ihrer Kinder im Beisein von Verwandten, Freunden und Bekannten, loben andere Kinder im Vergleich zu Unarten der eigenen, erlauben anderen Kindern Freizügigkeiten (Rauchen, Alkohol, mehr Leckereien) im Beisein der eigenen.
Vater richtet sein Augenmerk darauf, außerhalb des Hauses einen guten Eindruck zu machen (Kleidung, Rasur, Frisur, Körperpflege) und läßt sich daheim in dieser Beziehung gehen.
An der Mutter wird solches Verhalten wesentlich seltener kritisiert. (Auf 12 Kritiken am Vater nur eine an der Mutter!)
Weitere Kritikpunkte:
Eltern bevorzugen eines von zwei oder mehreren Kindern – den Bruder vor der Schwester in der Berufsausbildung;
die Schwester vor dem Bruder im Kleidergeld;
den ungefähr gleichaltrigen Bruder vor der Schwester in der Freizügigkeit der Erlaubnis zum Ausgehen;
erlauben selten, daß der Sohn eine Freundin oder die Tochter einen Freund mit nach Hause bringen darf. Söhne erhalten die Erlaubnis seltener als Töchter!
Eltern strafen, ohne die Entschuldigung ihres Kindes anzuhören oder nachzuprüfen;
sind selbst mit Notlügen schnell bei der Hand und bestrafen Notlügen der Kinder hart;

ersetzen rechtzeitige Aufklärung durch prüde Belehrung und Drohung vor engerem Bekanntwerden des Sohnes mit einer Freundin oder der Tochter mit einem Freund. (Darin sind sie Söhnen gegenüber wesentlich großzügiger als Töchtern. Söhne empfangen keine Kinder!)

Verwandte – nicht länger nur »auch« Menschen

Wer sich rechtzeitig einen eigenen Kreis schafft, nicht nur unter Gleichaltrigen, bleibt länger jung, nimmt länger teil am vollen Menschenleben, bewahrt sich vor Einsamkeit und Grübelei und vor so mancher Krankheit, die allein aus dem Kummer erwächst, »plötzlich nicht mehr dazuzugehören«.

Diese Tatsachen sollten alle veranlassen, darüber nachzudenken und zu prüfen, wie ihr Verhältnis zu den gleichaltrigen Verwandten ist. Rühren doch viele Vorurteile unter Verwandten von der einstigen Überbewertung des männlichen Zweiges und des männlichen Erstgeborenen her. Der weibliche Zweig und die »armen Tanten, Schwestern und Nichten«, die keinen Mann »abbekommen« hatten und ihr Leben als »kleine Berufstätige« oder von mildtätigen Renten der glücklicheren Verheirateten fristen mußten, fielen als »lästiger Teil« der Verwandtschaft aus. Die Umgangsformen ihnen gegenüber waren oft von jener Geringschätzigkeit bestimmt, die in dem Wort erhalten geblieben ist: »Verwandte sind auch Menschen.« Als Folge muß mancher heute auf Mitarbeit zuverlässiger Verwandter – im Geschäft wie im Haushalt – verzichten und statt dessen Fremde beschäftigen, weil die Erinnerung an das einstige System der Ausbeutung »armer« Verwandter zu einem warnenden Erbgut geworden ist.

Der Verwandtenkreis wird uns mit der Geburt geschenkt. Wir lernen ihn ohne Mühe kennen. Wir sollten ihn pflegen, in gegenseitiger Achtung vor der Persönlichkeit des Älteren wie des Jüngeren. Es kann schon zu Komplikationen führen, wenn die Mütter in den jungen Haushalt mit dem Unterton von Besserwisserinnen hineinreden möchten.

Andererseits brauchen sich junge Eheleute nicht über Absagen zu wundern, wenn sie – nach Jahren der Selbstabkapselung im Kreis junger Ehepaare – sich ihrer Verwandten erst auf der Suche nach billigen Babysittern wiedererinnern!

Erfolg durch Kon-Takt

Alte Überheblichkeit sagt: »Takt hat man oder hat man nicht. Takt kann man nicht lernen. Takt hat nur der Edelmann.«
Takt setzt Herz und ein wenig Verstand voraus. Wer hat sie nicht! Es ist wie mit jenem anderem Takt, der uns beim Singen und Tanzen in den Rhythmus hineinhalf, wenn wir nur Anleitung und Gelegenheit zum Üben hatten. Oder wie mit dem Takt unserer Motoren. Welcher Kraftfahrer hört nicht, wenn seine Maschine im Leerlauf plötzlich nicht mehr im Takt geht!? Um hier den »Mißton« herauszuhören, hat es nicht einmal einer Anleitung bedurft. Die Warnung – da stimmt etwas nicht – kam aus dem Unterbewußtsein. Dort schlummert das Gespür für Abweichungen vom normalen Lauf.
Ins Unterbewußtsein dringt auch jenes ganz andere Taktgefühl für den Umgang mit Menschen ein, wenn wir im Elternhaus ein Gespür dafür mitbekommen haben.
Gewiß, durch Krieg und Nachkriegszeit haben viele die Geborgenheit einer Familie vermißt. Wer sich jedoch entschlossen hat, sein eigenes Familienleben anders zu gestalten, kann noch vieles nachholen. Auch dazu soll dieses Buch verhelfen.
Wir sind auf dem Wege, aus dem längst brüchig gewordenen Irrgarten einer verstaubten Etikette die Trennwände herauszureißen.
Helfen Sie mit – und es wird in Zukunft für alle leichter sein, sich im neuen Haus mit großen hellen Fenstern zurechtzufinden. Einst mußte, wer als gewandter Mensch gelten wollte, ein paar hundert, mancher gar tausend Regeln auswendig gelernt haben. Heute ist eines wichtig: Eine gleichberechtigte Partnerschaft setzt immer voraus, bei jeder Überlegung und vor jedem Handeln zugleich an den anderen zu denken und auch dem Fremden gegenüber zu überlegen, wie man ihn auf keinen Fall verletzt.
Schwierig? Eigentlich nicht. Es gilt der gleiche Rat, den wir zwei kleinen Kindern geben, die sich ein Stück Kuchen teilen sollen!
Das ältere schneidet den Kuchen in zwei Hälften, und das jüngere darf zwischen beiden Hälften wählen. Herz und Verstand auf einen Nenner bringen: Takt!
Eine weitere Empfehlung des Fachausschusses für Umgangsformen besagt: Wer auf förmliche Autorität verzichtet, gewinnt an echter Autorität!
Wenn zum Beispiel ein Generaldirektor in der Unterhaltung sagt: »Lassen Sie doch bitte den Titel weg!« wird mancher vielleicht beeindruckt sein. Der Eindruck verblaßt natürlich, wird man am nächsten Tag bei einem Besuch in seinem Büro von der Sekretärin dazu angehalten, den Chef unbedingt mit »Herr Generaldirektor« anzureden.

Aber vielleicht tun wir dem guten Mann unrecht, falls er eine übereifrige Sekretärin hat. Als wir nach »Herrn Müller« fragten, genügte durchaus der dezente Hinweis, den mancher dankbar begrüßt: »Der Herr Generaldirektor läßt bitten!«
Von Takt keine Spur würde dagegen die Aufforderung der holden Vorzimmerdame verraten: »In Ihrem eigenen Interesse. Wenn Sie den Chef nur mit „Herr Müller" anreden, haben Sie nicht die geringste Chance, einen Auftrag zu bekommen.«

Jedes Urteil muß man sich selbst bilden

Aus der Zwickmühle zwischen steigenden und fallenden Autoritätseindrücken, verbunden mit dem Zweifel »Takt oder nicht Takt; das ist hier die Frage«, gibt es einen Ausweg – die Empfehlung:
Bilden Sie sich Ihr Urteil über den Generaldirektor (Professor, Amtsgerichtsrat, Studienrat oder Steueramtmann), über jeden Menschen, ob er einen Titel hat oder nicht, aus eigener Beobachtung mit dem Gradmesser des Taktes! Es ist zwar ein interessantes Spiel, »vom Gescherre auf den Herre« zu schließen.
Aber:
Auf Ihren eigenen Eindruck kommt es an, wie andererseits Ihr persönliches Verhalten und Ihr Takt entscheidend für das Urteil sind, das sich Ihr Gesprächspartner über Sie bildet!

Über Neid und Heuchelei

Diese Empfehlung leitet über zur nächsten: Es ist eine traurige Tatsache, daß viele Menschen anderen ihre Erfolge neiden. Neid macht erfinderisch im Austüfteln der raffiniertesten Lügen.
Schnellere Beförderung, größere Wohnung, stärkerer Wagen, schickere Frau, sympathischerer Mann, besseres Aussehen, gewandtere Art, hübschere Kinder, es gibt nichts, was gewissen Naturen nicht Grund gäbe, Nachbarin wie Nachbarn am Arbeitsplatz oder in der Straße hinter der vorgehaltenen Hand einer scheinheiligen Vertraulichkeit zu verunglimpfen.
Zuhören, schweigen oder in das Zerrbild passende eigene Beobachtungen einstreuen? – Wissen Sie, ob Sie selbst, ob Ihre Frau oder Freundin, Ihr Mann oder Freund, Tochter oder Sohn, sobald Sie den Rücken gedreht haben, nicht die nächste Zielscheibe sein werden?
Hier kann sich der Taktvolle nur mit Gegenargumenten in hinhaltendem Widerstand zurückziehen. (»Das kann ich mir nicht vorstellen. Ich kenne sie anders.«) Immer vorausgesetzt, daß Sie Ihre Gesprächspartner nicht als absolut ehrlich einschätzen. Nun, wer flüchtige Bekannte »ins Vertrauen zieht«, ist ebensowenig ernst zu nehmen wie ein Betrunkener. Mit einem wesentlichen Unterschied: Betrunkene reden eher die Wahrheit als Neider und Klatschbasen beiderlei Geschlechts.
Dem Neid ist eine andere menschliche Schwäche verwandt – die Heuchelei.
Ein kleines Kind, das etwas haben möchte, schmeichelt, weil es sich nicht anders ausdrücken kann als durch Gesten der Liebe. Wie viele Erwachsene aber fallen auf Schmeicheleien von Erwachsenen herein, wenn alles andere als Liebe im Spiel ist. Sie sind noch heute Opfer je-

ner höfischen Etikette, die Kadavergehorsam verlangte und Menschlichkeit mißachtete.
Der »gemeine Mann« mußte katzbuckeln, es blieb ihm keine andere Wahl, es sei denn Hunger oder Kerker. Heuchelei war einkalkuliert. Je weniger Untertanen denken konnten, um so besser für die Inhaber der Macht, die Kinder in Bergwerke schickten und ihre Eltern zur Liebedienerei zwangen.
Diese Zeiten sind bei uns längst dahin, die Untertanenordnung geistert jedoch noch durch Etikettebücher, in denen zwar von Takt die Rede ist, aber ohne den Appell, daß Takt – Herz und Verstand – beide Seiten zu Kon-Takt in gegenseitiger Achtung vor der Persönlichkeit jedes anderen verpflichtet.
Alles, was Menschenantlitz trägt, ist gewiß nicht gleich. Aber ohne Gleichberechtigung im Umgang von Mensch zu Mensch stehen alle Systeme auf tönernen Füßen.
Daher, so meinen wir, sollte ein Anfang gemacht werden, damit eines Tages wirklich jedermann mit jedermann sprechen kann, ohne Angst haben zu müssen, einen kaum wiedergutzumachenden »Formfehler« begangen zu haben. Fernsehjournalist Thilo Koch sagte als Gast und Leiter einer Diskussion des Fachausschusses für Umgangsformen treffend: »Angst ist in der Tat das Instrument der falschen Autorität!«

Unfreundliche Menschen sind arme Menschen

Der arme Geschäftsinhaber, der seinen Ärger über einen Wortwechsel mit seiner Frau am Frühstückstisch später im Büro an seinen Angestellten ausläßt!
Der arme Kellner, der aus Enttäuschung über zu wenig Trinkgeld patzige Antworten gibt und mit dem Geschirr klappert!
Der arme Verkehrspolizist, der es den kleinen Verkehrssünder entgelten läßt, daß ein Vorgesetzter sein Urlaubsgesuch nicht genehmigt hat!
Der arme Schalterbeamte, der Besucher brummig »abfertigt«, weil sie aus der Sonne kommen, während er im Schatten sitzen muß!
Der arme Lehrer, der seine Schüler nur deshalb hart anfaßt, weil sie statt seiner seinen Kollegen verehren!
Der arme Richter, der den Zeugen unwirsch behandelt, weil dessen Aussage nichts beweisen kann!
Die arme Frau, die der Frau ihres Angestellten spitz über den Mund fährt, weil diese in der Schlichtheit ihrer Kleidung attraktiver wirkt als sie selbst!
Die arme Verkäuferin, die ihren Ärger über eine ungerechte Vorgesetzte an einer Kundin ausläßt.
Die arme Enttäuschte, die den Mann ihrer Wahl nicht für sich einnehmen kann und deshalb allen Männern mit Arroganz begegnet!
Die arme Hausfrau, die der ledigen Nachbarin ihren großen Freundes- und Bekanntenkreis neidet und sie deshalb vor anderen eines leichtsinnigen Lebenswandels verdächtigt!

Die arme Nachbarin, die der Ehefrau nebenan ihr »bequemes« Leben nur deshalb nicht gönnt, weil sie nicht weiß, daß diese halbtags berufstätig ist.

Wer sich zum Grundsatz macht, unfreundliche Menschen im stillen zu bedauern, statt sich über sie zu ärgern, erweist sich auch selbst eine Freundlichkeit. Weiß man immer, ob der Gesprächspartner nicht nur unfreundlich wirkt, weil er schwere Sorgen hat, krank ist oder Kummer um kranke Familienmitglieder seine sonst heitere Miene verdüstert?! Das Wort »unfreundliche Menschen sind kranke Menschen« hat einen tiefen Doppelsinn.

Wer unfreundliche Gesprächspartner zurechtzuweisen versucht, ärgert sich am Ende leicht über sich selbst und gerät in Gefahr, den nächsten gleichfalls unfreundlich zu behandeln.

Freundlichkeit – nicht Heuchelei, übertriebene, nur scheinbare Freundlichkeit! Die unbefangene Antwort auf die sich selbst gestellte Frage »Soll ich mir von dir meine gute Laune verderben lassen!?« – wirkt zumeist entwaffnend. Und hellt oft die ernsten Mienen sorgenvoller Menschen auf.

Ironie und Sarkasmus sind Reizmittel, die beim »Ungeübten«, der nicht mit gleicher Münze heimzahlen kann, nur Unfreundlichkeiten herausfordern. Zeigt sich der Zurechtgewiesene hilflos, dann vergessen die Zeugen des Duells zumeist sehr schnell, wer zuerst unfreundlich war, und ergreifen Partei gegen den »Überlegenen«, weil er mit Kanonen auf Spatzen geschossen hat.

Bitte zu Tisch!

Tischsitten heute

Früher

Früher gab es nur Messer mit oxydierenden Klingen. Säuren von verschiedenen Gemüsen hinterließen verhältnismäßig schnell Rückstände auf der Stahlklinge, und diese beeinträchtigten oft schon beim Schnitt den Geschmack vieler Speisen. Silberne Klingen oder Löffel liefen an, sahen schnell nicht mehr gut aus und verdarben zum Beispiel den Geschmack des weichen Eies. Messer, die teuersten Besteckteile, waren selbst im Bürgerhaus durch Jahrhunderte nicht in so großer Zahl vorhanden, daß in den zumeist sehr kinderreichen Familien für jeden am Tisch ein Messer zur Verfügung stand. Im übrigen gab es allenfalls sonntags Braten, und gegen den guten Brauch, das Messer rundum gehen zu lassen, bevor jemand zu essen begonnen hatte, war nichts einzuwenden.
Aus all diesen Gründen waren die Tischsitten bis in unser Jahrhundert hinein mehr auf den Gebrauch von Löffel und Gabel als auf den des Messers eingestellt.

Inzwischen

Unterdessen hat sich das Besteck für jedes Familienmitglied, dazu eine Reserve für mehr oder weniger viele Gäste, längst durchgesetzt. Als dann vor dem Zweiten Weltkrieg mehr und mehr nichtrostende Klingen auf den Markt kamen, wurden diese zwar von der Hausfrau begeistert aufgenommen, weil sie sich leichter reinigen ließen. Die von den oxydierenden Klingen vor Jahrhunderten diktierten »messerfeindlichen« Sitten wurden jedoch bis lange nach dem Zweiten Weltkrieg beibehalten.

Heute

Gegenwärtig hat der Fachausschuß für Umgangsformen durch neue Empfehlungen viele Tischsitten dem Gebrauch der Bestecke unserer Zeit angepaßt.

Was auf den Tisch kommt, und wie man's ißt

Der schön gedeckte Tisch gilt als Zeichen gepflegter Haushaltsführung. Manche Anregung kommt dafür aus dem Hotel- und Gaststättengewerbe. Denn hier lebt man ja davon, Gäste zufriedenzustellen. Wären sie enttäuscht, kämen sie nicht wieder.

Abfallkörbchen

Großen Beifall findet immer mehr, wenn auf Tischen von Hotelgaststätten Abfallkörbchen aus Porzellan, Plastik oder Metall – etwa in der Größe einer Kilo-Konservendose – stehen. Sie nehmen vom Frühstück bis zum Abendessen alle Kleinverpackungsmittel auf, zum Beispiel von Butter, Marmelade, Käse und Wurst.

Schon hat die Porzellanindustrie das gute Beispiel aufgegriffen. Was aber tun, wenn die neuen Gefäße so gar nicht zum häuslichen edlen Porzellan passen?
Da gibt es für den persönlichen Haushalt eine hervorragende Lösung: Man kaufe sich von den daheim am liebsten genutzten Services jeweils einige Untertassen und dazu schlichte Glasteller, wie sie gern auch für Kompott verwendet werden. Danach können Sie jederzeit Glas auf Porzellan setzen und auf dem Tisch verteilen. Diese Abfallschälchen finden vielseitige Verwendung, auch für Gräten, Wurstpellen und Knöchelchen. Das ist nicht nur praktisch, sondern macht die Tafel bis zum Schluß appetitlich und hilft den Gästen, genußvoll zu schlemmen.
Da immer mehr gereist wird, auch in fernere Länder, haben mehr oder weniger exotische Früchte und Gemüsesorten auf unseren Speiseplänen Einzug gehalten. Viele würden sie gern probieren, wissen aber nicht, wie man sie ißt, und verzichten aus Unsicherheit darauf. Darum hier die beliebtesten … und wie man sie ißt.

Artischocken

Blatt für Blatt herauszupfen, unten in die cremige Soße tauchen und zwischen den Lippen das fleischige Ende (darum geht es) aussaugen. Die Blätter auf den danebenstehenden kleineren Teller ablegen. Den Artischockenboden, an dem die Blätter vorher festsaßen, mit der Gabel zerteilen und mit Soße essen

Austern

Austern werden nur mit einer Austerngabel vorbereitet. »Austernpunkt« und Bartrand mit scharfer Gabelseite entfernen. Dann Austern von der Schale lösen. Je nach Geschmack mit Zitronensaft beträufeln. Austernfleisch aus der Schale schlürfen.

Zunächst werden „Austernpunkt" und Bartrand mit der scharfen Gabelseite abgetrennt, und zwar auf dem Teller, ohne eine Serviette unterzulegen. Danach wird die Auster mit etwas Zitrone beträufelt und von der Muschel geschlürft

Avocados

Avocados, das tropische Gemüse mit dem großen Kern, aus dem sich – in Blumenerde – eine schöne Pflanze ziehen läßt, werden der Länge nach durchgeschnitten und für das kalte Buffet als Schälchen mit gewürztem Tatar oder Krabben gefüllt. Die weiche Frucht ist, geschält, mit der Gabel zerdrückt und mit Crème fraîche verfeinert, auch als Brotaufstrich beliebt.

Brot, Brötchen, Toast

Von Brot oder Brötchen, die als Beigabe zur Suppe u. a. m. gereicht werden, kleine mundgerechte Bissen abbrechen. Toast in der Mitte durchbrechen und zunächst eine Hälfte bestreichen. Belegte Brote und größere Schnittchen mit Messer und Gabel essen.

Bowlenfrüchte

Pfirsichstücke, Erdbeeren u.ä. mittrinken oder mit Bowlenstäbchen – auch kleinem Löffel – aus dem Glase holen.

Butter

Mit einem Buttermesser nehmen, auf den Teller bringen, dann mit dem eigenen Messer aufstreichen.

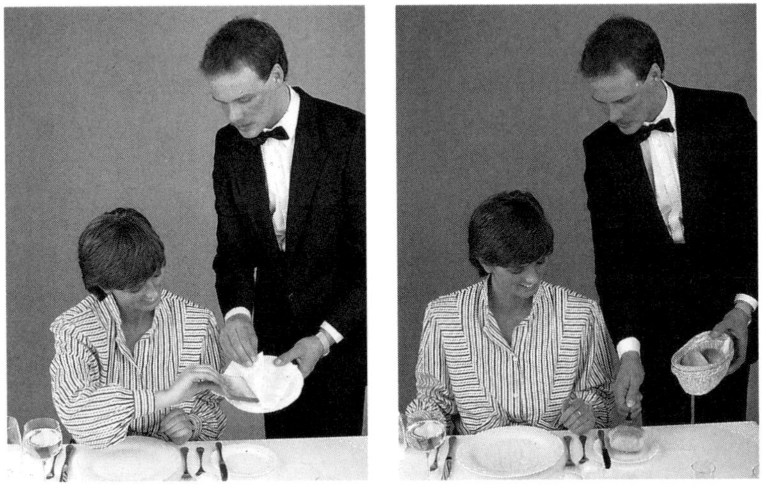

Toast wird, damit er warm bleibt, oft in einer Serviette gereicht. Links neben dem Platzteller wird ein Brotteller mit einem Messer gedeckt. Reicht die Bedienung Brot oder Brötchen, so legt sie wie im Bild vor

Ein kleines Stück Toast dient uns bei vielen Vorspeisen, z. B. bei Gabelbissen, dazu, sie auf die Gabel zu schieben. Auch das mundgerechte Stück, das wir mit Butter genießen möchten, wird einzeln gebrochen und erst dann, Stück für Stück, mit Butter bestrichen

Cocktailhäppchen

Den winzigen Imbiß zu Beginn der kleinen Geselligkeit nehmen wir mit der Hand von der Platte. Den »Zugriff« erleichtern Gastgeber gern mit Holz- oder Plastikstäbchen.
Hierzu genügt es, jedem Gast zusätzlich eine kleine Papierserviette (Miniserviette) beim ersten Anbieten in die Hand zu drücken. Es ist nicht erforderlich, dazu Teller zu servieren.
Zu empfehlen ist, hier und da ein Schälchen zum Ablegen der Sticks hinzustellen, da die Aschenbecher nicht zweckentfremdet werden sollten. Niemand liebt den Geruch angesengter Holz- oder Plastikteile durch glühende Asche oder ausgedrückte Zigaretten bzw. Zigarren.

Eier

Die Eispitze sollte früher nicht mit dem Messer »geköpft«, sondern, ohne das Ei aus dem Becher herauszunehmen, mit dem Eierlöffel vorsichtig angeschlagen werden. Das Frühstücksei wird von der modernen Messerklinge geschmacklich nicht mehr beeinträchtigt. Also ist gegen den Gebrauch des Messers zum Abtrennen des Oberteils oder zum Zerklopfen der Schale an sich nichts einzuwenden.
Beim »Köpfen« ist allerdings Vorsicht geboten.
Der kurze, sichere »Hieb« ist nicht jedermanns Sache und vor allem Kindern abzuraten; denn nur der Sichere vermag rechtzeitig vor Erreichen der anderen Seite »abzubremsen«.
Wer kein Risiko eingehen will, »klopft und pellt« – und legt aus geschmacklichen Gründen Wert darauf, den Inhalt mit einem Löffel zu genießen, der nicht oxydiert.
Der billigere Plastiklöffel rangiert hier vor dem silbernen.
Die Schalensplitter mit den Fingerspitzen auf den Unterteller legen.
Harte Eier abschälen und mit Messer und/oder Gabel zerteilen.

Fisch

Hier hatten unsere Vorfahren bis vor etwa 40 Jahren natürlich recht, heute nur noch zum Teil. Ihr Messer mit Silber-oder Stahlklinge verbot sich für jeden Fisch. Wir schneiden saure und grätenlos marinierte sowie geräucherte Fische schlicht und einfach mit unserem »geschmacklosen« Messer. Wenn wir bei Koch- und Bratfisch das Fischbesteck, dessen stumpfes Messer eigentlich ein Schieber ist, oder zwei Gabeln bevorzugen, dann aus reiner Vorsicht. So lassen sich die Gräten viel leichter vom Fischfleisch lösen und die von der Fischnatur zumeist »vorbereiteten« Scheibchen auseinanderschieben, als wenn wir jeden Bissen mit dem Messer abschneiden würden. Aus langen Gräten würden nämlich auf diese Weise viele kurze Gräten – und der Fisch wäre selbst bei vorgewärmten Tellern noch schneller kalt.
Also: Gekochten oder gebratenen Fisch mit zwei Gabeln oder dem Fischbesteck essen. Rohe Heringe, Rollmops oder Räucherfisch mit Messer und Gabel; weiche Büchsenfische, Sardinen, Heringe in Gelee usw. nur mit der Gabel unter Zuhilfenahme eines Stückchen Brötchen oder Brot essen.
Kommt eine Gräte in den Mund: So unauffällig wie möglich auf die Gabel und dann auf den Tellerrand bringen, notfalls bis an die Lippen schieben und mit zwei Fingerspitzen abnehmen.

Mit dem Fischbesteck wird das Fleisch von den Gräten gelöst. Das Besteck soll man dabei möglichst flach halten (nicht wie auf dem rechten Foto). Also nicht damit im Fisch herumstochern

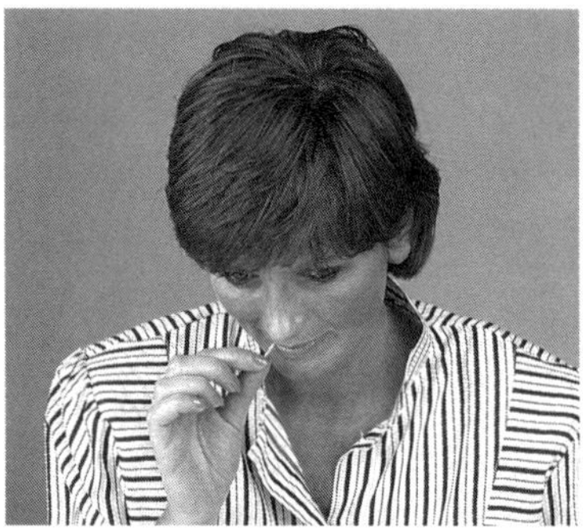

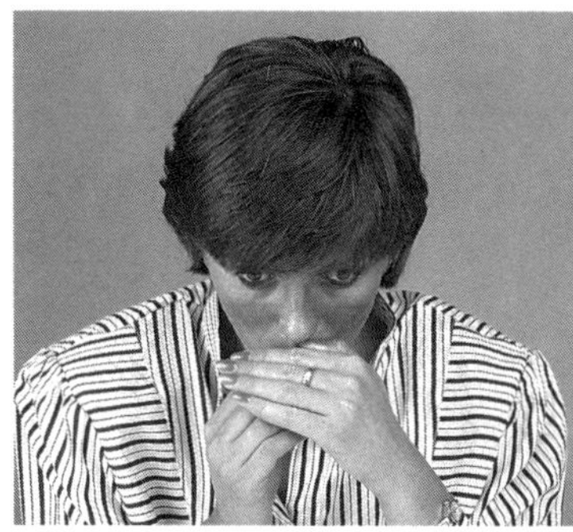

Haben wir eine feine Gräte übersehen, schieben wir sie mit der Zunge zwischen die Lippen und fassen sie dort zwischen Daumen und Zeigefinger an. „Tiefere Eingriffe" nehmen wir hinter der Hand vor

Fleisch schneidet man bissenweise ab. Nicht vorher in Stückchen schneiden! Speisen aus zerkleinertem Fleisch (z. B. Hackbraten und Sülze) werden nur mit der Gabel zerteilt, das Messer hat hier nichts zu suchen.

Das Fleisch legt man gleich vorn auf den Teller. Die Gabel sticht das kleine Stück an, das wir abschneiden möchten, das Messer führen wir mit leichtem Druck vor den Gabelzinken hin und her. So können wir den abgeschnittenen Bissen mit der Gabel direkt zum Munde führen

Fondue

Ganz gleich, ob an langer Gabel Weißbrothappen in heiße Käsecreme oder Rinderfiletstreifen (»Bourgignon«) in siedendes Fett getaucht werden – Vorsicht ist nicht nur wegen der heißen Pfanne und ihres Inhalts geboten, sondern auch deshalb, weil mehrere Personen ihre Häppchen in dieselbe Pfanne tauchen. Darum muß neben der langen Fonduegabel ein zusätzliches Eßbesteck gedeckt sein. Das macht das Essen nicht nur appetitlicher. Sondern die heißen Fonduestückchen kühlen durch den Wechsel von der Fonduegabel zum Besteck auch mundgerecht ab.

Geflügel

Geflügel in Gesellschaft und im Restaurant mit Messer und Gabel essen! Knochenteilchen, die in den Mund geraten, möglichst unauffällig mit der Gabel auf den Tellerrand bringen.
Ausnahme: In Hähnchenbratereien und auf Volksfestwiesen.

Gemüse

Gemüse wird nicht geschnitten, sondern, falls nötig, mit der Gabel zerteilt, es sei denn, man stößt auf »holzige« Stücke.
Erbsen schieben wir auf die flachliegende Gabel und führen diese, die Wölbung nach unten, zum Munde. Anders der Engländer. Er drückt die Erbsen zwischen die Zinken, weil er die Gabel grundsätzlich mit der Wölbung nach oben zum Munde führt.

Hummer

Hummer – siehe Krebse.

Käse

Belegte Käsebrote mit Messer und Gabel, Käsebrötchen dagegen mit der Hand essen. Belegt man ein Käsebrot selbst, so benutzt man lediglich das Messer dazu, bestreicht also das Brot mit Butter und legt den Käse mit dem Messer auf.

Beim Geflügel nehmen wir ebenfalls Messer und Gabel zu Hilfe. Nur bei den zarteren Vögeln, wie bei Tauben oder Rebhühnern, ist es auch am weiß gedeckten Tisch üblich, die feinsten Knöchelchen in die Hand zu nehmen

Kaffee Kaffee oder Tee nie schlürfen, sondern lautlos in kleinen Schlucken trinken. Dabei streckt man nicht den kleinen Finger »kunstgerecht« in die Luft und auch weder Daumen noch Zeigefinger durch den Tassenhenkel. »Kaltpusten« gilt nicht als gerade »fein«.

Kalte Platte Der Begriff umschließt heute zwei Möglichkeiten:
1. Eine Auswahl handfertig belegter, sozusagen dekorativ aufgemachter Butterbrote, Brötchen, Toastscheiben, aus der Hand zu essen. Hierzu werden kleine Teller zumeist ohne Besteck aufgedeckt. Sind Salate dabei, genügt eine Gabel. Wenn dickere Scheiben (Braten, Sülzkotelett u.a.) zum Belag gehören, ist auch das Messer unentbehrlich.
In jedem Falle Papier- oder Stoffservietten bereitlegen. Anstelle einer Tischdecke können auch Sets auf den Tisch gelegt werden.
2. Ein kaltes Abendessen, dessen Auftakt auch eine Suppe in der Tasse sein kann, am komplett gedeckten Tisch.
Mittelpunkt ist eine große Aufschnittplatte, umringt von kleinen Schüsseln mit Salaten. Brot, Butter, dazu Bier, ein leichter Tischwein oder Tee. Vielleicht folgt eine Käseplatte und/oder Eis bzw. eine andere süße Nachspeise.
Heute wird verhältnismäßig häufig statt zum warmen Abendessen »zu einer kalten Platte« eingeladen. Sie verpflichtet weniger als aufwendige warme Menüs und kann somit Auftakt zu vielen netten Abendeinladungen sein. Obendrein ist sie – da häufig beide Ehepartner berufstätig sind – praktischer. Und keiner der Gastgeber muß stundenlang in der Küche arbeiten, sondern kann das Fest im Kreise aller genießen.

Kartoffeln Wer sie mit dem Messer schneidet, verletzt heute kein Tabu mehr. Es gibt ringsum angebratene Kartöffelchen, die sich anders kaum teilen lassen. Im übrigen wird der Geschmack des Erdapfels von unseren heutigen Klingen nicht mehr beeinträchtigt. Bei Gerichten mit feinen Soßen lohnt sich jedoch die Überlegung, ob das Zerteilen, vor allem der Salz- oder Dampfkartoffel, mit der Gabel nicht doch zu größerem Genuß verhilft. Da die meisten Soßen auf eine möglichst innige Verbindung mit der Kartoffel hin komponiert worden sind und da sie, mit der Gabel zerteilt, bei rauherer Oberfläche mehr Soße aufnehmen als

Das Schneiden der Kartoffeln ist heute nicht mehr verpönt. Die Schalen von Pellkartoffeln werden mit dem Messer abgezogen

beim glatten Schnitt, ist zweifellos etwas daran an dem guten Rat: Genießer greifen, wenn feine Soßen im Spiel sind, lieber zur Gabel. Dann die Kartoffel in kleine Stücke zerteilen, ohne sie durch die Zinken zu quetschen!
Kartoffeln durften in den meisten Ländern Europas nach alter Etikette nicht mit dem Messer geschnitten werden. Wir teilen sie heute nur noch dann mit der Gabel, wenn es uns darauf ankommt, durch die gröbere Oberfläche die Soße besser zu binden. In vielen Ländern, zum Beispiel in den USA, schneidet man die Kartoffel ohne weiteres mit dem Messer, ja, man liebt es, Fleisch, Gemüse und Kartoffeln zu Beginn kleinzuschneiden, danach das Messer beiseite zu legen und, die Linke auf dem Schoß, allein mit der Gabel zu essen. Andere Länder – andere Sitten! Inzwischen ist es auch bei uns kein »Verstoß gegen die gute Sitte« mehr, die Kartoffel mit dem Messer zu zerteilen.
Pellkartoffeln spießen wir vorsichtig auf die Gabel und ziehen die Schale mit dem Messer ab.

Kaviar

Wir nehmen uns einen kleinen Löffel Kaviar auf den Teller, bestreichen das Schwarz- oder Toastbrot mit Butter und verteilen den Kavier mit dem (Kaviar-)Messer darauf. Das Ganze aus der Hand ohne Messer und Gabel essen. Auch Pellkartoffeln können zu Kaviar gereicht werden.

Klöße (Knödel, Nockerln u. ä.)

Klöße schneiden wir nicht mit dem Messer. Wir können es aber zu Hilfe nehmen, wenn wir den Kloß mit der Gabel aufreißen.

Kompott

Den Kompotteller mit der linken Hand leicht an-, aber nicht hochheben. Obstkerne: auf den Löffel gleiten lassen und auf den unter dem eigentlichen Kompotteller stehenden Unterteller bzw. in Kernschälchen legen. Obstsaft wird ausgelöffelt.

Zum Auslöffeln der Soße den Kompotteller nur leicht anheben. Anstelle der einst weit verbreiteten Kernschälchen wird heute mehr dazu übergegangen, den Kompotteller auf einen Unterteller zu setzen, der gleichzeitig dazu bestimmt ist, die Obstkerne aufzunehmen

Krebse (Hummer, Langusten)

Mit der linken Hand am Panzer anfassen, mit der rechten Hand mit einem Ruck die Scheren mit den Gelenken vom Panzer abbrechen. Jedes Gelenk einzeln ablösen und das Fleisch aus den »Röhren« heraussaugen. Die kleinere Scherenseite wird abgebrochen und die Spitze in dem Loch des Krebsmessers abgeknickt. Der Inhalt ist nun bequem herauszudrücken oder mit der Krebsgabel herauszuziehen. Auch bei der größeren Schere die Spitze abbrechen und den oberen Teil des festen Panzers mit dem Krebsmesser ablösen. Schereninhalt mit Toast und Butter essen. Den Schwanz mit der rechten Hand aus dem Panzer herausdrehen. Löst sich der Darm dabei nicht ab, schneiden wir, nachdem wir die Panzerglieder mit dem Krebsmesser abgelöst haben, den Rücken neben dem sichtbaren Darmkanal auf, um diesen herauszuziehen. Nach Herauslösen des Eingeweides aus dem Panzer wird die sogenannte Krebsbutter mit Gabel oder Löffel herausgeschabt und gegessen. – Krebsbrühe wird aus Tassen getrunken oder aus dem Teller mit Brot aufgetunkt. Die Scheren von Hummer und Langusten werden meist vorbereitet serviert, so daß sich das Fleisch leicht mit der Hummergabel aus dem Panzer herausziehen läßt. Die Beinchen knickt man oder zieht sie an den Gelenken durch Drehen auseinander, um sie auszusaugen. Aus dem mit der Zange zweigeteilten Schwanz heben wir das Fleisch heraus, indem wir mit der Gabel zwischen Panzer und Inhalt fahren und diesen von hinten nach oben drücken. Das Messer hält dabei den Panzer fest.

Der kleine Scherengreifer von Hummer wie Languste läßt sich mit einem kurzen Ruck herausbrechen (Abbildungen oben), für den stärkeren bedarf es einer Hummerzange. Die Hummergabel wird benutzt, um das Fleisch aus den Röhrenknochen herauszuziehen. Größere Teile werden bereits in der Küche vorgetrennt, so daß wir sie auseinanderbrechen können

Das Handhaben der Hummergabel

So wird das Fleisch aus dem geteilten Hummerschwanz verzehrt

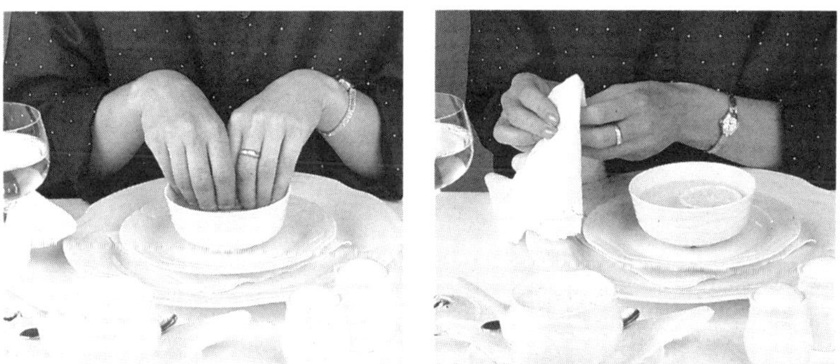

Nach dem Essen werden die Fingerspitzen gesäubert und mit einer Serviette abgetrocknet. Die Fingerschale enthält warmes Wasser und ein Stück Zitrone

Makkaroni und Spaghetti

Makkaroni werden mit der Gabel zerteilt. Dem Messer fällt, wenn sie in Verbindung mit Fleisch gereicht werden, nur eine Hilfestellung zu. Spaghetti werden bei uns mit der Gabel zerkleinert. Wer sie aber auf italienische Art essen will, nimmt sie mit der Gabel auf und dreht die Spaghetti in der Höhlung des Löffels oder auch einfach auf dem Teller um die Zinken herum. Spaghetti zu essen bedarf einer gewissen Fingerfertigkeit. Wer Übung hat, kann die langen italienischen Nudelfäden durch Drehen der schräg gegen den Teller gestellten Gabel schnell um die Zinken herumwickeln. Eine bessere Führung hat, wer einen Löffel als »Drehscheibe« für die Gabel hinzuzieht. Am wichtigsten ist, nur mit wenigen, ein, zwei oder drei Fäden zu beginnen, damit die Gabelportion nicht zu dick wird; denn diese sollte nicht größer sein, als daß sie ohne Mühe (und ohne lange herabhängende Enden) zum Munde geführt werden kann.

Marmelade Nur mit dem Marmeladelöffel, nicht mit dem eigenen Löffel oder Messer aus Dose bzw. Glas nehmen, zuerst auf den Tellerrand bringen, dann aufstreichen.

Mehlspeisen werden entweder mit der Gabel und/oder mit dem Löffel gegessen. Löffel und Gabel bilden das Mehlspeisenbesteck.

So werden Gabel bzw. Löffel und Gabel beim Spaghettiessen gehandhabt

Mokka Die Untertasse kann stets mit der Mokkatasse in die Hand genommen werden.

Obst Äpfel und Birnen mit Obstbesteck oder Obstmesser in Viertel oder Achtel schneiden, schälen und stückchenweise mit der Obstgabel oder aus der Hand essen. Apfelsinen schälen wir mit dem Obstmesser, Mandarinen mit der Hand. Die Banane wird mit der linken Hand festgehalten, mit dem Messer oben eingeschnitten und durch Abziehen der Schale soweit geschält, bis wir das Innere auf den Teller gleiten lassen können. Dann wird scheibenweise mit dem Obstbesteck abgeschnitten. Ist die Banane größer als der Tellerdurchmesser, schneidet man sie zunächst mit der Schale mittendurch.
Weintrauben zupft man einzeln ab. Die Grapefruit oder Pampelmuse wird zumeist halbiert serviert. Andernfalls teilen wir sie mit dem Messer nicht von »Pol zu Pol«, sondern am »Äquator« in zwei Hälften. Das saftige Fleisch bestreuen wir mit Zucker (oder auch nicht) und heben das Fruchtfleisch »Fach für Fach« mit dem Löffel heraus. Dazu gibt es auch fast spitz zulaufende Speziallöffel. Pfirsiche, Aprikosen usw. werden mit dem Obstbesteck geschält und nach dem Entfernen der Kerne, falls nötig, in Stücke geschnitten. Bei Kernobst, wie Kirschen oder Mirabellen, werden die Kerne mit dem Obstlöffel auf den Teller zurückgelegt. Das gilt neuerdings auch für Kerne und Schalen von Weintrauben. Pflaumen bricht man mit der Hand auf und entfernt den Kern. Zu Obst,

Den Apfel teilen wir, schneiden das Gehäusestück heraus, schälen (oder schälen nicht) und essen aus der Hand. Die Apfelsine wird mit dem Obstmesser geschält und mit der Hand zerlegt

Die Banane wird mit dem Obstmesser geschält. Dies kann auch in der Hand geschehen, ohne daß die Schale den Teller berührt. Den Inhalt mit Obstmesser und Gabel essen

Gapefruit wird halbiert, jede Hälfte bestreut man mit Zucker und löffelt sie mit dem Obstlöffel aus. Zu Obst, das wir in die Hand nehmen müssen, wird eine Fingerschale serviert, in deren Wasser oft eine Zitrone schwimmt. Weintrauben werden Beere für Beere abgezupft. Kerne und ausgesaugte Schalen legt man mit Hilfe eines Dessertlöffels auf den Teller

das man anfassen muß, sollen stets Fingerschalen bereitstehen. Der Obstkorb verlangt nach einem Obstgreifer. Fehlt der, sollte man sich bemühen, die gewählte Frucht ohne Berührung der anderen Früchte herauszunehmen.
Das Obstbesteck liegt über dem Teller, aus gutem Grund mit den Griffen »gegeneinander«, so daß wir das Messer mit der rechten und die Gabel mit der linken Hand ergreifen können.

Pasteten Sie werden immer nur mit der Gabel, nie mit dem Messer gegessen. Einen Löffel darf man zu Hilfe nehmen.

Reis- und Grießspeisen Reis oder ähnliche weiche Speisen mit der Gabel, Milchreis oder Grießbrei mit dem Löffel essen. Zu Reisspeisen werden – vor allem in chinesischen und indonesischen Restaurants – häufig Gabel und Löffel aufgelegt. Wer beide benutzt, was von der mehr oder weniger flüssigen Konsistenz des Gerichts abhängt, sollte die Gabel in die linke und den Löffel in die rechte Hand nehmen.

Salat Grünen Blattsalat auf die Gabel spießen oder um die Gabel wickeln. Salatsoße wird weder gelöffelt noch gar ausgetrunken.
Der Salatteller wird links vom Hauptteller eingesetzt. Wenn ihn die Bedienung vor dem Gang bringt, zu dem er gehört, so ist nichts dagegen einzuwenden, den Salat »zur Mitte« zu nehmen und als Zwischengericht zu essen.

Einst durfte Salat nur mit der Gabel in Berührung kommen. Seitdem die Messerklinge nicht mehr oxydiert, kann man große Blätter oder Stücke ohne weiteres damit kleinschneiden

Schnecken

Schnecken ergreifen wir stückweise mit der Schneckenzange und ziehen das kleine Stück Fleisch mit der Schneckengabel aus dem Gehäuse. Dann legen wir es auf den Löffel, beträufeln es mit Soße oder fügen Knoblauchbutter hinzu und essen.

Schnecken werden zumeist in der Schneckenpfanne mit Schneckenzange serviert. Das Rechaud gewährleistet, daß auch die letzte Schnecke heiß bleibt. Löffel und Schnekkengabel stehen in einem Kännchen mit heißem Wasser bereit

Zuerst wird der Löffel in dem heißen Wasser erwärmt und auf dem Teller bereitgelegt. Mit der Schnekkenzange fassen wir die Schnecke so, daß die Öffnung des Schneckenhauses oben bleibt. Sodann kippen wir die Soße auf den Löffel und ziehen mit der Gabel den zarten Fleischhappen heraus, gießen den Soßenrest nach und führen den gefüllten Löffel zum Mund. Zwischendurch einen Happen Brot in die Soße stippen und aus der Hand essen

Spargel wird heute mit dem Messer geschnitten und in mundgerechten Bissen verzehrt. Wer die ganze Stange, das Köpfchen voran, zwischen die Lippen schiebt, folgt nur noch der Vorsicht aus alten Zeiten, in denen der Schnitt mit der Stahlklinge den Geschmack des feinen Gemüses beeinträchtigte.

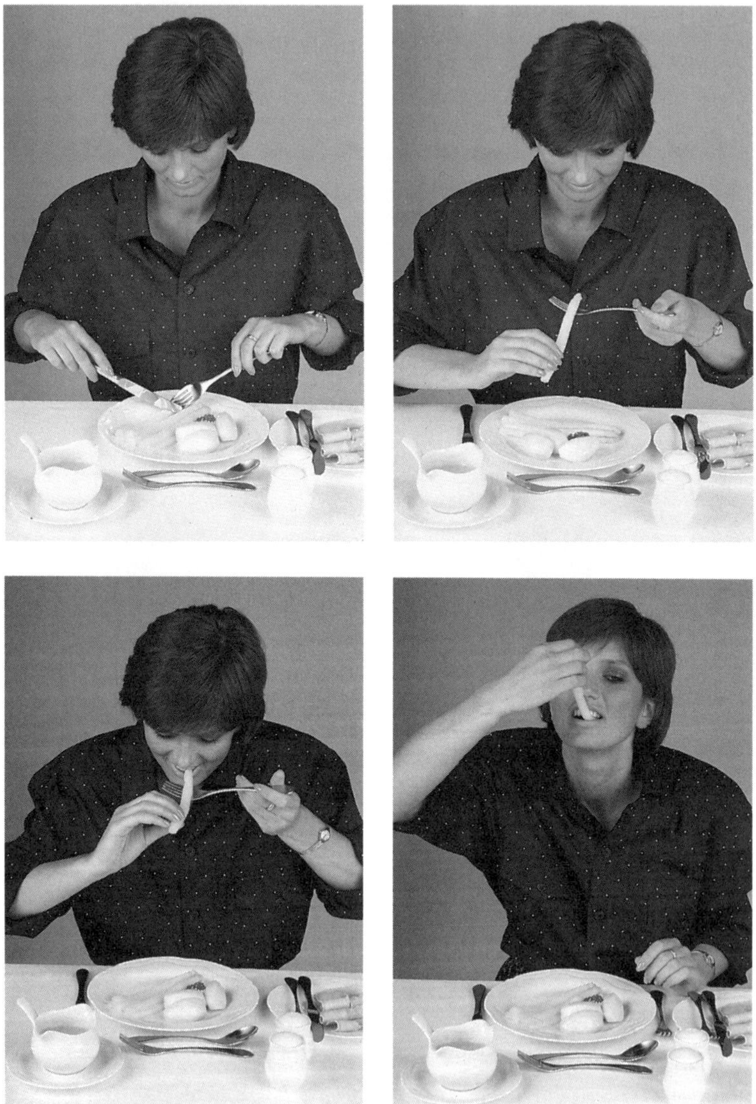

Spargel wird mit dem Messer geschnitten. Auf dem Beisatzteller, mit dem hier der Schinken serviert worden ist, liegt ein besonders scharfes »Steakmesser« (mit dunklem Heft). Es erleichtert das Schneiden erheblich. Spargelessen auf alte Art: Das Stangenende in der rechten und die Gabel in der linken Hand, führt man den Spargel zum Mund. Er wird ausgesaugt und der Rest, der nicht zart genug ist, auf den Teller zurückgelegt. Noch direkter wurde er früher nur mit der Hand zum Mund geführt. Diese »Spargeltechniken« zeigen wir hier, weil viele ältere Menschen sie noch gern anwenden

Der Suppenlöffel wird in den meisten Ländern wie bei uns mit der Spitze zum Mund geführt. Die Suppentasse darf zum Austrinken an beiden Henkeln gefaßt werden

Suppe

Wir bewegen den Löffel mit der rechten Hand vom Teller zum Körper, das heißt zum Mund hin, ohne heute noch jenen etwa halbkreisförmigen, zunächst zum gegenüberliegenden Tellerrand führenden »Umweg«, der einst als besonders fein galt. Der Teller wird dabei weder vorn noch hinten angehoben. Suppe in Tassen mit dem Löffel essen. Den Rest darf man austrinken, außer bei den großen silbernen Hoteltassen. Die Suppentasse mit zwei Henkeln dürfen wir, nachdem wir die Einlage herausgelöffelt haben, zum Austrinken an beiden Henkeln zu den Lippen führen. Auch aus der kleinen Suppentasse, z. B. bei klarer Ochsenschwanzsuppe, trinken wir den Rest aus.

Wurst

Schnittwurst mit der Wurstgabel von der Platte nehmen und vor dem Auflegen mit Messer und Gabel von der Haut befreien. Wurst im ganzen lassen, das heißt »heiße« Wurst wird scheibenweise von der Haut befreit. Von der Weichwurst, z. B. Leber- oder Streichwurst, mit dem Messer eine Scheibe abschneiden (nicht aushöhlen)! »Frankfurter«, »Wiener« usw. darf man in die Hand nehmen.

So ißt man Weichwurst (links) oder Wiener (rechts)

Die häufigsten Verstöße

Hier ist die Liste der fünf häufigsten Verstöße gegen die guten Sitten bei Tisch:

1. Verstoß Es wird zu hastig gegessen, zu wenig gekaut und somit geschlungen. Die ungesunde Hast führt zu einer krummen Haltung bei Tisch. Der Kopf wird zu tief auf den Teller gebeugt. Man kommt dem Löffel oder der Gabel mit dem Mund entgegen, statt die Speisen mit dem Besteck zum Mund zu führen.

2. Verstoß Beim Ablegen des Bestecks während des Essens werden Messer und Gabel von außen gegen den Tellerrand gelehnt oder gar auf das Tischtuch zurückgelegt. Dagegen sollen Besteckteile, die einmal aufgenommen worden sind, mit dem Tisch nicht wieder in Berührung gebracht werden.

Der Mund wird hier zur Gabel geführt, statt die Gabel zum Mund! Dabei werden oft die Unterarme gegen die Tischkante gepreßt. Die Ursache ist meist, daß der Stuhl nicht dicht genug am Tisch steht

Unnötiger Kraftaufwand bei hochgewinkelten Ellenbogen. Hier wird versucht, das ganze Stück in zwei Hälften zu teilen. Dabei wird das Messer zwischen die Gabelzinken geschoben.

Die typische Haltung schlechter, mäkeliger Esser

Einmal aufgenommen, sollte das Besteck nicht mehr mit der Tischdecke in Berührung kommen. Vor dem Trinken dürfen Messer und Gabel nicht auf dem Tellerrand abgelegt werden

Was für den Kaffeelöffel gilt, gilt auch für den Suppenlöffel in der Tasse. Nach Gebrauch stets auf dem Unterteller ablegen!

Jede Scheibe Brot sollte vor dem Essen wenigstens einmal in der Mitte geteilt werden. Und: Bis sie an der Reihe ist, hat die Gabel ihren Platz auf dem Teller!

3. Verstoß

Der Zeigefinger wird oftmals zu weit auf Messerklinge oder Gabelzinken vorgeschoben.

4. Verstoß

Damen wischen rot fettenden Lippenstift an die Serviette, anstatt das Zuviel an Farbe vor dem Gebrauch des Mundtuches mit einem Papiertaschentuch zu entfernen. Während der Mahlzeit sollte man die Lippen nicht nachziehen, schon ganz und gar nicht, indem der Mund zur Grimasse verzogen wird.

5. Verstoß

Unhöfliches Verhalten gegenüber der Bedienung, lautes Rufen, das auch andere Gäste stört. Mangelnde Rücksichtnahme und Geduld bei Hochbetrieb.

Bestecke können »sprechen«

Messer, Gabel, Löffel

Werden beide, Messer und Gabel, zum Essen benötigt, so wird das Messer in der rechten und die Gabel in der linken Hand gehalten. Beide, wie der Löffel, werden so gehandhabt, daß sie mit den Spitzen stets ein wenig nach unten, zumeist zur Tellermitte hin zeigen. Der Zeigefinger soll nicht den Rücken der Messerschneide berühren und auch nicht die Zinken der Gabel. Der Löffel wird nicht mit der Hand umklammert, sondern etwa wie ein Bleistift gehalten. Sind die Besteckteile einmal aufgenommen, dürfen sie nicht wieder auf das Tischtuch zurückgelegt werden; auch nicht, an den Tellerrand gelehnt, nur mit den Griffen.

Wenn während des Essens eine Pause gemacht wird, ist die Ruhestellung so:

Handballen auf der Tischkante, Besteckteile etwa waagerecht, mit den Enden etwas nach unten geneigt, zur Tellermitte hin zeigend.

Gekreuzte Bestecke auf dem leeren Teller zeigen an, daß man noch etwas nehmen möchte. Nebeneinanderliegend und mit den Griffen rechts, etwas zum Körper hin, sagen Messer und Gabel aus, daß man den Essensgang beendet hat.

Der Löffel wird in Deutschland (im Gegensatz zu England) mit der Spitze zum Munde geführt. (Ausnahme: bei Rundlöffeln auch mit der linken Seite).

Er nimmt dabei den »kurzen Weg« zu den Lippen, ohne jenen Schwenk vom Körper weg, der einst als besonders fein galt. Die Gabel sollte nur bis zu zwei Dritteln der Zinken im Munde verschwinden, das Messer die Lippen nie berühren.

Der Kaffee- oder Teelöffel wird nur so lange in der Tasse gehalten, wie zum kurzen Umrühren nötig ist. Im übrigen ist sein Platz schräg rechts auf der Untertasse.

Das so zusammengelegte Besteck sagt aus: »Ich habe diesen Gang beendet. Der Teller kann weggenommen werden.« Diese Bestecklage hat einen praktischen Sinn. Die geschulte Bedienung bringt und nimmt Teller stets von rechts. Sie ergreift ihn beim Wegnehmen mit dem Daumen dicht neben dem Messer und kippt ihn ein wenig nach rechts, um zu verhindern, daß das Besteck bei flinker Bewegung wegrutschen kann. Eine Vorsichtsmaßnahme im Interesse des Gastes!

Die Stellung von Messer und Gabel hat jeweils eine klar definierte Bedeutung

Die Bestecklage – Messer und Gabel auf dem Tellerrand, die Griffe auf dem Tisch – sagt aus: Ein wenig kultivierter Esser! So nämlich können Soßenreste leicht den Weg aufs Tischtuch finden. Und beim Griff nach dem Glas besteht die Gefahr, daß die Ärmelmanschette das Messer vom Teller schiebt. Gewiß kein Drama – aber ein Tip zur Vorsicht und zur Rücksichtnahme auf Gastgeber und Tischnachbarn.
Wenn Sie Ihr Besteck (auch mit Gabel unter dem Messer) kreuzen, zeigen Sie an, daß Sie vom betreffenden Gang noch etwas essen möchten. Die Bedienung wird Sie (hoffentlich) gleich fragen: »Was darf ich Ihnen nachservieren?« Als Gast im Privathaus langen Sie selber zu, soweit die Schüsseln oder Platten in greifbarer Nähe stehen. Andernfalls: »Würden Sie mir bitte die ... reichen?!«

Die Serviette

Die Serviette wird einmal gefaltet über die Oberschenkel gebreitet. Am Ende der Mahlzeit wird sie nur dann in die Kniffe zusammengelegt, wenn man in der Familie oder als Pensionsgast für mehrere Tage am selben Tisch ißt. Meistens sind dann Serviettentaschen aufgedeckt. Wo man eine einzige Mahlzeit einnimmt, wie im Restaurant, wird die Serviette nur lose zusammengefaßt und links neben dem Teller abgelegt. Die Papierserviette legt man zusammengedrückt auf dem letzten Teller ab. Die Serviette soll nicht etwa zum »Abwischen des Mundes« und schon gar nicht des Make-ups dienen, sondern zum Abtupfen der Lippen, vor allem, bevor man trinkt.

Bedienung von rechts und links

Die Bedienung reicht – es ist gut, darauf vorbereitet zu sein – gefüllte Teller stets von rechts und nimmt die leeren auch von dort weg. Ausnahme: Salatteller (oben links) und Brotteller (unten links). Mit Platten und Schüsseln naht die Bedienung von links, um vorzulegen oder den Gast selbst wählen zu lassen. – Ein »Danke« und »Bitte« kann jeder erwarten, der beim Essen behilflich ist.

Rings um den Teller

Liegen rechts und links sowie über dem Teller mehrere Besteckteile, so werden sie in der Reihenfolge von außen nach innen und für den Nachtisch von oben nach unten benutzt.

Vorlegebestecke

Die Handhabung der Vorlegebestecke ist in der beruflichen Servierpraxis zum Teil anders, als wenn sich der Gast selbst bedient. Besonders gern wird das geschickte Hantieren des Kellners nachgeahmt, wenn er Löffel und Gabel mit einer Hand hält und zwischen beiden zum Beispiel ein Stück Braten auf den Teller bringt, um anschließend, die Gabel mit einem leichten Fingerdruck vom Löffel trennend, die Soße darüberzugeben. Diese Ein-Hand-Arbeit gehört ausschließlich in die berufliche Servierpraxis. Der Gast bedient sich in diesem Fall, wenn ihm nicht vorgelegt wird, von der auf dem Tisch stehenden oder ihm dargebotenen Platte, indem er das Vorlegebesteck mit beiden Händen handhabt. Er hat beide Hände frei.

Tischreden und -gespräche

Tischreden sollte nur halten, wer auch wirklich über etwas Redetalent verfügt. Eine unbeholfene oder sogar gestotterte Rede bringt nicht nur den Redner, sondern auch die Zuhörer in Verlegenheit. »In der Kürze liegt die Würze!« Tischgespräche sollten leicht und heiter sein.
Wird bei Tisch auf das Wohl einzelner (Brautpaar, Eltern, Jubilar) getrunken, so erheben sich alle anderen Gäste von ihren Plätzen. Wird auf das Wohl der Damen getrunken, stehen sämtliche Herren auf.

Nicht in den Aschenbecher

Der Aschenbecher ist weder Mülleimer noch Papierkorb. Obstkerne und andere Obstüberbleibsel, Knochen und Fischgräten werden an den Tellerrand oder in eigens dafür bereitgestellte Schälchen gelegt. Das Cellophanpapier, das viele Zigaretten- und Konfektschachteln, Salzmandeln und anderes Knabberwerk umschließt, legt man zusammengedrückt neben den Aschenbecher. Die feinen Papierhüllen von Trinkstrohhalmen und Zuckerportionen drückt man zusammen und legt sie auf den Tellerrand oder gleichfalls neben den Aschenbecher ab. Da der Aschenbecher auch zum vorübergehenden Ablegen der glimmenden Zigarette oder Zigarre dient und für das Ausdrücken der Reste freibleiben muß, führt eine Zweckentfremdung leicht zu Geruchsbelästigung. Während der Gänge sollte auch, um jede Geruchsbelästigung zu vermeiden, nicht am Tisch geraucht werden. Fortschrittliche Haushalte führen bereits sehr praktische »Tischkörbchen« ein, die das Beseitigen von Plastikverpackungen und Papier erleichtern.

Als Gast bei Bekannten

Auch wenn man noch so hungrig ist, sollte man nie hastig oder gar gierig essen und die Bissen hinunterschlingen. Der Teller sollte nie überladen werden. Bei privaten Einladungen sind »Anstandsreste« nicht ein Zeichen von feinen Manieren, sondern eher dafür: »Mir hat es nicht besonders geschmeckt.« Auch sollte man nie den Teller von Soßenresten blank putzen.

Als Herr bei Tisch

Rechts vom Herrn sitzt »seine« Dame. Ein charmanter Mann wird aber auch die Dame, die links von ihm sitzt und diejenige, die ihm gegenüber sitzt – wenn die Tafel nicht zu breit ist –, nicht vernachlässigen und ihnen beim Zureichen behilflich sein.

Komplimente für die Gastgeberin

Ein nettes Wort über die Kochkunst sollte jeder Gastgeberin gesagt werden (auch der Ehefrau, Partnerin oder Mutter zu Hause). Man erhebt sich vom Tisch erst dann, wenn die Gastgeberin das Zeichen zum Aufheben der Tafel gegeben hat.

Sitzen Sie auch bequem?

Gute Haltung bei Tisch beginnt schon mit dem richtigen Hinsetzen. Dabei geht es nicht etwa um jenes steife, kerzengerade Sitzen, das einst – bei niedergeschlagenen Augen – das Kennzeichen einer wohlerzogenen »höheren Tochter« war. Bequemer sitzt, wer sich nicht auf die Stuhlkante setzt, sondern – je nach den gegebenen Körpermaßen – möglichst die ganze Sitzfläche ausfüllt, aber darauf achtet, daß beide Füße ganz natürlich nebeneinander, aber mit der ganzen Sohle auf dem Boden stehen.
Sind die Knie verkrampft aneinander gedrückt, verliert man schneller die Balance, als wenn man sie lockert und die Füße entweder unmittelbar unter die Knie oder, bei längeren Unterschenkeln, ein wenig unter den Stuhl schiebt. Rückt man sie nach vorn oder schlägt man Füße oder Beine unter dem Tisch übereinander, vielleicht gar nur die hintere Absatzkante aufsetzend, dann wird die Sache immer kippliger.
Wer groß genug ist, um den Stuhlsitz wirklich bis zum Ansatz der Rükkenlehne ausfüllen zu können, verspürt (bei einem sitzfreundlich gebauten Möbel) nun eine angenehme Unterstützung. Der Stuhl gibt ihm die richtige Rückenhaltung. Wer nicht bis ans Ende der Sitzfläche reicht, verspürt etwa dieselbe Erleichterung, wenn er das Kreuz ein wenig durchdrückt, ohne es zu einem Hohlkreuz kommen zu lassen. Richtig sitzend, könnte man ohne Schwierigkeiten, wenn man sich nach vorn neigt, ohne die Schultern zu senken und ohne den Rücken zu krümmen, an einem normal breiten Tisch seinem Gegenüber auf die Tellermitte tippen. Was man freilich nicht tut. Wer sich so zu Tisch gesetzt hat, kann hervorragend mit den Bestecken hantieren, sitzt bequem und hat selbst bei einem zwei Stunden lang dauernden Hochzeitsessen keine Ermüdungserscheinungen zu befürchten. Eine zweckmäßige und gleichzeitig anmutige Haltung bei Tisch gewährlei-

Ellenbogen bei gedeckten Tischen nie aufstützen: Sie könnten Teller und Bestecke verschieben

Wer die Füße hinter die Stuhlbeine klammert, wird sich schnell verkrampfen

Auf die Spitze gestellt und zurückgezogen, geben die Füße keinen Halt

Der Stuhl steht zu weit hinten. Daher der vorgeschobene Unterarm, der krumme Rücken, die übereinandergeschlagenen Beine

stet nämlich, sich bei aufrechtem Oberkörper spielend leicht nach vorn neigen zu können, also mit dem Kinn über den vorderen Tellerrand.

Eine schlechte Haltung bei Tisch ist zumeist eine Folge der Nachlässigkeit beim Platznehmen. Als Herr der Dame beim Hinsetzen behilflich zu sein, ist keineswegs, wie manche meinen mögen, ein Überbleibsel aus übertriebener Etikette. Der kleine Dienst ist um so notwendiger, wenn sie ein langes Kleid trägt. Doch sollte man eine Höflichkeitsregel nie nach Rocklängen in Zentimeter einteilen. Darum ist es sinnvoll und höflich, einer Frau immer den Stuhl zurechtzurücken, ihr also beim Platznehmen zu helfen. Die kleine Hilfeleistung nur anzudeuten, ist unhöflicher als die Unterlassung. Wer nur andeutet, sagt gewissermaßen: Seht her, ich weiß, was richtig ist – aber es ist mir lästig!

Auch falsch: Sie ißt mit aufgestütztem Unterarm und führt den Mund zum Löffel; die Serviette ist aufgefaltet.

So sitzt sie bequem und kann leicht mit den Bestecken hantieren. Die Füße sind entlastet, können ihr aber Halt geben, wenn sie nach einer Schüssel langt

So hilft der Herr

Sie kennen doch jene Bewegung: Der Herr steht links neben seiner Tischdame, zieht ihren Stuhl mit der rechten Hand zurück und schwingt ihn, während sie Platz nehmen will, in ihre Kniekehlen. Richtig dagegen ist, hinter den Stuhl der Dame zu treten, ihn oben mit beiden Händen zu fassen, erst ein wenig zur Seite zu nehmen und dann zurückzuziehen. So kann die Dame bequem vor den Stuhl treten. Während sie sich nun setzt, schiebt der Herr den Stuhl nach. Das geht leicht, wenn er an der Rücklehne anfaßt und den Stuhl, hinten leicht anhebt, so daß der Sitz schräg nach vorn geneigt ist. Jetzt schiebt er den Stuhl vorsichtig nach vorn und setzt ihn ab. So wird er nicht gegen ihre Kniekehlen stoßen. Er wartet dann einen Augenblick für den Fall, daß sie den Stuhl noch ein wenig mehr an den Tisch heranziehen möchte, während sie den Rock glattstreicht. Von ihrer Seite ist nun ein »kleines Danke« angebracht. Kleines Danke? Nun, ein freundlicher Blick, ein »Dankeschön« genügt. Das »große Danke« heißt bekanntlich »Vielen Dank, Herr Meyer!« – unter Zusatz des Namens.

Endlich haben wir Platz genommen – hoffentlich aber nicht mit dem Körper unmittelbar an der Tischkante! Den richtigen Abstand vom Tisch hat gefunden, wer die Oberarme bei aufgerichtetem Oberkörper senkrecht hält und dabei die Handgelenke auf die Tischkante legt. Nur die Hände haben beim Essen ihren Platz auf dem Tisch, nicht die Unterarme und schon gar nicht die Ellenbogen. Das kesse Bild des Vamps, der den Ellbogen auf und das Kinn in die Hand stützt, um den solchermaßen drehbar gelagerten Kopf mit schmachtenden Blicken in die Runde schweifen zu lassen, ist – hier erst recht – kein Vorbild, auch für die Wartezeit nicht, bevor der erste Gang erscheint. Solange das Essen noch nicht aufgetragen wird, sitzen wir natürlich nicht stocksteif da. Um locker zu wirken, kann man den Unterarm etwas vorschieben, eine Hand auf den Oberschenkel gleiten lassen, sich im Gespräch nach rechts und links wenden und sich auch hin und wieder zurücklehnen.

Den Stuhl nicht einfach vorwärts oder gar gegen die Kniekehlen schieben! Den Stuhl hinten ein wenig anheben und behutsam nachschieben, während die Dame sich setzt. Dann noch ein wenig warten, ob sie ihn weiter heranziehen möchte, und auch dabei behilflich sein

Stehen Stuhl und Füße richtig, ist man nämlich auf dem Stuhl außerordentlich wendig. Hält man den Oberkörper zwanglos aufrecht, ohne die Schultern hängen zu lassen oder den Rücken zu krümmen, sieht man in jeder Bewegungsphase gut aus.
Hier könnte nun jemand einwerfen: Warum soll ich mich zu Hause bei den täglichen Mahlzeiten so anstrengen!? – Dieser Jemand hat wahrscheinlich noch nie in der richtigen Haltung bei Tisch gesessen. Nur, wer sich anstrengen muß, um den Oberkörper aufrecht zu halten, hat den idealen Punkt noch nicht gefunden.

Haltungsfehler durch »falsche« Möbel

Das moderne Wohnen hat sich mit unseren veränderten Lebensgewohnheiten auch auf unsere Umgangsformen ausgewirkt. Die meisten sitzen nur noch bei größeren Kaffeeschlachten bei Familienfeiertagen an einem Tisch von normaler Höhe.
In Hotel und Restaurant bestimmt der Tisch noch immer die guten Sitten auch vor dem Kaffee- oder Teegedeck. Wo man in tiefen Sesseln oder auf der Couch um einen niedrigen Klubtisch zusammensitzt, sind viele Regeln aufgehoben, die nur dort einen Sinn haben, wo man die Füße samt Beinen und Knien in des Wortes voller Bedeutung unter den Tisch stellen kann.
Zu niedrige Tische sind eine Ursache für schlechte Haltung. Der Appell der Ärzte, die schon früher mahnten, Eltern und Lehrer sollten etwas gegen den sogenannten »Schulbankrücken« tun, richtet sich nun auch gegen den »Klubtischrücken«. In unserer technischen Welt, in der der

Diese »Freizügigkeit« war einst nur für die Mokkatasse erlaubt. Am niedrigen Couchtisch oder am Beistelltisch darf heute jede Tasse, mit Untertasse und Löffel in die Hand genommen werden

Mensch sich viel zuwenig bewegt, gewinnt eine aufgerichtete Haltung bei Tisch auch aus medizinischer Sicht besondere Bedeutung, damit der Mensch nicht – wiederum – die gebückte Haltung des Menschenaffen annimmt.

Das Wichtigste aus der Tafelkunde

Die Sprache der Bestecke

Bitte erschrecken Sie nicht! Die Abbildung auf S. 73 besagt nicht etwa, daß Ihr Hausstand erst vollkommen ist, wenn Sie all diese Bestecke im Schrank haben. Mit Tafelbestecken, Kaffeelöffeln, Suppenschöpfer, Gemüselöffel, Saucenlöffel und einer Bratengabel ist der junge Haushalt, solange anderes wichtiger ist, auf Jahre versorgt. Und wer gern Gäste einlädt, tut besser daran, zunächst Tafelbestecke und Kaffeelöffel zu ergänzen, bevor er zum Beispiel Hummerbestecke kauft, die nur ein-, zweimal im Jahr gebraucht werden. Aber jedem sei geraten: Erkundigen Sie sich beim Einkauf eines Besteckes, auf wie viele Jahre Sie das Muster in allen Teilen nachbeziehen können.
Darüber hinaus soll die Übersicht – auch über ausgefallene Besteckteile – eine Hilfe sein, wenn einmal ein etwas ungewöhnliches, aber doch praktisches Geschenk gesucht wird.
Schließlich soll diese Aufstellung auch davor bewahren, einmal hilflos dazustehen, wenn man auf einer Party zum Beispiel gebeten wird: »Geben Sie mir bitte den Sardinenheber« und man gar nicht weiß, wie so ein Ding überhaupt aussieht ...

Großes Festessen – was das Gedeck verrät

Im folgenden nun einige Erläuterungen zu der Abbildung auf Seite 72 »Gedeck für das große Festessen«: HT Hauptteller (»Platzteller« genannt, wenn er dazu bestimmt ist, den später servierten Tellern als »Unterteller« zu dienen). BT Brotteller, nimmt Brot, Brötchen oder Toast auf, die als Beigabe zu Vorspeisen oder Suppe gereicht werden. Butter wird dort unter Verwendung des stets wieder auf dem Tellerrand abzulegenden Buttermessers (0) aufgestrichen. (Gäbe es Salat, so würden hier der Salatteller und der Brotteller links neben den Gabeln stehen) 1 Gabel für die Vorspeise, die mit der Gabel allein gegessen wird, weshalb man diese dann ausnahmsweise in die rechte Hand nimmt. 2 Löffel für die Suppe, 3 Fischbesteck; also wird es nach der Suppe einen Fischgang geben. 4 Großes Besteck für den Fleischgang (Kombiniere: Als drittes Glas steht ein Rotweinpokal, dieser könnte auf Wild hindeuten). 5 Dessertlöffel für Pudding, Kompott oder Eis. 6 Dessertbesteck für Obst oder Gebäck (Messer und Gabel liegen mit den Griffen so, daß man sie, wenn sie an der Reihe sind, gleich »mit der richtigen Hand« nach unten ziehen kann). Zu den Gläsern: A Südweinglas (zur Vorspeise könnte ein Wermut eingeschenkt werden). Hier kann auch ein Wasserglas stehen (wer vor Tisch einen süßen Apéritif getrunken hat, neutralisiert den Geschmack gern mit einem Schluck Tafelwasser).
B Weißweinglas (zum Fischgang).
C Rotweinpokal (zu Wild oder anderem dunklen Fleisch).

Gedeck für das große Festessen

D Sektkelch (zum Nachtisch). Die Gläser können auch im Viereck stehen. Das zuerst benötigte steht immer rechts, weil von rechts eingeschenkt und das Glas vor Beginn des nächsten Ganges weggenommen wird.

Das kleine Gedeck

Das kleine Gedeck nach internationaler Sitte setzt sich immer mehr durch. Es sieht so aus: Gabel links, Messer und Suppenlöffel rechts vom Teller, Dessertlöffel für den Nachtisch oben quer und das Glas (jedes Glas) oben rechts (Bild Seite 74 oben, links).

Das Festtagsgedeck

Natürlich gibt es noch mehr Möglichkeiten. Hier ein Beispiel für Vorspeise, Hauptgang und Nachtisch. Vielleicht gibt es Schinkenröllchen mit Spargel (das Vorspeisebesteck, kleines Messer rechts außen und kleine Gabel links außen, deutet zumindest darauf hin, daß es kein Omelett sein wird; denn dazu würde eine Gabel genügen), als Hauptgang einen Braten und am Ende einen Nachtisch, mit dem Dessertlöffel zu essen. Es könnte zwischen Vorspeise und Hauptgang auch eine Suppe aus der Tasse geben; denn dann wird der Löffel oft auf der Untertasse serviert. Zum Hauptgang wird es Wein und zum Nachtisch Sekt geben (Bild Seite 74 oben, rechts).

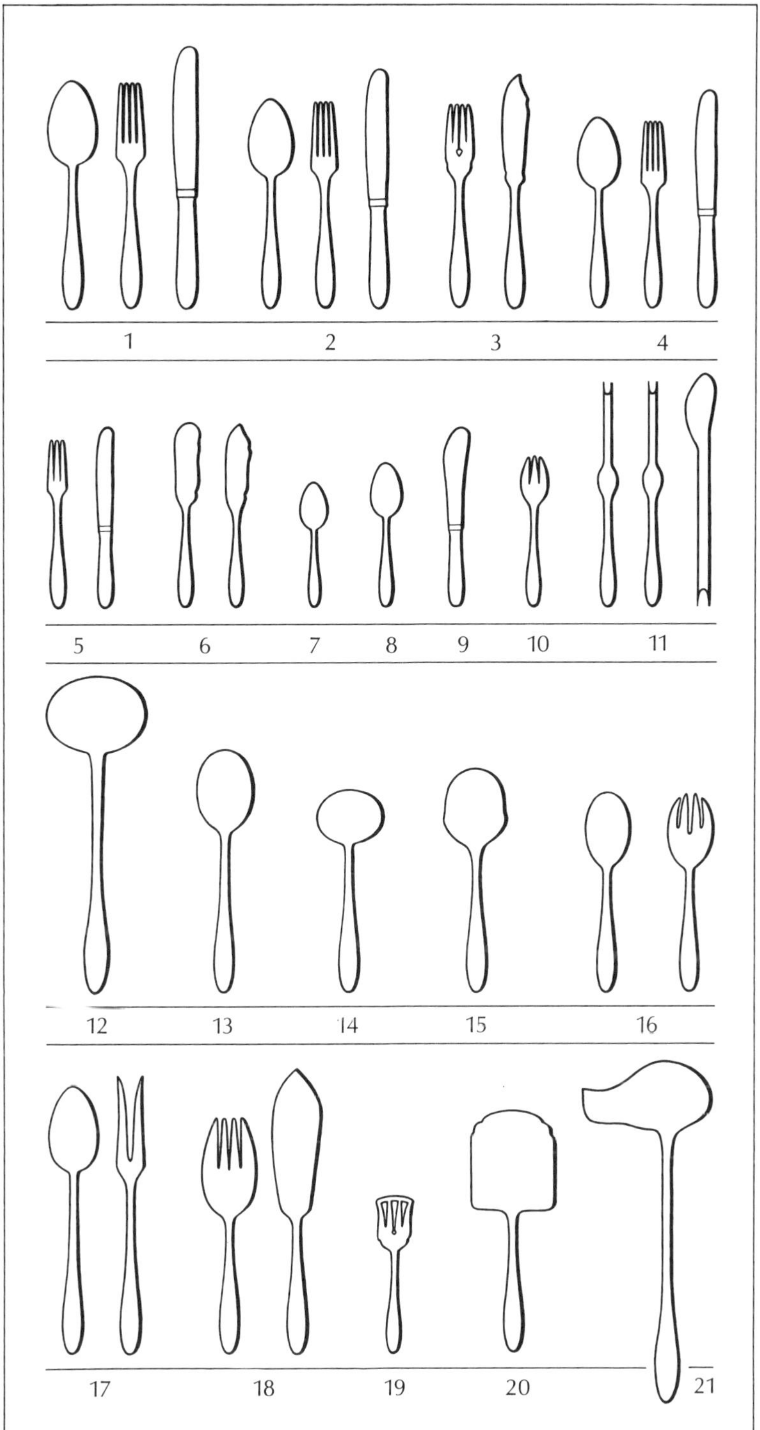

1 Tafelbesteck
2 Vorspeisenbesteck
3 Fischbesteck
4 Dessertbesteck
5 Obstbesteck
6 Butter- und Käsebesteck
7 Mokkalöffel
8 Kaffeelöffel
9 Butterstreicher
10 Austerngabel
11 Hummerbesteck
12 Suppenlöffel
13 Gemüselöffel
14 Saucenlöffel
15 Kartoffellöffel
16 Salatbesteck
17 Bratenbesteck
18 Fischvorlegebesteck
19 Sardinenheber
20 Spargelheber
21 Bowlenlöffel

Das kleine Gedeck nach internationaler Sitte. Rechts für Vorspeise, Hauptgang und Nachtisch

Sie neben Ihm? Junge Leute setzen sich in bunter Reihe an den Tisch. Erst wenn ein Paar sich als einander zugehörig betrachtet, legt sie Wert darauf, daß er links neben ihr sitzt. Darauf wird sogar bei der offiziellen Tischordnung Rücksicht genommen (unten links). Bis zur Hochzeit sitzen junge Paare nebeneinander, später dagegen Ehepartner getrennt. Ehrenplatz ist im Hause der Platz links neben der Hausfrau oder (auswärts) neben der ältesten bzw. gastgebenden Dame. Der Hausherr führt jeweils die älteste der eingeladenen Damen zum Platz an seiner Rechten. In unseren Beispielen (unten Mitte und rechts) sind Verheiratete grau gezeichnet. Treffen sich Ehepaare, so rechnet es sich jeder Mann zur Ehre an, die Frau seines Freundes oder Bekannten zu Tisch zu führen (Zeichnung unten).

Hochzeitsessen nach deutscher Sitte Der Grundgedanke der Tischordnung zur Hochzeit ist der, die beteiligten Familien einander näher zu bringen. Die engsten Familienmitglieder sitzen sich, wie die Sitzordnung zeigt, gegenüber, Ehepaare (mit

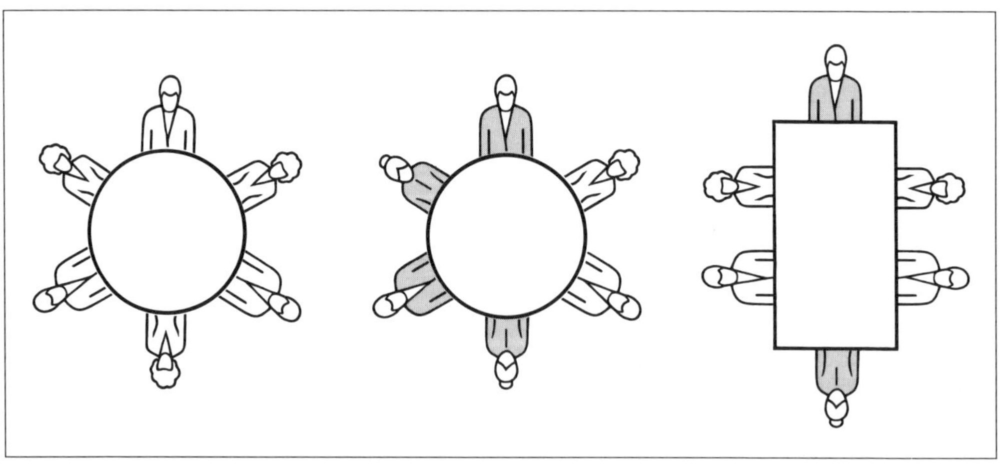

Das Hochzeitsessen

Ausnahme des Brautpaares) getrennt. Im Anschluß an die Brauteltern die Großeltern und sodann, dem Alter nach, die engsten Freunde beider Familien. Nach den verheirateten folgen die verlobten Paare, nebeneinander sitzend, am Ende Jugendliche und Kinder (in der Abbildung S. 75 oben sind diese nicht grau).

Großes Festessen

An der großen Tafel sitzen sich Gastgeberin (Hausfrau) = A, und Gastgeber (Hausherr) = B, an den Tischbreiten des Tisches gegenüber. Ehepaare sitzen getrennt (gleiche Ziffern bezeichnen die Ehepaare). Nach deutscher Sitte sitzt der Ehrengast (2) links neben der Hausfrau, nach internationaler Sitte rechts (1) von ihr. Im Gegensatz zu einst ist heute nicht mehr die Rangfolge nach Titel vorherrschendes Gesetz der Tischordnung – auch nicht unbedingt das Alter –, sondern vor allem die Überlegung, die Gäste so zu gruppieren, daß sich Menschen etwa gleicher Interessen und Anschauungen zusammenfinden.

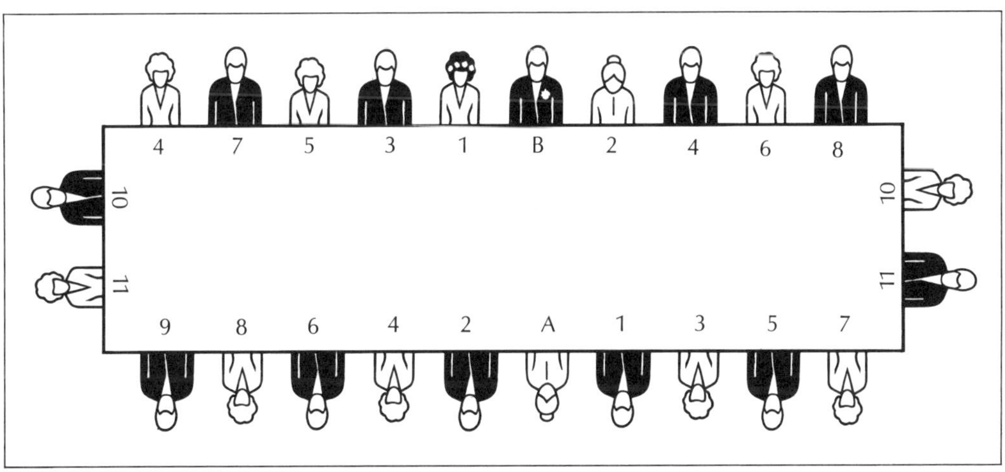

Trinksitten heute

Ob »Prösterchen!« – ob »Zum Wohle!«

In fröhlicher Runde, ohne besonderen Anlaß, sind die Trinksitten meistens lockerer. Im folgenden geht es um den festlich gedeckten Tisch und die Regeln, die dabei zu beachten sind.

So hält man das Glas

Das Weinglas ergreift man nicht oben am Kelch, sondern am Stiel. Das Bierglas faßt man, falls es keinen Henkel hat, unterhalb der Mitte. Beim Zutrinken hebt der Herr das Glas bis in Brusthöhe und verneigt sich leicht grüßend zu dem anderen. Die Dame neigt nur leicht den Kopf, ohne das Glas noch einmal anzuhalten. Als Gast wartet man, bis der Gastgeber das Glas erhebt; später darf jeder zwanglos trinken.

So wird eingeschenkt

Beim Einschenken faßt man die Flasche in der Höhe des Etiketts und gießt, den Handrücken oben, ein. Ein Nachtropfen vermeidet man durch kurzes Drehen der Flasche nach rechts. Der erste Schluck einer Weinflasche wird in das eigene Glas gefüllt.

Immer auch Alkoholfreies

Damit Autofahrer nicht in Versuchung kommen, darf in einer weintrinkenden Runde auch mit Trauben-, Apfel-, Johannisbeersaft u.ä. zugetrunken werden. Um das festliche Bild einer Tafel zu wahren, sollten solche Getränke in den ihrer Farbe entsprechenden Weingläsern gereicht werden, also roter Saft in Rotweingläser, heller Saft in die für Weißwein.

Die schönen Gaben des Tisches zu genießen, ist keine Frage besonderer Kleidung oder eines aufwendig gedeckten Tisches. Doch auch im Garten eines ländlichen Gasthofes wie im Hobbykeller daheim sollte man einige Trinksitten beachten, die den guten Gastgeber auszeichnen

Der Gastgeber soll die Flasche in Höhe des Etiketts anfassen und nicht am Hals. Die alte Regel hat ihren guten Grund: Wer mit der Flasche richtig umzugehen weiß, verhindert am besten, daß etwas vom Inhalt herausschwappt oder auf Tischtuch und Kleidung tropft

Für das Anstoßen mit Gläsern

Es gilt die Regel, daß nur mit Sekt- oder Weingläsern angestoßen werden sollte, weil nämlich andere Gläser kaum zum Klingen zu bringen sind. Natürlich ist jedem freigestellt, im Stammlokal am Biertisch oder bei anderen gemütlichen Runden sich mit Bierseideln ein fröhliches »Prost« zuzurufen und deftig anzustoßen.

Rund um die Weinflasche

Beim Öffnen der Weinflasche sollte der Korkenzieher nur so weit in den Korken hineingedreht werden, daß seine Spitze am unteren Ende nicht durchsticht!

Wenn ein Trinkspruch ausgebracht wird, so wird in einer kleinen Runde oft miteinander angestoßen. In diesem Fall ist es ratsam, das Glas am Stiel zu fassen, weil wir es nur so beim Anstoßen zum Klingen bringen können. Wer den Trinkspruch sagt, sollte aufstehen und sein Sakko schließen

In der Gaststätte probiert der Gast am Tisch. Der Ober schenkt dem Besteller einer Flasche Wein zunächst nur einen Schluck ein, damit er sich von der Güte und vor allem der richtigen Temperierung überzeugen und diese, wenn sie nicht befriedigt, korrigieren lassen kann. Bewirtet man Gäste daheim, sollte der Gastgeber sich vorher um die ideale Temperierung kümmern und kurz vor dem Eintreffen der Gäste oder vor Beginn der Mahlzeit in Anrichte oder Küche den Probierschluck nehmen. Am Tisch gibt er den ersten Schluck aus jeder Flasche dann lediglich noch in das eigene Glas, um ein vielleicht doch zurückgebliebenes Korkstückchen nicht gerade dem Ehrengast einzuschenken, bei dem er mit dem Eingießen beginnt. Ist die Runde klein, beginnt er bei den Damen und gießt den Herren zuletzt ein. An der großen Tafel reihum! Ist allen Gästen eingeschenkt, gibt der Hausherr – ist er nicht zugegen, die Hausfrau – die Auflassung zum Trinken.
Wenn die Hausfrau die Gäste allein bewirtet, kann sie einen Herren bitten, sich der Getränke anzunehmen; dieser ehrenvolle Auftrag mag bis in Keller oder Küche führen. Dem Herrn sind damit alle Pflichten übertragen, die dem Hausherrn aus der behutsamen Behandlung der Flaschen und ihres Inhalts (siehe weiter vorn) erwachsen.

Man darf auch nein sagen

Wenn bei einem großen Essen verschiedene Weine gereicht werden, besagt die alte Regel, daß man aus dem zum vorherigen Gang gehörenden Glas nicht länger trinken darf, sobald das neue eingeschenkt ist. Deshalb muß man jedoch nicht jedes Glas schnell austrinken.
Selbstverständlich ist es erlaubt, dem Einschenkenden den Hinweis zu geben: »Bitte nur halb voll!« oder: »Bitte nur einen kleinen Schluck!« Oder: »Ich möchte jetzt nur noch Saft (oder Wasser) trinken.« Und wenn die Bedienung den Rest eines köstlichen Tropfens wegnehmen will, so sind wir doch wohl in der Lage, sie mit einem netten Wort daran zu hindern!?

Ob weißer oder roter oder, oder, oder …?

Weine von A–Z	Farbe	Wozu besonders geeignet	Geschmack	Gekühlt?
Bordeaux	rot	Wild, Wildente, Puter	elegant/blumig	Zimmertemperatur
Burgunder	rot	dunkles Fleisch, Wild	weich/voll	Zimmertemperatur
Chablis	weiß	Austern, Hummer, Langusten	herb	leicht gekühlt
Chianti	rot	dunkles Fleisch, Käse	herb	Zimmertemperatur
Franken	weiß	Seefisch, Forelle, Geflügel, Spargel, kalte Platten	würzig	leicht gekühlt
Mosel	weiß	Fisch, Braten, Kalbfleisch	blumig/frisch	leicht gekühlt
Pfälzer	weiß	Seefisch, Geflügel, weißes Fleisch	würzig	leicht gekühlt
Portwein	rot	zum Empfang, zum Käse und nach dem Essen	süß/edel	Zimmertemperatur
Rheingau	weiß	Vorspeise, kalte Platten, Seefisch, Kalbfleisch	fruchtig/kernig	leicht gekühlt
Rheinhessen	weiß	Karpfen, Forelle, Geflügel, Spargel, Käse	lieblich	leicht gekühlt
Sauternes	weiß	Fisch mit Sauce, Dessert	edel-süß/duftig	kalt
Sekt	weiß	vor dem Essen, zum Dessert, Hummer, Austern, Kaviar	herb/süß	sehr kalt
Sherry	golden	zum Empfang, vor dem Essen	herb	Zimmertemperatur
Tokayer	golden	nach dem Essen, Dessert	süß	leicht gekühlt
franz. Vermouth	weiß	zum Empfang, Vorspeise	herb	leicht gekühlt
ital. Vermouth	rot	zum Empfang, Vorspeise	trocken/süß	Zimmertemperatur

Unsere »Gläserschau« soll für alle, die Spaß an solchem Studium haben, den Blick auch für seltener auf den Tisch kommende Gläser schärfen. Es könnte ja sein, daß uns ein lieber Mensch immer wieder dieselbe Vase mit hübschen Blumen schenkt und wir uns ob solcher »Phantasielosigkeit« schon an den Kopf fassen – bis wir endlich erfahren, daß er sich ausgedacht hat, uns gerade auf diese Weise zu sechs Kullerpfirsichgläsern zu verhelfen?! Haben wir ihm doch einmal erzählt, wie wir die heimliche Verlobung mit Sekt und Kullerpfirsich begossen …

Die Sprache der Gläser

Es ließe sich natürlich einwenden: Hauptsache der Inhalt schmeckt! Aber, wie in unserer Besteckübersicht, so geht es auch bei der Gläser-Schau zunächst einmal darum, die richtige Auswahl für den Erstbestand auszusuchen. Betrachten Sie, wenn Sie Biergläser benötigen, nicht allein Biergläser, sondern das gesamte Sortiment der zur Wahl stehenden Modelle! Vergewissern Sie sich, ob Sie alle Gläser auf möglichst viele Jahre nachbeziehen können.

Eines Tages freuen Sie sich – und Ihre Gäste –, wenn neben dem Bierglas das passende Schnapsglas, neben dem Weißweinglas Rotweinpokal und Sektkelch aus einem Guß stehen. Mit dem Dreiklang Schnaps-, Bier- und Weinglas fangen die meisten an. Viele fügen dann ein »Longdrink-Glas« hinzu, aus dem sich ebenso Whisky oder Martini mit Soda wie Obstsaft oder Sprudel trinken lassen. Wer auf Weinbrand oder Cognac »geeicht« ist, wählt gern den bauchigen Cognacschwenker, weil sich darin auch Creme oder Eis zum Nachtisch servieren läßt. Bei manchen Gläsermustern empfiehlt sich dazu eher der Rotweinpokal.

Wer also von vornherein auf Ergänzung der Serie ausgeht, tut gut daran, sich bei der Wahl der Erstausstattung die gesamte Phalanx der Gläser verschiedener Muster zeigen zu lassen.

Rauchersitten heute

Ob Zigarette, Zigarre oder Pfeife

Rauchersitten heute

Der blaue Dunst hat in den vergangenen Jahren die Nation in zwei sich fast feindlich gegenüberstehende Lager geteilt: Die immer größer werdende Gruppe der Nichtraucher und die »Minderheit« der Raucher, die sich manchmal schon beinahe fanatische Wortgefechte liefern. Fanatismus ist aber nie gut. Richtig ist, daß die heutigen Rauchersitten von gesteigertem Gesundheitsbewußtsein und Rücksichtsnahme geprägt sein sollten. Galt ganz früher: eine deutsche Frau raucht nicht, in den fünfziger Jahren dann: sie raucht nicht unter freiem Himmel, so gilt jetzt fast das Gegenteil: wenn schon rauchen, dann unter freiem Himmel, weil es so niemanden belästigt. Das ist natürlich etwas überspitzt. Doch dieser Grundgedanke auf einen vernünftigen Nenner gebracht gilt allgemein für Raucher: Wenn schon gequalmt wird, dann nie dort, wo andere darunter leiden müssen; also nicht in kleinen Räumen, Fahrstühlen und Autos (es sei denn, der Fahrer erlaubt es oder raucht selbst). Natürlich auch nicht in Wartezimmern und an Krankenbetten. Nie darf während einer Mahlzeit geraucht werden, es

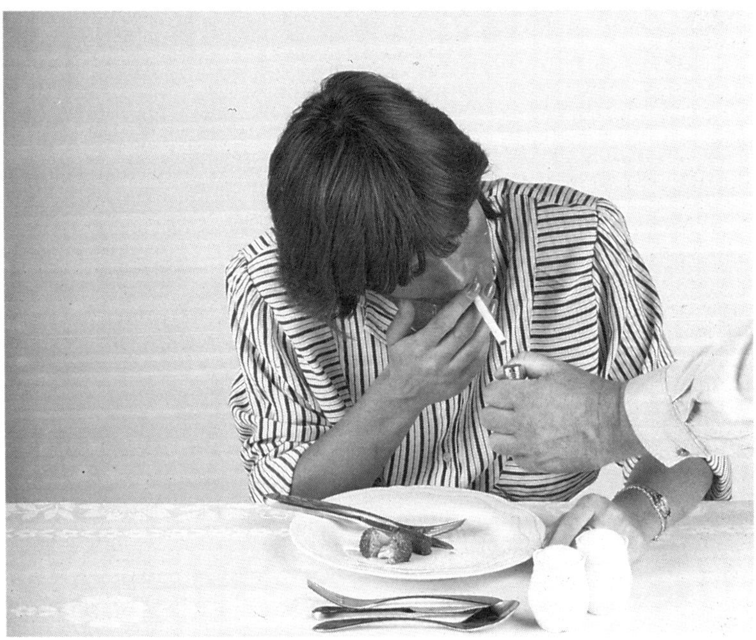

Hier wird Gesetz Nr. 1 für das Feuerreichen mißachtet. Das Feuerzeug sollte hoch genug angeboten werden, damit sich die Dame nicht zur Flamme hinabbeugen muß

sei denn, sie zieht sich über Stunden hin; dann aber nur in den Pausen zwischen den Gängen, wenn niemand mehr ißt. Rauchend sollten außerdem weder fremde Büros noch Wohnungen betreten werden. Bevor wir eine Zigarette anzünden, bieten wir den anderen Feuer an, aber ... ohne die eigene schon im Mund zu haben, und achten darauf, daß das Ende der Zigarette nicht mitten in die Flamme hineingesteckt wird, sondern nur mit deren Spitze in Berührung kommen soll.
Dem Zigarrenraucher überreichen wir nach alter Rauchertradition, die das Gasfeuerzeug vor allem für ältere Herren noch immer nicht akzeptiert, Streichhölzer und als aufmerksame Gastgeber wohl auch einen Zigarrenabschneider. Er löst, bevor er zu rauchen beginnt, erst vorsichtig die »Bauchbinde« von der Zigarre.

Gleichberechtigt: Das Zigarillo der Dame, die Tabakspfeife des Herrn

Die Selbstverständlichkeit, mit der heute auch die Frau zur Zigarette oder auch zum Zigarillo greift, hat die altmodische Abwehr gegen die Tabakspfeife des Herrn – ein Relikt aus der Verbannung des Rauchers in

Es ist mehr als unhöflich zu rauchen, während am Tisch noch gegessen wird

Rauchjackett (Smoking) und Rauchzimmer – mit den Jahren fallen lassen. Damen und Nichtraucher bitten lediglich noch um eine Rücksichtnahme, die sie seit eh und je vom Zigarrenraucher erwartet haben – sie nicht in eine atemberaubende Wolke zu hüllen. Die Freunde der Tabakspfeife brauchen nur um geräuschlosen Zug bemüht zu sein. Sie sollten zwei Tabakspfeifen bei sich führen und diese mit derselben Sorgfalt pflegen, die der Zigarrenraucher seiner tabakbraunen Geliebten widmet. Grundsätzlich gilt: Nicht paffen – rauchen!

Das Spiel mit dem Feuer

Wir hüpfen nicht mehr auf, um dem anderen Feuer zu geben. Wer rauchen möchte, zieht mit seinen Zigaretten das Feuerzeug heraus, auch die Dame, der es vor allem dann, wenn sie stark raucht, doch gar nicht lieb ist, daß aufspringende Herren diese Tatsache in das Blickfeld aller rücken. Wenn man sich selbst eine Zigarette anzündet, zunächst einen prüfenden Blick nach rechts und links zu werfen, um das Feuer Mitraucherin und -raucher zuerst anzubieten, versteht sich von selbst. Der Herr »gegenüber« sollte sein Feuerzeug über den Tisch schieben und dem Tischherrn ohne »Feuer« die Hilfeleistung für seine Dame möglich machen, statt um die Runde herumzueilen und so gleichzeitig kundzutun, wie unaufmerksam die Partner auf der anderen Seite sind. Takt geht vor lauernder Aufmerksamkeit!

Zwischen den Gängen einer Mahlzeit?

Stundenlange Mahlzeiten sind bei großen Gesellschaften durchaus üblich. Grundsätzlich gilt: Solange noch jemand ißt, sollte nicht geraucht werden. Doch wenn lange Pausen zwischen den Gängen entstehen, kann man keine allgemein gültige Regel aufstellen.
Ist man eingeladen, muß man sich nach den Gastgebern richten. Und der Gastgeber wiederum ist verpflichtet, auf jene Gäste Rücksicht zu nehmen, die gegen das Rauchen bei Tisch sind – vielleicht sogar aus Gesundheitsgründen. Es versteht sich von selbst, daß derartige Fragen nur bei größeren Essen auftreten. Denn am normalen Mittagstisch oder im kleineren Kreis geht man im allgemeinen, wenn überhaupt, frühestens vor der Nachspeise zu einer Zigarette über. Aber auch dann ist der Griff zum Rauchbaren keine Selbstverständlichkeit mehr.

Von Mensch zu Mensch

Du – Sie – Du

Unter Kindern ist das Du eine Selbstverständlichkeit

Was unterscheidet Kinder in ihrem Verhalten am deutlichsten von Erwachsenen? – Daß unter Erwachsenen eine größere Distanz besteht. Und diese kommt nicht zuletzt in der Anrede »Sie« zum Ausdruck. So betrachtet, ist die Einstellung zum Sie für den jungen Menschen gewissermaßen eine Reifeprüfung.
Eines Tages hört für jeden – für den einen früher, den anderen später, zumeist mit 14, 15, 16 Jahren – die Kinderwelt auf, und man bereitet sich auf die Welt der Erwachsenen vor. Dann sollten das Mädchen wie der junge Mann sich dessen bewußt werden, daß sie eine unsichtbare Schwelle überschreiten. Viele Eltern pflegen um diese Zeit den Eintritt der Jugend in einen neuen Lebensabschnitt dadurch zu betonen, daß sie die Freundinnen und Freunde ihrer Kinder nun mit »Sie« anreden, wobei sie den Vornamen als Brücke der Vertrautheit aus den Kindertagen gern beibehalten.
Diesen Schritt mag jeder halten, wie er will. Aber jenen jungen Menschen, die sich in diesem Alter erst kennenlernen, darf man nur raten: Berauben Sie sich nicht der Brücke, auf der eine wirkliche Freundschaft unter Erwachsenen am besten gedeihen kann.

Der Jugendliche entscheidet selbst

An dem Tage, an dem es einem jungen Menschen nicht mehr gleichgültig ist, ob man ihn mit Du oder Sie anredet, befindet er sich im Vollbewußtsein seiner Eigenpersönlichkeit. Mag er auch noch abhängig sein von Eltern, Lehrern oder Lehrherren. Jetzt ist ihm ein wichtiges Verfügungsrecht zugewachsen. Bald wird er seine Stimme bei Wahlen für die Geschicke der Gemeinschaft abgeben können. Vorher aber hat er schon das Recht, als freie Persönlichkeit zu bestimmen, wer ihn außerhalb der Familie und des engsten Freundeskreises mit Du anreden darf. Er beginnt nun zu unterscheiden zwischen Vertrauten, Freunden und Bekannten, guten Bekannten, flüchtigen Bekannten und Fremden. »Er« bestimmt seinen Kreis. Und »sie« ihren nicht minder!
Mit allen Gleichaltrigen, mit denen Lebensumstände und -gewohnheiten – Nachbarschaft und Schulbank, Ausbildungsstätte oder Sport – ohne eigenes Zutun das Du durch Jahre wie selbstverständlich gefügt haben, bleiben wir natürlich auf Du. Es sei denn, daß sich jemand die vertrauliche Anrede verscherzt. (»Mit dem will ich nichts mehr zu tun haben!«)
Das Du bedeutet in der Jugend nicht unbedingt Befreundetsein. Das besagen schon sprachliche Unterschiede wie: Wir duzen uns von der Schule her. Er ist ein »Duz-Freund«. Sie ist eine »Duz-Freundin«. Aber: Er

ist »mein Freund« – »mein bester Freund«. Sie ist »meine Freundin« – »meine beste Freundin«.
Früher oder später zieht jeder den eigenen Kreis enger. Wurde zum ersten Geburtstag des Abc-Schützen vielleicht noch die halbe Klasse eingeladen, so sitzen am Ende der Schulzeit nur noch wenige von den »alten« mit am Geburtstagstisch. Von Jahr zu Jahr werden wir wählerischer und anspruchsvoller und unterscheiden bewußter zwischen Freunden und Bekannten.
Und so kommt der Tag, an dem der junge Mensch flüchtige Bekannte wie selbstverständlich mit Sie anredet und das einst so natürliche Du allein noch als Zeichen besonderer Wertschätzung »verleiht«.

Die Brücke vom Sie zum Du

Ein Beispiel: Dietmar Männlich, 25 Jahre alt, ist bei einer Hausgeselligkeit mit Irmela Weiblich, 22 Jahre alt, bekannt gemacht worden.
Übliche Anrede:
»Fräulein Weiblich« – »Herr Männlich«.
Mit der Zeit findet er sie sympathisch und bittet um eine vertrautere Anrede: »Fräulein Weiblich, darf ich nicht Irmela zu Ihnen sagen?«
Antwort: »Einverstanden, gern Dietmar!« Dazu ist nicht einmal ein Händedruck erforderlich.
Nach heutiger Auffassung hat das Mädchen gleichfalls das Recht, einem ihm sympathischen jungen Mann Sympathie zu beweisen: »Dietmar, nennen Sie mich doch einfach Irmela!« Ein kleiner, aber doch ein Schritt echter weiblicher Initiative.
Hier wird vielleicht noch deutlicher, daß die Zwischenstufe »Vorname und Sie« den Brückenschlag vom Sie zum Du eher erleichtert als erschwert; denn sie besagt nichts weiter als: Er ist in meinen Kreis aufgenommen. Er gehört dazu. Er kommt in Frage. Nun liegt es an ihm, ob er ein Bekannter bleibt oder zum Freunde wird oder gar mehr.
Verheiratete ziehen den Kreis enger. Ein Ehepaar verständigt sich miteinander, wem es das Recht der Anrede mit dem Vornamen einräumen will, und prüft gemeinsam, wer in den Kreis der engsten Freunde aufgenommen werden könnte – zu wem beide Du sagen möchten.

»Brüderschaft«

Der sogenannte »Bruderkuß« nach der Aufforderung zum »Du« ist eigentlich nur den engsten neuen Verwandten eines Brautpaares kaum auszuschlagen. Man kann – aber man ist nicht verpflichtet. Ein Händedruck genügt. Und wer einen kußfreudigen Mund nach dem »Brüderschaftstrunk« mit gemischten Gefühlen auf sich zukommen sieht, vermag sich, ohne die fröhliche Stimmung zu dämpfen, mit einem freundlichen Fingerzeig leicht aus der Affäre zu ziehen, indem er einfach die Wange hinhält.

Das Gruppen-Du ist kein aufgedrängtes Du

Die Beziehungen von Mensch zu Mensch haben nach dem Zweiten Weltkieg zunächst einen Trend »weg vom DU« erfahren. Das Du, das vielen durch den Eintritt in politische Formationen, in die Wehrmacht, in Notgemeinschaften, wie Flüchtlingsgruppen und Enttrümmerungstrupps, ohne Frage häufig nur aufgezwungen wurde, versuchten die meisten früher oder später wieder auf einen kleinen Kreis der wirklich Vertrauten zurückzuführen. Gemeinsamer Weg, gegenseitiges Helfen, selbstverständliches Teilen der letzten Kippe, der letzten Scheibe Brot, auch gemeinsames Hoffen in Wochen des Verzweifelns prägten die letzten grauen Duzgemeinschaften.

Drum prüfe …

Mit den Trennungen in den Wochen des Zusammenbruchs und dem Wiederhineinfinden in alte oder neue Heimatbande, schließlich mit dem Wiederaufbau einer neuen Existenz, lockerten sich die Duzbande der Vergangenheit zumeist sehr schnell bis auf die engste Gemeinschaft. Schließlich schlug in der Wohnungsnot – im Zwang, mit Fremden Tür an Tür oder gar im gleichen Zimmer wohnen zu müssen – der Drang, Abstand zu gewinnen von allen Menschen, die nicht zum engsten Kreis gehörten, durch. Das alte Wort »Drum prüfe, wer sich ewig bindet…« erhielt anderen Sinn und anderes Gewicht. Mit dem befreienden »Endlich!« einer neuen menschenwürdigen Wohnung, eines aussichtsreichen Arbeitsplatzes, zog die Vorsicht ein. Erst einmal Fuß fassen, der neuen Stellung einen festen Boden sichern, Vorsicht vor dem Nebenmann, vor dem Nachbarn!
Das Du wurde nach zwei Seiten gewogen: Ob das alte aus Front- und Trümmerzeiten mehr bedeutete als die gleiche Regimentsnummer oder die gleiche Aufräumungsgruppe, ob man sich heute noch etwas zu sagen hatte? Oder kannte man den neuen Arbeitskollegen, Nachbarn, Gefährten auf dem täglichen Weg zur Fabrik, ins Büro oder auf den Sportplatz gut genug, um auf seine wiederholt schon unterschwellig vorgebrachten Duz-Vorschläge einzugehen?
Plötzlich entschied man nämlich nicht mehr für sich allein. Daheim warteten die Eltern oder die Frau. Bald würde man sich mit der Verlobten der Freundin treffen. Die neue Wohnung wird wieder zum Hort. Für seinen festen Platz einen dauerhaften Kreis aufzubauen – dieser mit dem Vorankommen immer bewußter werdende Wunsch machte das Du wieder zu einem Wertstück, das man nicht so leicht aus der Hand geben wollte.
Das Mädchen wägt es nicht minder. Es will nicht mehr wie in Kindertagen von jedem »Jungen« mit Du angesprochen werden, wenn es mit Freund oder Ehemann im Restaurant oder im Ferienhotel sitzt. Gewiß wird sie nicht so ungeschickt sein und sich gegenüber einem Bekannten »von damals«, einem Jugendgespielen »dumm« stellen. Vielleicht läßt sich auch der »alte Bekannte« so leicht nicht abschütteln. Also erhebt sie sich schnell und geht auf ihn zu, um ihn, möglichst ohne Ohrenzeugen, behutsam darauf aufmerksam zu machen, daß er stört. Ins-

geheim wirft sie sich vielleicht vor, das Du damals doch allzu leichtfertig »aus der Hand« gegeben zu haben.
Schnell zurück an den Tisch: »Daß es den noch gibt! Vor vielen Jahren ... ich erinnere mich gar nicht mehr, ja, beim Karneval ...«

Nie allein nach Äußerlichkeiten gehen

Wer mit dem Du wählerisch umgeht, kann sich mancherlei Unannehmlichkeiten ersparen. Es kommt weniger darauf an, ob man den alten Bekannten aus früherer Duz-Zeit auch »vorzeigen« kann. Jedermann hat Verwandte, Schulfreunde, Betriebskollegen, Sportkameraden aus der frühen Jugend.
Wer kein Empfinden dafür hat, daß uns jedermann ansprechen darf, der uns durch Familie, Arbeitsplatz oder Freundeskreis einmal enger verbunden war, beweist eigentlich, daß er ein Rechner und kein Mitmensch ist. Deshalb hat die Frage, ob wir mit einem Menschen »auf Du oder auf Sie stehen«, nichts damit zu tun, ob der andere »fein« oder »gebildet« genug für unseren heutigen Kreis ist. Hier geht es um die Freiheit der Entscheidung. Auf Freunde, denen es an Herzensbildung fehlt – ihr Anzug sei noch so fein –, könnten wir verzichten. Deshalb wäre es völlig verkehrt, das Du-Recht nach Äußerlichkeiten abzuwägen. Das Du setzt nicht das gleiche Portemonnai oder Bankkonto, sondern gegenseitiges Verstehen voraus.
Sonst hätten doch alle, die gleich uns am Strand oder im Schwimmbad eine Badehose – Mädchen oder Damen einen Bikini – tragen, das Recht, alle anderen im gleichen Gewand mit Du anzureden. Dazu berechtigt nicht einmal die Gemeinschaftssauna, die Nackten. Nebenbei gesagt: Je weniger wir bekleidet sind, um so vorsichtiger verhalten wir uns gegen die Zeugen unserer Freizügigkeit. Wo wir am Felsenstrand einen Fremden sehen, der ohne alles sonnenbadet, gehen wir weiter, bevor auch wir uns niederlassen, oder?! ...

Das Gruppen-Du

Anders in einem Ferienclub. Wer Mitglied ist und am Morgen am schwarzen Brett gelesen hat, daß ein Tauchkursus »ohne alles, aber mit Harpune« stattfindet, weiß Bescheid. Wenn ihn der Tauchlehrer duzt, weiß jeder, der beim ersten Treffen dabei war, daß man sich geeinigt hat, einander mit Vornamen und Du anzureden. Hier gilt das gleiche Gruppen-Du, wie es daheim in der Schulklasse, im Nähkursus, im Labor oder in der Werkstatt für alle Teilnehmer vereinbart worden ist.
Das Gruppen-Du setzt einen gemeinsamen Beschluß voraus, nach dem sich alle so oder so anreden wollen. Wer neu hinzukommt, kann sich eigentlich nicht einmal ausschließen.
Das Gruppen-Du schließt andere Anreden aus, aber allein das Gruppen-Du und nur innerhalb der Gruppe. Wer sich bei einem vorbeikommenden Würstchenverkäufer eine Wurst kaufen will, darf ihn nicht einfach nur deshalb mit Du ansprechen, weil die Gruppe sich duzt. Denn der Verkäufer ist ein Außenstehender.
Damit ist aber auch nicht gesagt, daß uns der im Gruppen-Du verbundene Nebenmann nun etwa näher steht als ein Freund aus unserem Sportverein, mit dem wir schon seit Jahren mit Vornamen und Sie ver-

bunden sind – mit beiden aufgrund freundschaftlicher Vereinbarung unter Sportfreunden, die sich im Prinzip alle siezen.
Begründung aus einer Diskussionsrunde: »Der Tennisclub hat mehr als 500 Mitglieder, und darunter befinden sich, weil die meisten wesentlich älter sind, viele, von denen ich mich nicht ohne weiteres duzen lassen würde. Käme es zu einer Mitgliederversammlung, die ein allgemeines Du mit Mehrheitsbeschluß durchsetzen könnte, würde ich aus dem Club austreten!«
Aus der gleichen Debatte: »Ich würde einen Antrag auf Ausschluß jedes Mitgliedes stellen, das seine Autorität – zum Beispiel eines Ehrenmitgliedes oder Mäzens, sei er nun Minister oder wer auch immer – dazu ausnutzte, eine allgemeine Anrede „per Du" durchzusetzen etwa in der Art, in der hin und wieder schon Fernsehmoderatoren ihre wehrlosen Zuhörer am Bildschirm oder auch nur im Studio aufgefordert haben, sich ab sofort alle zu duzen.«
Die Frage des allgemein geschätzten oder gar verehrten Moderators »Wollen wir nicht alle Du zueinander sagen, um uns noch besser zu verstehen?!« – ist eigentlich gar keine Frage, sondern, gelinde gesagt, eine Vergewaltigung unter mildernden Umständen.
Nehmen wir das Ganze als Spaß!? Ein Quentchen Verantwortung bleibt bei denen, die sehr wohl beurteilen können, welche Vorteile in einer Anrede-Differenzierung zwischen Du und Sie in der deutschen Sprache liegen. Das »You« der Engländer ist in korrekter Sprachgewichtung dem deutschen Du ebensowenig gleichzusetzen wie etwa das »Tu« der Franzosen. Weder in England noch in Frankreich würde eine Dame in ihrer Sprache sagen: »Herr Beispiel, du wirst am Telefon verlangt!« Nicht zuletzt deshalb reden sich immer noch viele Franzosen in der Familie selbst mit »Sie« an. Nicht wenige Ausländer beneiden uns wegen unseres Unterscheidenkönnens – und sei es nur wegen der besseren Handhabe, mit der wir unsere Kinder dahingehend erziehen können, den falschen vom wahren Onkel zu unterscheiden. Freilich machen immer noch viel zu wenige Eltern Gebrauch von den Fertigkeiten, die unsere Sprache uns auch zur Selbstverteidigung gibt.

Grüßen und Begrüßen

Wer grüßt zuerst?

Warum nicht, wer den anderen zuerst erkennt?! Diese Form setzt sich immer mehr durch. Dabei gilt die bisherige Handhabe natürlich noch immer:
Der Herr grüßt die Dame, der Jüngere den Älteren, der Angestellte den Abteilungsleiter, der Abteilungsleiter den Chef. Auf jeden Fall wirkt der verkrampft Grüßende albern, dem man ansieht, daß er krampfhaft auf das Zuerstgrüßen des bereits ins Auge gefaßten Bekannten wartet. Im Gegensatz zu der früheren Auffassung, nach der die Ledige, also das »Fräulein«, unabhängig vom Altersunterschied die Verheiratete, die »Frau«, zuerst grüßen sollte, grüßt heute die Jüngere grundsätzlich die Ältere zuerst. Räumt man doch auch der Ledigen heute ohne weiteres

die Anrede »Frau« ein. Selbstverständlich wird ein junges Mädchen einen ehrwürdigen ergrauten Herrn, wie die junge Frau ihren Großvater, zuerst grüßen. Man sagt auch: Man grüßt die Respektsperson! Wer einen geschlossenen Raum betritt oder verläßt, grüßt stets als erster – die Dame wie der Herr.

Man kann nur erwarten, gegrüßt zu werden, wenn man dem Entgegenkommenden durch Ansehen auch Gelegenheit zum Gruß gibt.

Zwei Paare begrüßen sich. Dabei läßt sich unnötiges Vor- und Zurückziehen schnell vorschießender Hände vermeiden, wenn wir, und sei es der lieben Ruhe wegen, die bewährte Reihenfolge beachten: Zuerst reichen sich die Damen die Hände …

… dann die Damen den Herren …

Fremde

Fremde grüßen (nicht begrüßen) wir mit, wenn die Begleitung grüßt oder gegrüßt wird. Ferner grüßen wir beim Einsteigen in ein Eisenbahnabteil und wenn wir es verlassen, beim Betreten oder Verlassen eines Wartezimmers oder beim Platznehmen oder Aufstehen in einer Gaststätte, falls noch Fremde am Tisch sitzen, und unsere Nachbarn rechts und links im Theater und im Konzertsaal.

Wie grüßt der Herr?

Er grüßt immer mit einer kleinen Verbeugung.
Er steht stets auf. Ausnahmen: im Restaurant wie im Theater, wenn jemand, der vorbeigeht, gegrüßt werden muß – wenn wir in einer Runde sitzen, die wir beim Aufstehen stören würden. Er wartet, bis die Dame oder der Ältere ihm die Hand reicht.
Auf der Straße grüßt man durch Abnehmen der Kopfbedeckung mit der dem zu Grüßenden abgewandten Hand und leichter Verbeugung (Ausnahme: Mützen ohne Schirm oder Uniform, ferner im Gedränge oder wenn man in beiden Händen etwas trägt).
In geschlossenen Räumen sowie im kleinen Fahrstuhl wird die Kopfbedeckung abgenommen.

Wie grüßt die Dame?

Immer mit leichter Verbeugung. Bei Begrüßung einer wesentlich älteren Dame wartet die jüngere, bis ihr die Hand gereicht wird.
Sie steht nur auf, wenn eine Respektsperson auf sie zutritt.

Wann ist ein Handkuß angebracht?

Nicht überall ist der Handkuß üblich. Man richtet sich daher nach der Umgebung, in der man ist, zum Beispiel im Ballsaal, auf großen Empfängen. Wichtig ist aber zu wissen, daß ein Handkuß nur den verheirateten Frauen und den ihr gleichgestellten (vgl. »Wer grüßt zuerst?«) zukommt,

... zum Schluß begrüßen sich die Herren.
Die strenge Begrüßungsfolge sollten wir vor allem überall dort beachten, wo wir im Ausland oder mit Ausländern zusammen sind; denn bei uns lockert sich im Zuge der Gleichberechtigung die alte Regel immer mehr

daß er auf der Straße (aber durchaus in einem Garten oder auf einem Bahnsteig) und über einen Tisch hinweg nicht üblich ist. Begrüßt man eine Dame mit Handkuß, haben alle verheirateten Damen des Kreises, die diese Grußszene beobachten konnten, ein Anrecht darauf, in derselben Form begrüßt zu werden!

Wie wird der Handkuß ausgeführt?

Der Herr neigt sich über die Hand der Dame und nähert seine Lippen dem Handrücken, ohne diesen zu berühren. Dabei werden die Lippen weder gespitzt, noch deuten diese gar einen Kuß akustisch an. Deshalb ist der Handkuß auch dann erlaubt, wenn die Dame Abendhandschuhe trägt.

Promenieren im Theater

In der Theaterpause gilt nicht die z. B. für einen Ball geltende Regel, daß sich die Besucher bemühen sollten, alle Freunde und deren Eltern zu begrüßen. Im Wandelgang und im Foyer genügt es, im Vorbeigehen zu grüßen.

Wiederholte Begegnungen

Trifft man sich immer wieder, zum Beispiel täglich mit Mitschülern oder Arbeitskollegen am selben Platz, mit im Hause wohnendem Besuch, mit der täglichen Tischrunde im Ferienhotel, mit den Teilnehmern an einer Tagung, braucht man sich nicht bei jedem Wiedersehen zur Begrüßung die Hand zu reichen. Es genügt, sich beim ersten Zusammentreffen die Hand zu geben und erst dann wieder, wenn man für länger auseinandergeht. Man grüßt mit einem »guten Morgen«, »guten Tag« oder »guten Abend«. Durch die Art, wie man dabei grüßt, wie man sich verbeugt, nickt oder mit der Hand winkt, kann man alle Schattierungen von Herzlichkeit, Verbundenheit und Respekt zum Ausdruck bringen. Bei jeder Gelegenheit – zum Beispiel im größeren Kreis – zur Begrü-

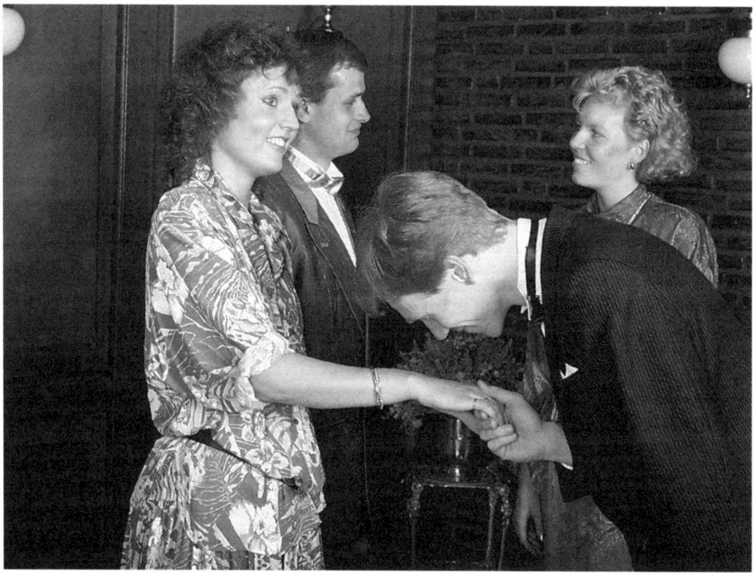

Der Handkuß, bekanntlich kein Kuß, sondern eine tiefe Verbeugung des Herrn über die leicht angehobene Grußhand der Dame, hat noch immer seine Freunde auf beiden Seiten. Sehr junge Menschen lehnen ihn meist strikt ab. Vor allem in Österreich ist er noch weit verbreitet; in der Schweiz wird er fast ausschließlich von Ausländern angewandt

Das Hut-Zeremoniell auf der Straße bleibt! Der Herr zieht den Hut beim Grüßen mit der den zu Grüßenden abgewandten Hand. Ausnahmen: am Steuer des fahrenden Autos und in großem Gedränge. Auch in den großen Fahrstühlen von Kaufhäusern behält man ihn auf

ßung die Hand zu reichen, kann nicht nur störend wirken – es sprechen auch oft hygienische Gründe dagegen.
Allzu kräftiges Händeschütteln ist eine Unsitte. Oft sieht man, daß es auch noch mit angewinkelten Ellbogen verstärkt wird. Diese Hand- und Armhaltung beim Begrüßen war ursprünglich eine Abwehrbewegung der Damen gegen den zu kräftigen männlichen Händedruck. Sie ist in der Jugendbewegung entstanden und hat sich bis heute vor allem in Kreisen des Sports gehalten. Beim Handgeben sollte nur ein leichter Druck ausgeübt werden.

Wenn die Mutter mit dem Sohne spazieren geht

Beim Spaziergang kann es vorkommen, daß er eine ihr unbekannte Dame oder einen Herrn grüßt. Muß sie sofort mitgrüßen? Nein!
Die oder der Unbekannte wird ja den Gruß des Sohnes oder der Tochter erwidern und sie dabei mitgrüßen. Und nun ist die Erwiderung Sache der Mutter. Anschließend sollten Mutter und Sohn, bzw. Tochter sich nicht sofort umdrehen und das Frage- und Antwortspiel, wen man da eben gegrüßt hat, so lange aufschieben, bis man außer Hörweite ist.

Mehr als nur ein Händedruck: Umarmung – Akkolade – Bruderkuß

Daß Reisen bildet, ist eine alte Erfahrung. Daß es zugleich vorsichtiger im Umgang mit Menschen im Ausland macht, ist eine andere. Sicher ist es schwieriger, mit Ausländern Bekanntschaft oder gar Freundschaft zu schließen, als mit Menschen aus dem eigenen Land. Wer aber genau zu beobachten weiß, kann liebenswerte Sitten mit nach Hause bringen. Dazu gehört die Akkolade, die lange mißverstandene Umarmung, durch die Franzosen Freunde und gute Bekannte viel herzlicher willkommen heißen als wir »stocksteifen« Deutschen.

Einer der liebenswürdigsten Deutschlandkenner Frankreichs, der ehemalige Botschafter André François-Poncet, hat dazu einmal gesagt: »Es gehört zu den bedauernswertesten Mißverständnissen zwischen unseren Völkern, daß wir Franzosen weniger Gewicht in einen schnellen Kuß hineinlegen als unsere Nachbarn. Unsere Frauen sind allein deshalb in den völlig verkehrten Ruf geraten, leichtfertig zu sein. Wir Franzosen sind herzlicher. Bekannte und Freunde küssen wir, wenn wir sie gut genug kennen, ohne weiteres auf beide Wangen. Und das bedeutet nicht mehr und nicht weniger als: Wir sehen Sie immer wieder besonders gern!«

Wohlgemerkt Sie! Dieser Kuß ist kein Weg zum Du. In Frankreich, wo viele Familien an der Sitte festhalten, daß sogar die Kinder »Sie« zu ihren Eltern sagen, ist das »Du« nicht einmal grundsätzlich unter Eheleuten üblich.

Akkolade im Rheinland

All dies sollte wissen, wer die Umarmung aus Ferien in Frankreich mitbringt und nun daheim in seinen Freundeskreis einführt. Im Rheinland ist die Akkolade, je näher man Bonn und Köln kommt, bereits weit verbreitet. Es gab sie dort unter guten Freunden schon vor dem Kriege. In den letzten Jahren hat sie ungezählte Anhänger zwischen Nordsee und Alpen hinzugewonnen.

Wer sich nun nicht sicher ist, ob bei der nächsten Fete in der Nachbarschaft die Akkolade auch als »gesellschaftsfähig« gilt, begrüßt vor allem als Neuling Gastgeber und Gäste wie bisher. Ein »Neuer« wird ohnehin ohne Umarmung begrüßt und bekannt gemacht. Er muß sich erst »akkoladewürdig« erweisen. Und das kann dauern. Es kommt nicht zuletzt darauf an, wie oft und wie lange man Gelegenheit hat, im Gespräch oder beim Tanzen einander kennen zu lernen. Deshalb ist es durchaus nicht unmöglich, sich nach einer ausnehmend fröhlichen Abendrunde zu viert oder zu sechst von der Hausfrau oder der bevorzugten Tänzerin gleich am ersten Abend mit Wange rechts und Wange links oder Küßchen links und Küßchen rechts verabschiedet zu sehen. Solche

Viele liebenswerte Begrüßungssitten aus dem Ausland sind bei uns populär geworden. Aus Frankreich kommt die auch in Spanien weit verbreitete Akkolade. Eine Umarmung, bei der man links und rechts Wange an Wange legt oder sich auf die Wangen küßt

Wangenküßchen sagen ja nicht mehr aus als »Sie sind uns sympathisch und gehören jetzt zu unserem Bekanntenkreis!«
Dabei ist es wohl möglich, die Vornamen zu nennen, aber auf keinen Fall bedeutet das automatisch, sich nunmehr zu duzen. Das kann bis zum Lebensende dauern, und man kann für ewig beim »Sie« bleiben, wenn sich auch beide Seiten als gute Freunde bezeichnen.
Die Sitte der Umarmung mit Kuß, von der es noch verschiedene Variationen in anderen Ländern gibt, geht zurück bis in die Frühgeschichte des Christentums. Sie soll in den römischen Katakomben entstanden sein, in denen sich die Brüder und Schwestern in Christo wortlos begegneten, wenn Gefahr bestand, daß ihre Verfolger auf sie aufmerksam wurden.
Es hat Zeiten gegeben, in denen nur Ordensbrüder gleicher Orden sich untereinander so begrüßten. Ritterorden und Rittergeschlechter erlaubten den »Bruderkuß« nur ihresgleichen. Im Laufe der Jahrhun-

*Mit einer Akkolade (und Kuß) begrüßen sich befreundete Damen und Herren oder Herren untereinander.
In Spanien wie auch in verschiedenen Ländern Lateinamerikas, z. B. Mexiko, ist jene Begrüßungsform zu Hause, bei der sich Männer Brust an Brust gegenüberstehen und sich kräftig auf die Schulterblätter schlagen (unten rechts)*

derte ist die Bindung an christliche Vorbilder dann verlorengegangen. Daß sich der über Ostrom weiter gepflegte christliche Bruderkuß anders entwickelt hat als der weströmische, läßt sich zum Beispiel bei der Begegnung Moskauer Regierungsspitzen mit gleichgesinnten Staatsmännern auf Flugplätzen und Bahnhöfen in aller Welt beobachten. Hier ist der Gruß oder vielmehr die Grußform zum Symbol für gleiche Ideologie geworden.

»Frau Schulze«, »Gnädige Frau« oder »Genossin«?

In dieser Frage geht es weder um Aussehen noch Ansehen, noch um das, »was sie darstellt«. Es geht darum, wie eine Frau angeredet wird. Worauf kommt es an, wann stimmt die eine oder die andere Anrede? Ist »Gnädige Frau« ein alter Zopf, der nicht mehr in unsere Zeit paßt, Verlegenheitslösung, Bereicherung der Anredeformen? Ist »Genossin« passend oder unpassend?
Viele Anredeformen haben ihren Ursprung in der höfischen Etikette. Wer den Wandel der Umgangsformen aus dieser Sicht verfolgt, ist natürlich manchmal geneigt, gleich das Kind mit dem Bade auszuschütten und lehnt vieles schlichtweg ab. Damit ist niemandem gedient. Deshalb gehört zu den Aufgaben, die sich der Fachausschuß für Umgangsformen gestellt hat, alle Begrüßungsformen oder auch Floskeln gegeneinander abzuwägen.
Erlauben Sie Vergleiche auf anderen Gebieten. Fernheizung und Ölheizung sind die Heizung unserer Zeit. Trotzdem hat für die meisten, auch wenn sie keinen Kamin besitzen, das knisternde offene Feuer noch immer seinen Reiz.
Kunstfasern sind für vieles unentbehrlich geworden. Nicht oxydierende moderne Bestecke in der schlichten Formgestaltung der Technik von heute finden wir schön und praktisch zugleich. Noch immer fasziniert uns jedoch ein mit Großmutters Damasttüchern gedeckter Tisch mit ihrem Lieblingsporzellan und ihrem alten Tafelsilber.
Wer einen alten Stich oder ein Gemälde von Friedrich dem Großen oder von Bismarck an bevorzugter Stelle in seinem Heim aufhängt, ist damit nicht gleich als verbohrter Monarchist oder preußischer Militarist zu verstehen.

Alte Begriffe ändern ihren Sinn

Ebenso sollte man auch Sprachliches verstehen, das sich mit der Zeit »eingebürgert« hat, wie zum Beispiel die Unterschrift »Hochachtungsvoll«. Wer sich nicht auf den Standpunkt stellen kann, daß er sich damit einer wesentlich kühleren Abschlußformel für seinen Brief bedient als »mit freundlichem Gruß« oder »freundlicher Empfehlung« – wer bei Verwendung dieses Wortes dem Gefühl erliegt, damit vielleicht »in Hochachtung zu ersterben«, der ist ein Tüftler; denn nach heutigem Sprachempfinden enthält das Wort nicht mehr und nicht weniger als den Ausdruck der Achtung von Mensch zu Mensch. »Hochachtungsvoll« ist derartig verbreitet, daß »Achtungsvoll« – einst dem Älteren

empfohlen, wenn er an einen Jüngeren schrieb – schon einen Beigeschmack von Ablehnung enthält. »Hochachtungsvoll« ist, dem Sprachempfinden nach, nicht einmal »freundlich«, ganz gewiß also kein Zeichen mehr von Unterwürfigkeit. Deshalb erscheint »Hochachtungsvoll« kontaktfreudigen Menschen – Firmeninhabern wie Behördenchefs – als Abschlußformel auch für nur kurze Mitteilungen vom heutigen Sprachgefühl her als zu kühl, zu unpersönlich. »Hochachtungsvoll« schwindet langsam, aber sicher – nicht etwa, weil der eine dem anderen weniger Achtung entgegenbringen möchte, sondern mehr Freundlichkeit. Wir werden im Umgang freundlicher miteinander. Die Hemmung, sich »mit freundlichem Gruß« etwas zu vergeben, baut sich mehr und mehr ab; denn niemand empfindet den in »freundlich« enthaltenen Wortstamm noch im Sinne von Freundschaft.
Man erweist dem anderen eine Freundlichkeit. Mehr bedeutet »mit freundlichem Gruß« nicht. Warum sollte die Anrede nicht auch den Ton selbst zwischen Finanzamt und Steuerzahler bestimmen können? Es gibt bereits, man staune, Finanzämter, die Briefe »mit freundlichem Gruß« schließen.
Der Ton macht die Musik: auch in Anrede und Briefschluß. Womit wir wieder bei »Gnädige Frau« wären. Und auch bei »Genossin«.

Für und wider die Anrede »Genossin«

Gegen die Anrede »Genossin« ist im Grunde genommen nichts einzuwenden, wenn z. B. ein alter Sozialdemokrat oder Kommunist eine alte Sozialdemokratin oder Kommunistin trifft. Will doch der Sozialdemokrat der Sozialdemokratin, der Kommunist der Kommunistin mit der Anrede »Genossin« eine Freundlichkeit erweisen: Er will an gemeinsame Interessen oder Erinnerungen rühren, und zwar in der Annahme, daß sich die Frau über den Ausdruck des beiden Gemeinsamen in der Anrede freut.
Diskussionen über das Für und Wider dieser Anrede hat es unter Sozialdemokraten und Kommunisten nach dem Kriege immer wieder gegeben. Der Meinungsaustausch zwischen alten wie jungen Genossinnen und Genossen ist noch immer nicht verstummt. Das ist verständlich; denn für viele haftet dem Wort »Genosse« als Negativum noch Erinnerung an »Volksgenossen« und »Parteigenossen« ebenso an wie für andere der freilich stark verallgemeinernde Verdacht, durch die Anrede »Genosse« außerhalb des geschlossenen Kreises möglicherweise mit Genossen aller Länder identifiziert zu werden, denen es um eine Weltrevolution geht.
Dieser rein platonische Hinweis auf die Problematik um die Anrede »Genossin« ist in dieser unpolitischen Auseinandersetzung notwendig, um darzulegen, daß der Genosse, dem es um die verbindende Kraft einer Ausnahmeanrede ernst ist, sich im einzelnen sehr wohl überlegen wird, wen er so anredet, wenn er nicht schockieren will. Über die Anrede »Genossin« wird sogar in der UdSSR nachgedacht. Schon vor Jahren wurde in russischen Kulturzeitschriften eine Diskussion über die Frage ausgelöst, ob es nicht angebracht wäre, die Auswahl der für eine Frau möglichen Anredeformen um eine Anrede wie

»Gnädige Frau« zu erweitern. Unter Hinweis auf die verschiedensten Anreden im nichtrussischen Ausland brachten Diskussionsteilnehmer zum Ausdruck, der stereotype Gebrauch der Anrede »Genossin« sei gleichbedeutend mit dem Verzicht, zum Beispiel gegenüber der Tischdame, der Gastgeberin oder einer Künstlerin durch eine besondere Anrede Dank oder Verehrung zum Ausdruck zu bringen. Man brauche dabei nicht einmal gleich an große Dinge zu denken. Das Angebot wärend einer Mahlzeit – »Darf ich Ihnen nochmals die Bratenplatte reichen?!« – sollte nicht unbedingt mit einer Anrede verknüpft werden, die für viele ein ideologisches oder politisches Bekenntnis beinhalte.
Kehren wir in unser Land zurück: Der Mann, der hier und heute bei der Anrede »Gnädige Frau« denkt, die Dame erweise ihm eine Gnade, indem sie ihm zur Begrüßung die Hand reicht, sieht unsere heutigen Umgangsformen nicht im Zusammenhang. Im Gegensatz zur alten Etikette, in der es der Dame freigestellt war, dem einen die Hand zu reichen und dem anderen nur hoheitsvoll zuzunicken, gilt es heute als eine Herausforderung, die Hand zurückzuhalten.
Selbstverständlich sprechen wir hier nicht über diskutierbare Einzelfälle, zum Beispiel über Herren, die einer Unbekannten, die sie kennenlernen möchten, sofort mit der Anrede »Gnädige Frau« schmeicheln; denn diesen Herren geht es doch oft sehr wohl um Gnadenbeweise von seiten der Angesprochenen. Andererseits ist – zum Beispiel beim unbeabsichtigten Zusammenstoßen im Gedränge vor einer Garderobe – gegen ein »Entschuldigen Sie bitte, gnädige Frau!« nichts einzuwenden.
Im Gegenteil: Hier ist die Anrede der Unbekannten gegenüber doch dem Wunsche entsprungen, eine Unachtsamkeit durch eine Freundlichkeit wiedergutzumachen.
Mit dem Wandel der Umgangsformen haben sich die Voraussetzungen für die Anrede »Gnädige Frau« entscheidend geändert. Einst war sie ein Gebot, war sie höchstes Glück der nicht zum Kreis der Bevorzugten der höfischen Gesellschaft gehörenden Damen, die weder Anspruch auf Anreden wie »Eure Majestät«, »Eure Hoheit«, »Eure Durchlaucht«, »Gräfin«, »Baronin« hatten. Noch im sogenannten Dritten Reich gab es über allen Volksgenossinnen sogar eine »Hohe Frau«, als sich die oberste Parteikamarilla schließlich doch der Anrede »Gnädige Frau« bemächtigte – weil sie sich einfach nicht hatte ausrotten lassen.
Heute ist »Gnädige Frau« nicht mehr und nicht weniger als eine schöne Arabeske, bald Ausdruck einer betont höflichen Begrüßung, bald der Hochachtung, längst nicht mehr allein verheirateten Frauen vorbehalten, sondern unverheirateten, die sich durch ihre Persönlichkeit im beruflichen oder geselligen Leben auch ohne Ehemann behaupten, ebenfalls zuerkannt.

Für und wider »Gnädige Frau«

Der Kreis der Frauen, die heute mit »Gnädige Frau« angeredet werden, ist zweifellos mit der sich ausbreitenden Emanzipation des weiblichen Geschlechts gewachsen. Auch der Tourismus, die Anregungen der Mode, der Kosmetik, das völlig gewandelte Bild der Frau macht sie heute

weit mehr innerlich bereit, sich durch die Anrede »Gnädige Frau« selbst bestätigt zu sehen, als noch vor dem letzten Kriege. Dies um so mehr, als die Anrede jetzt vom früheren Aspekt gelöst ist, allein gesellschaftlich bevorzugten Damen zuzustehen.
Dazu kommen weitere Faktoren: Zweifellos ist es für Männer, die durch ihre berufliche oder gesellschaftliche Stellung viele Bekanntschaften machen, sehr schwer, sich alle Namen zu merken. Die Anrede »Gnädige Frau« ist also nicht nur bei schlechtem Namensgedächtnis eine willkommene Ausweichmöglichkeit. Bestrebungen, auch bei uns mit »Meine Dame« eine so leicht zu handhabende Anrede einzuführen, wie sie der Franzose mit »Madame«, der Engländer mit »Mistress«, der Italiener mit »Signora«, der Spanier mit »Senora« hat, machen nur langsam Fortschritte. Um so mehr bedeutet heute die Anrede »Gnädige Frau« vielen Männern nichts anderes als einen Ersatz für den ihrem Gedächtnis verlorengegangenen Familiennamen der Dame.
»Die Gnädige« ist in der Anrede »Gnädige Frau« längst ausgestorben. Typisches Merkmal: nur noch in sehr geringem Maße wird von Hausangestellten verlangt, ihre Arbeitgeberin mit »Gnädige Frau« anzureden. »Gnädige Frau« wird immer mehr zu einer ausschließlich männlichen Anrede der Frau.

Wenn Jugendliche protestieren

Daß Jugendliche sich im allgemeinen gegen die Anrede »Gnädige Frau« aussprechen, ist nicht neu. Daß ihr Kontra der Zahl nach wächst, hängt nur damit zusammen, daß man »Gnädige Frau« heute öfter auch in Kreisen hört, die sich dieser Anrede aus den ausgeführten Gründen erst in den letzten Jahren bemächtigt haben, weil sie einfach ihren exklusiven Charakter mehr und mehr verliert.

»Gnädige Frau«

Jugendliche haben im allgemeinen noch kein Verhältnis zu Formen, die Erfahrung im geselligen Leben der Älteren voraussetzen. Sie können sie noch nicht haben, übrigens auch nicht zum Handkuß.

Abgedroschen ...

Sie hören das »Gnädige« noch im Sinne von »Gnadenerweis«, weil sie im gesellig-lässigen Ton noch gar nicht geübt sein können. Sie finden es oft abgedroschen. Das legt sich im allgemeinen, sobald die kantigen Kritiker der »Alten« selbst reifer geworden sind.

... oder ein Kompliment

... oder

Zumeist schneller, als sie in jungen Jahren meinen, gewinnen sie Abstand vom stürmischen Kreis der Jugendjahre. Und eines Tages sieht man die Augen junger Damen, gestern noch »Avantgardistinnen der neuen jungen Welt«, bei der ersten Anrede mit »Gnädige Frau« plötzlich aufstrahlen, und der junge Ehemann, vor einem Jahr noch temperamentvoller Kritiker dieses »alten Zopfes«, freut sich darüber, seine Frau unter anderen jungen, seit zwei, drei, fünf Jahren verheirateten Freundinnen oder Bekannten durch die Anrede »Gnädige Frau« nicht minder respektiert zu sehen. So wird für sie beinahe von heute auf morgen zur Selbstverständlichkeit, was ihnen jahrelang nicht über die Zunge wollte.
Im übrigen wird niemand zu dieser Anrede gezwungen. Sie ist jedem freigestellt. Auch daran ist nicht zu deuteln: Mit der Anrede »Frau und Familiennamen« läßt sich ganz gewiß ein höheres Maß an Achtung,

Sympathie oder auch Verehrung zum Ausdruck bringen als durch ein abgedroschen oder oberflächlich geschnarrtes »Gnä' Frau«!

Der Familienname ist wichtiger

Dafür gibt es einen unumstößlichen Beweis. Als der Fachausschuß für Umgangsformen in seiner Untersuchung über Umgangsformen am Arbeitsplatz der Frage nachging, wie hoch der Prozentsatz der Kundinnen eines eleganten Modehauses war, der unbedingt Wert auf die Anrede »Gnädige Frau« legte, kam er zu einem überraschenden Ergebnis. Nur einer von hundert Damen war in diesem Fall die Anrede »Gnädige Frau« wichtiger als die Tatsache, mit ihrem Namen angeredet, also wirklich wiedererkannt worden zu sein! Wo sie Kundin ist, erscheint ihr die Anrede »Gnädige Frau« eher als leere Floskel. Im geselligen Kreis kommt es ihr darauf an, wie sich der Herr, der sich dieser Begrüßungsformel bedient, dabei verhält. Schließlich besteht eine Begrüßung nicht allein aus Worten. Sie hat viele Nuancen, Tonfall, Augen, Verbeugung, Verweilen oder sofortiges Weitergehen – dies alles spricht in ihrer Beurteilung des Mannes, dem die junge oder ältere Eva soeben die Hand gereicht hat, mit.
Es kommt im allgemeinen selbst den Frauen, die die Anrede »Gnädige Frau« gern hören, weniger darauf an, ob sie so oder mit »Frau« und Namen angeredet werden. Die meisten Frauen haben ein sehr feines Gespür dafür, ob der Mann »Gnädige Frau« als Verlegenheitslösung verwendet, als die leere Floskel des Gleichgültigen oder Gedankenlosen – denn sie ist bekanntlich nicht überall am Platze – oder im Bewußtsein, damit mehr auszudrücken als den alltäglichen Gruß.
Daher sollte jeder, selbst in einer längeren Begrüßungskette, nicht nur Hände schütteln, sondern sich bewußt sein, daß jeder Händedruck eine körperliche, geistige und manchmal auch seelische Begegnung mit einem Menschen bedeutet.
Schweigen kann hin und wieder beredter sein als viele Worte. Über die Worte, die man spricht, sollte man jedoch vorher nachdenken, wenn das auch schnelles Schalten bedeutet, nachdenken nicht zuletzt über die Form der Anrede.

Ein Herr von Welt

Der Mann, der die Frau mit »Frau« und Namen anredet, geht in allen Fällen sicher. Denn nicht die Anrede »Gnädige Frau« entscheidet darüber, ob er der Frau, die er begrüßt, als Herr erscheint – Herr im Sinne dessen, was man schlechthin unter »Mann von Welt« versteht.
Ob er, mit diesem Maßstab gemessen, einen guten oder weniger guten Eindruck macht, hängt ebenso von der Wahl der passenden Anrede ab wie von seinem Takt. Darauf kommt es immer an. Gibt es doch Umstände in nicht minder beachtenswerter Gesellschaft, in der der Taktvolle sich lieber als Mensch unter Menschen gibt und auf die Formen der Welt, in der er zu Hause ist, verzichtet.
Wo die Begegnung zwischen Mann und Frau fern vom Parkett gesellschaftlicher Konventionen stattfindet, gelten andere, nicht minder beachtenswerte Formen, gilt zum Beispiel keine andere Anrede als die mit »Frau« und Familiennamen. Vielen Menschen, denen die Umwelt-

einflüsse, Natur, Erziehung, Arbeit, weder Zeit noch Raum, noch Anlaß zu jenen Formen gegeben haben, die man schlechthin gern als »Schliff der Zivilisation» bezeichnet, erscheinen sie als »zivilisiertes Getue«. Unter ihnen wäre eine Anrede wie »Gnädige Frau« völlig unpassend, wenn nicht gar albern. Denn auch hier wird der Mann von der Frau an seinem Verhalten, seinem Takt gemessen.

Weniger Formen – mehr Takt

Deshalb ist, im Sinne des Arbeitsgrundsatzes des Fachausschusses für Umgangsformen – »Weniger Formen – mehr Takt« –, die Anrede mit Familiennamen in jedem Falle richtig, gibt es heute keine Verpflichtung mehr, hier diese und dort jene Ausnahmeform zu wählen. Daher ist auch die Befreiung der Anrede vom Titel nur folgerichtige Konsequenz demokratischen Denkens. Wer sich dieses Prinzip zu eigen macht, wird verstehen, daß die Parole »Alles, was Menschenantlitz trägt, ist gleich«, nur eine neue Fessel bedeuten würde, weil diese dazu zwingen könnte, nur noch eine einzige Anrede zu verwenden. Mitmenschliches Verhalten würde mit Ideologien belastet. Der Mann, der eine Frau mit »Gnädige Frau« anredet, wäre dem, der die Anrede »Genossin« bevorzugt, verdächtig, und dieser wiederum demjenigen, dem »Genossin« zu eng erscheint und der infolgedessen »Frau« sagt und den Familiennamen hinzusetzt. »Freiheit« bedeutet in diesem Zusammenhang, frei unter vorhandenen Formen wählen zu können.

»Alte Zöpfe«

Auch diese Formen wandeln sich mit dem Zeitgeschmack. Vielleicht stirbt eines Tages die Anrede »Gnädige Frau« wie viele vor ihr aus, wie z. B. »Hohe Frau«, »Frau Gevatter« oder »Frau Rat« (zu Goethes Zeiten selbstverständliche Anrede für die Frau eines wirklichen Rates). Dann aber schwindet sie mit dem Zug der Zeit. Und es wird in Jahrzehnten – oder auch innerhalb einer kürzeren Spanne – vielleicht Aufgabe eines »Kniggerates« sein, aufgrund seiner Übersicht festzustellen: »Diese Form klingt heute antiquiert oder: Sie ist ein alter Zopf! In heutigen Empfehlungen hat sie keinen Platz mehr.«
Es gibt zwar noch einige Frauen, die das »Gnädige Frau« gerne hören, doch auch hier gilt wie in fast allen Bereichen: Richtig ist, was gefällt und was niemanden verletzt. Sagt man einer Frau unter dreißig heute »Gnädige Frau«, so könnte sie das durchaus ironisch auffassen. Bleiben wir also bei der Anrede »Frau« – für alle weiblichen Wesen über zwanzig. Das »Fräulein« ist inzwischen »out«. Übrigens auch beim Ruf nach der Serviererin: »Hallo, Fräulein!« einem dienstbaren Geist von über dreißig zuzurufen klingt abwertend und lächerlich. Besser ist: »Hallo, würden Sie bitte einmal kommen!« oder »Hallo, bedienen Sie mich bitte!«
Wer Umgangsformen so versteht und anderen gern Freude bereitet, der wird immer begrüßen, daß es nicht nur eine Form gibt, die immer richtig ist, sondern auch Nuancen, die anzuwenden oder nicht, jedem freigestellt ist.

Vom Kennenlernen

Früher Eine Frau allein – unmöglich

Früher wäre ein heranwachsendes Mädchen oder eine Frau auf der Suche nach einer Wohnung in einer ihr fremden Gegend, hätte sie zum Fragen kein weibliches Wesen getroffen, unter Umständen stundenlang umhergeirrt. Sie durfte sich an keinen Mann wenden. Der Besuch einer Gaststätte ohne männliche Begleitung war »unmöglich«. Selbst einen Wartesaal mußte sie wieder verlassen, wenn sie alle Tische männlich besetzt vorfand.

Heute: Sie darf den Mann ansprechen

Heute wird sie wohl, solange sie die Wahl hat, lieber am Tisch einer Frau um einen freien Platz bitten. Es ist jedoch kein »Anstandsverstoß« mehr, sich mit einer so verständlichen Frage an einen Mann zu wenden: »Ist dieser Stuhl noch frei?«. Im Restaurant fragt sie, um jedes Mißverständnis zu vermeiden, vielleicht den Ober nach einem geeigneten Tisch.
Wo aber kein hilfreicher »Neutraler« zur Hand ist, ergreift sie selbst die Initiative, heute zumeist sicher genug, um eine mißverständliche Auslegung ihres Platznehmens am Tisch eines Mannes ebenso freundlich wie deutlich parieren zu können.

Tabus verschwinden

Fremde anzusprechen, ist noch immer der riskanteste Weg, um eine Bekanntschaft zu machen. So muß der Mann, der eine Unbekannte anspricht, im allgemeinen damit rechnen, daß ihm eine Abfuhr erteilt wird. Ebenso ergeht es dem Mädchen und der Frau, wenn sie sich an einen Fremden wenden.
Und dennoch lockert sich die Einstellung zum fragenden Unbekannten, zur suchenden Ortsfremden um so mehr, je taktvoller, je rücksichtsvoller und selbstbewußter der andere auftritt.
Viele Tabus werden heute schon in den oft überfüllten Massenverkehrsmitteln sowie durch den gemeinsamen Weg zum Arbeitsplatz und dort durch das Selbstverständnis, in der Fabrik oder über den Ladentisch hinweg miteinander reden zu müssen, ganz von selbst abgebaut. Nur Geduld – es geht auch ohne konventionelle Formen. Zum Beispiel:

Es beginnt mit einem Gruß

Zunächst als Unbekannte, fahren wir Tag für Tag mit derselben Straßenbahn, wohnen wir in derselben Straße, im Hochhaus wie im Ferienhotel unter dem gleichen Dach. Eines Tages nimmt man voneinander Kenntnis mit einem Neigen des Kopfes – einem kleinen Gruß, und dieser wird heute beiderseits als durchaus zeitgemäß empfunden. Nicht freundlich zurückzunicken, wäre schon unhöflich.
Beim nächsten Mal entbieten beide mit »guten Morgen« oder »guten Tag« die Tageszeit. Bald spricht man ein paar Worte miteinander. Hat man sich dann wirklich etwas zu sagen, geht man wie selbstverständlich aufeinander zu:
»Darf ich mich Ihnen anschließen?« – »Darf ich mich Ihnen bekannt machen?«

Sympathie läßt sich nicht erzwingen

Im Gegensatz zu solcher Art des Kennenlernens, dem gewissermaßen ein beiderseitiges Prüfen ohne Worte vorausgegangen ist, stößt der plump darauflos gehende Mann ebenso wie das sich anbiedernde Mädchen oder die Frau mit dem Direktangebot zu partnerschaftlichen Beziehungen bei den meisten zunächst einmal auf einen gewissen Widerstand. Die Menschen sind nun einmal nicht gleich. Es gibt robuste und zarte, kontaktbereite, kontaktfreudige, kontaktarme und gehemmte Naturen beiderlei Geschlechts.
Heutige Umgangsformen verneinen eine rücksichtsvolle, taktvolle Aktivität beider grundsätzlich nicht mehr – um so energischer dagegen die plumpe Zudringlichkeit jener, die sich aus einem selbst gewählten Risiko nicht sofort rücksichtsvoll und taktvoll wieder zurückziehen, wenn ihre Annäherung nicht akzeptiert wird.

Seid nett zueinander

Eine nett vorgebrachte Bitte oder Frage gilt ebensowenig als Herausforderung wie das nett vorgebrachte Nein. Seid nett zueinander besonders dann, wenn ihr nicht gleicher Meinung seid! Sympathie läßt sich nun einmal nicht erzwingen. Anders – wenn nämlich jeder jederzeit auf jeden lossteuern könnte mit dem Angebot »Ich will dein Freund sein, wir bleiben jetzt zusammen!« – wäre das Zusammenleben in unserer Massengesellschaft doch wohl unerträglich.

Handschlag bis zur Rücksichtslosigkeit

Über Unsitten und Formen des Begrüßens

Ein amerikanisches Nachrichten-Magazin hat einmal über »Händeschütteln in Deutschland« geschrieben: »Das Ritual beginnt mit einem energischen, gleichzeitigen Vorschießen der Handteller. Sie packen einander in einem zermalmenden Griff und pumpen gemeinsam wie eine wildgewordene Wippe auf und ab.«
Gewiß gibt es Händedruck-Typen bei uns, auf die diese Schilderung paßt. Aber sie sind die Ausnahme unter den vielen, die zu oft die Hand reichen oder den Handschlag bis zur Rücksichtslosigkeit »angebracht« haben müssen, und wenn sie auf dem Wege zur erstrebten Hand auch Tischdecken verschieben, Gläser umwerfen, Frisuren zerstören, kurz um, sich bis zum Ziel hindurchdrängeln müssen. Es wäre verkehrt zu behaupten, alle Deutschen hätten diesen Hang. Aber wir neigen dazu, den Handschlag überzubewerten, wenn auch nicht allgemein mit solchem Nach-Druck, daß das Magazin Grund hätte, Lesern zu empfehlen, sich vor Deutschlandreisen »körperlich auf die Händeschüttel-Tour der Deutschen vorzubereiten«!
Der »Kniggerat« ist der Frage auf den Grund gegangen: Woher kommt es eigentlich, daß wir den Handschlag, der ja nicht allein deutsche Sitte ist, öfter anwenden als andere? Aus uralter Sitte, sich durch Hinstrekken der Schwert-Hand »in die Hand des Gegners zu geben«, wurde die ausgestreckte Rechte zum Symbol für friedliche Absicht, zur Freundschaftsgeste des Willkommen und zum Zeichen der Hingabe: »Reich mir die Hand, mein Leben ...«

Noch heute gilt, vor allem in ländlichen Gebieten, der Handschlag mehr als ein geschriebener Vertrag. Auch Politiker besiegeln die Unterschrift unter Verträge mit einem Händedruck. Und Staatsbesuche wie Wahlreisen werden zu Demonstrationen des Händeschüttelns, nicht allein in Deutschland.
Des einen Last – viele Hände schütteln zu müssen – wird manchem zum Souvenir. »Er hat mit die Hand gegeben!« ist für viele Menschen noch immer gleichbedeutend mit einer Wertschätzung und Auszeichnung, nicht nur bei uns.
Wahrscheinlich ist das Übermaß des Händeschüttelns eine späte Folge unserer einstigen Kleinstaaterei, ein alter Zopf aus jenen Zeiten, als das Bürgertum die Stufenleiter des Handgebens aus der höfischen Etikette übernahm und diese als Gunst- oder gar Gnadenbeweis nach unten fortsetzte. Beleidigt zu sein, weil man von einem mehr oder minder wichtigen Mann keine Hand bekommen hatte – »Der hat wohl was gegen mich, daß er mir nicht die Hand geben will?!« –, solches Resignieren ist heute noch weit verbreitet. Wo man den Wert einer so wohlfeilen Auszeichnung erkannte, wußte man schließlich zwischen »Handgeben«, »leichtem Händedruck«, »betontem Händedruck«, »kräftigem Händedruck« und »kräftigem Händeschütteln« zu unterscheiden.
Als der Fachausschuß für Umgangsformen 1956 begann, in Umfragen festzustellen, was in einer sich wandelnden Gesellschaft von den überlieferten Regeln noch Bestand hatte, wurde das Händeschütteln auch von vielen Deutschen kritisiert. Nach der Häufigkeit liegt heute das Thema »Händeschütteln« unter Tausenden von Zuschriften mit dem Appell, der Fachausschuß solle »etwas dagegen tun«, an vierter Stelle (1. »Jugendsitten«, 2. »Tischsitten«, 3. »Drängeln« – dazu zählt auch das dichte Auffahren im Autoverkehr – und 4. »Händeschütteln«).

Wann werden die Hände gegeben?

So kehren wir immer mehr zum eigentlichen Sinn des Handschlages zurück:

- Wiedersehensfreude auszudrücken, wenn wir uns längere Zeit nicht getroffen haben;
- voneinander Abschied zu nehmen, wenn wir uns voraussichtlich nicht gleich wiederbegegnen werden;
- zu danken oder ein Versprechen zu besiegeln.

Und immer schätzen wir ein herzliches Wort oder eine wortlose persönliche Geste höher ein als die Grußautomatik gedankenlos gereichter Hände und nichtssagender Phrasen.

Vorstellen oder bekanntmachen?

Mit geradezu erlösendem Aufatmen ist die Nachricht aufgenommen worden, daß der Fachausschuß für Umgangsformen bei geselligen Gelegenheiten die umständlichen Formen des Unterscheidenmüssens zwischen »Vorstellen« und »Bekannt machen« aufgehoben hat.
Immer dann, wenn wir Bekannte zusammen mit Unbekannten begeg-

nen – sei es auf der Straße, bei einer Geselligkeit, in Theater, Konzert, Restaurant, bei Party oder Ball, beim Sport oder in den Ferien – werden diejenigen, die sich noch nicht kennen, miteinander bekannt gemacht. Hier brauchen wir nicht zwischen »Persönlichkeiten« und »Personen« zu unterscheiden. Es werden Menschen miteinander bekannt gemacht. Wir achten den bedeutend Älteren, indem wir den Namen des Jüngeren, und die Frau, indem wir den Namen des Mannes jeweils zuerst nennen.

Wer daraus einen Widerspruch zum Grundsatz der Gleichberechtigung zwischen den Geschlechtern konstruieren möchte, wird nicht um die Tatsache herumkommen, daß biologisch sich weder Mann noch Frau ohne weiteres »umkonditionieren« lassen (wobei die Ausnahmemöglichkeiten durch Eingriffe der modernen Medizin hier sicherlich ausgeklammert werden dürfen).

Gewiß steht es heute der Frau frei, Selbständigkeit ohne Ehe der Gründung einer Familie vorzuziehen. Aber im Hinblick darauf, daß von einem bestimmten Alter an jede, auch die ledige Frau, keimendes Leben in sich tragen könnte, womit sie zumindest eine Zeitlang besonderer Rücksichtnahme durch ihre Umwelt bedarf, wären in einer zivilisierten Gesellschaft absolut gleiche Umgangsformen für Mann und Frau wider die menschliche Natur, d. h. wider die Natur eines denkenden und fühlenden Wesens. Dieser Standpunkt kennzeichnet das weibliche nicht mehr als »das schwache«, sondern allein als »das andere« Geschlecht.

Nach dieser notwendigen Einschaltung – da Fragen der Gleichberechtigung heute stets besonders kritisch untersucht werden – weiter im Thema »Vorstellen oder Bekanntmachen«: Viele Menschen meiden den Kontakt mit anderen nicht etwa deshalb, weil sie sie als Bekannte ablehnen, sondern weil ihnen die einst bei Hofe entwickelten und von der bürgerlichen Gesellschaft gedankenlos übernommenen Etiketteformen der Begegnung von Potentaten und ihrer Gefolge heute als umständliches oder gar lächerliches Getue erscheinen!

Kreisen wir also nicht mehr um Tische herum und wieder vor und zurück, um einem vielleicht nur nebelhaftem Zwang zu folgen, Ranghöhere zuerst begrüßen zu müssen.

Zuerst die Gastgeberin

Gastgeberin und Gastgeber zuerst, und dann der Reihe nach rings um den Tisch! So müssen wir auch Tochter oder Sohn des Hauses nicht mehr zunächst einmal als kleine Nichtse behandeln und bis zuletzt übergehen. Folgen wir der bunten Reihe, wie sie im Kreis steht oder sitzt.

»Guten Tag!« – »Guten Abend!« – ein Händedruck ohne langes Beobachten mehr, wer als erster die Hand reichen müßte – statt dessen die Rücksicht, die Hand ohne Kraftanstrengung zu reichen –, und wir haben eine Bekannte, einen Bekannten mehr!

Lebenserwartung heute

Es ist längst an der Zeit, mit uralten Etiketterelikten aufzuräumen, die uns zwingen, Menschen älter zu machen, die wirklich so jung sind, wie sie sich fühlen.

Verwischen nicht unsere gestiegene Lebenserwartung, Mode, Kosmetik und Bewegungstherapie in Sport und Tanz die früheren engen Begriffe zwischen »jung«, »alt« und »älter« bei vielen oft um ein Jahrzehnt oder mehr?! Der Vierzigjährige kann sich allein durch Körpertraining die Elastizität und Spannkraft der besten Jahre – wie Sportmediziner und Kreislaufspezialisten von Rang bezeugen – sage und schreibe zwanzig Jahre lang erhalten! Und die Damenwelt vermag zusätzlich mit anderen Mitteln, denen der Mann seine Aufmerksamkeit gleichfalls schon zuzuwenden beginnt, noch ein paar Jährchen des »Jungseins« hinzuzufügen.
Respekt vorm Älteren ist also nur dann geboten, wenn ein bedeutender Altersunterschied besteht.

Vorgestellt wird auf Distanz

Vorgestellt wird »auf Distanz«. Der Fernsehreporter stellt seinen Gesprächspartner selbstverständlich der Fernsehgemeinde vor; denn er kann bei allen Möglichkeiten der elektronischen Übertragungstechnik keine persönliche Bekanntschaft zwischen zwei Menschen vermitteln. Auch in einer Versammlung wird der Referent den Zuhörern, in einem Hörsaal der Dozent den Studenten vorgestellt.
Trifft man sich dann anschließend im kleinen Kreise zum Beispiel zum Essen, dann wird – da bisher nur eine einseitige Vorstellung erfolgt ist – miteinander bekannt gemacht, oder man macht sich, an einer größeren Tafel, mit den Tischnachbarn selbst bekannt.
Eine Vorstellung »auf Distanz« findet auch bei den vom Protokoll geregelten großen Empfängen der Bundesregierung oder großen Unternehmen statt. Wo tausend Personen vorbeidefilieren wie dort, wo dem Präsidenten, Vorsitzenden, Jubilar oder Ehrengast »nur« hundert, kurzum Fremde in großer Zahl namentlich vorgestellt werden, wird nicht wirklich Bekanntschaft geschlossen.
In der kleinen Arbeitsgemeinschaft, bei der von vornherein feststeht, daß man auf lange Zeit im gleichen Raum oder im gleichen Trupp Tag für Tag Seite an Seite zusammenarbeiten wird, wird der »Neue« mit allen bekannt gemacht.
Anders in einem Großunternehmen bei der Begegnung mit Angehörigen einer anderen Abteilung zum Zwecke einer einmaligen oder seltenen Besprechung. Hier wird vorgestellt. Dasselbe gilt in Behörden, in Ämtern oder wo auch immer – überall dort, wo kurzes Zusammensein allein der Sache dient, wo der Mitarbeiter, ob Angestellter oder Arbeiter, gefragt ist und wo im allgemeinen Platz, Zeit und Gelegenheit zu einem mitmenschlichen Gespräch fehlen. So stellt sich auch der Bürger dem Mitbürger im Amte beim Behördenbesuch vor und umgekehrt. Denn ihr Gespräch dient sachlichen und nicht persönlichen Problemen.

Das Wichtigste in Kürze

Vorgestellt wird nach heutiger Auffassung nur noch dann, wenn es wirklich nicht darum geht, Menschen im Sinne des Wortes miteinander bekannt zu machen. Vorgestellt wird bei Behörden und im Bereich der Arbeit, wenn man sich allein »im Interesse der Sache« begegnet. Aber

auch dort werden zum Beispiel neu eingestellte Mitarbeiter mit der Bürogemeinschaft bekannt gemacht, mit der sie künftig Tag für Tag zusammenarbeiten werden.
Vorgestellt wird im Fernsehen, wird der Redner einer Versammlung, der Ehrengast einer Veranstaltung, werden unzählige Gäste bei einem großen Empfang, z.B. dem Repräsentanten eines Verbandes, einer Stadtverwaltung oder des Staates. Dort besagt der Austausch eines Händedrucks noch nicht, daß man je ein Gespräch miteinander führen wird.
Im geselligen Leben ist das anders. Dort werden Menschen miteinander bekannt gemacht, um ihnen Gelegenheit zu geben, sich zu unterhalten oder miteinander zu tanzen.

Der Herr vor der Dame

Respekt erweist der Vermittelnde, indem er die Namen wesentlich Jüngerer zuerst und den Namen des Herrn vor dem der Dame nennt, und zwar deutlich; denn die neuen Bekannten sollen sich anschließend auch mit dem Namen – nur mit dem Namen und nicht mit dem Titel – anreden können. Damit sie gleichzeitig Anknüpfungspunkte für ein Gespräch haben, werden beim Bekanntmachen nach Möglichkeit Titel, Berufsbezeichnungen oder Verwandtschaftsbeziehungen hinzugefügt. Beispiele:
»Darf ich bekanntmachen: Herr Schulze, Verwaltungsdirektor beim hiesigen Krankenhaus, Fräulein Meier, Studentin der Soziologie.« – »Herr Wolfgang Schneidermacher, angehender Bankkaufmann, Herr Schuster, Inhaber des Textilhauses Schuster und Söhne« – »Fräulein Gudrun Kaufmann, Technische Assistentin, Frau Schmit, die Frau unseres ältesten Sohnes, unsere liebe (Schwieger-)Tochter« – »Angelika Klein, eine Schulfreundin unserer Sibille« – »Herr Groß, Sibilles Onkel aus Luzern«.
Bei jungen Unverheirateten nennt man den Vornamen mit, sind sie schon etwas älter, gehört »Frau« oder »Herr« dazu.
Werden Ehepaare miteinander bekannt gemacht, so werden erst die Namen genannt, anschließend gibt der Vermittelnde die Informationshinweise: »Darf ich bekanntmachen: Herr und Frau Schulze – Herr und Frau Maier. Herr Schulze ist Mitinhaber meiner Firma, seine Frau hat ein Spezialgeschäft für Keramik. Herr Maier ist Professor der Chirurgie an der Universitätsklinik, Frau Maier ist Mutter von drei prächtigen Mädchen.«

Kein »Angenehm« mehr

Nicht mehr üblich sind die früheren Redensarten »Angenehm!«, »Sehr erfreut«, »Hab' die Ehre!« Wir grüßen mit Tageszeit und Namen des neuen Bekannten.

Wie stellt man sich selbst vor?

Ist niemand zugegen, der Vorstellen oder Bekanntmachen vermitteln kann, darf man sich auch selbst vorstellen bzw. bekannt machen. Der Herr nennt mit einer Verbeugung seinen Namen ohne Zusätze, Titel oder Amtsbezeichnungen. Nur der sehr junge Herr nennt auch seinen Vornamen (»Ich bin Dieter X« oder einfach »Dieter X«).

Im Gegensatz zu einst nennt die Dame heute auch dann ihren Namen, wenn ein Herr sich vorstellt oder bekannt macht. So sagt die Verheiratete z. B. etwa »Ich bin Frau X« und die Ledige: »Ich bin Annelore Y«, also Vor- und Zuname ohne »Fräulein«. Die Zurückhaltung gebietet der Dame heute immer noch, von der Möglichkeit, sich selbst bekannt zu machen, nur Gebrauch zu machen, wenn ihre Initiative nicht falsch ausgelegt werden kann. Ebenso muß natürlich auch der Herr überlegen, ob er nicht vielleicht aufdringlich wirkt.

Die Hand in der Hosentasche

Wer im Laufe eines temperamentvoll geführten Gesprächs oder in einer Plauderrunde wie von ungefähr einmal die Hand in die Tasche gleiten läßt, kann heute kaum noch gegen die guten Sitten verstoßen. Wir sind lässiger, wenn auch nicht nachlässig geworden und halten mehr von Natürlichkeit und Charme als von steifer, strammer Haltung.

Es bleibt jedoch wichtig, beim Vorstellen und Bekanntmachen sowie in einem kurzen Gespräch mit einer Respektsperson darauf zu achten, daß die Hand nicht gerade dann in die Tasche rutscht.

Dauert ein solches Gespräch jedoch länger oder befindet man sich in einem fröhlich oder heftig debattierenden Kreis, dann kann sich, nicht zuletzt in der Konzentration auf Gespräch oder Vortrag, die »Respektshaltung« lockern.

Was aber die Frage »Beide Hände in die Hosentaschen?« anbetrifft, so paßt diese »Haltung« allenfalls auf den Sportplatz.

Anrede mit oder ohne Titel

Früher war der Staatsdiener, Beamter wie Offizier, kraft seines Titels oder Ranges gewissermaßen immer im Dienst, mit allen Vor- und Nachteilen auch für sich selbst. Titel und Rang waren Teil des Systems, das Menschen in Herrschende sowie wichtige und weniger wichtige Untertanen unterschied. Daraus entwickelte sich in Deutschland in Zeiten der Kleinstaaterei eine Überbewertung von Rängen und Titeln, deren letzte Reste sich weit länger als in Gesetzen und Verordnungen in unseren Umgangsformen erhalten haben.

»Frau Kanzleirat«

Aufgrund der an sich positiven Einstellung nicht allein des preußischen Beamten, der seine Familie verpflichtete, sich seiner Aufgabe im Dienst des Staates würdig zu erweisen, wurde zum Beispiel die Frau des Kanzleirates »Frau Kanzleirat« angesprochen. »Frau Pfarrer« wie »Frau Doktor« waren Folge ähnlicher Zusammenhänge.

Erst als mit der fortschreitenden Emanzipation der Frau auch weibliche Räte in Verwaltungen und Schule einziehen bzw. promovieren konnten, setzte sich – sehr langsam – die Auffassung durch, Ehepartner nur dann mit Titel oder Grad anzureden, wenn diese das Anrecht dazu durch Amt oder Universität auch selbst erworben hatten.

Titelanrede unerwünscht ...

Heute setzt sich das Prinzip »Wer auf nur förmliche Autorität verzichtet, gewinnt an persönlicher Autorität!« immer mehr durch.
Durch Beschlüsse fortschrittlich denkender Gremien, wie zum Beispiel des Berliner und des Bremer Senats, aber auch schon zahlreicher anderer, gilt die Anrede mit Titel heute selbst im Einflußbereich von Behörden und Ämtern, wie es in der Berliner Beschlußfassung heißt, als »unerwünscht«.
So hat sie eigentlich schon seit Jahren im privaten und geselligen Bereich erst recht keinen Platz mehr.

... aber manchmal wünschenswert

Titel behalten selbstverständlich auch weiterhin ihre ursprüngliche Bedeutung, nämlich, wo es sinnvoll ist, Auskunft zu geben über Position (Generaldirektor, Studienrat), Funktion (Schwester – im Krankenhaus –, Pfarrer, Lehrer) oder akademische Qualifikation (Dr. phil, Diplomingenieur). Und so sind sie notwendig als orientierende Information nicht nur in Amt, Behörde und Wirtschaft, sondern auch beim Bekanntmachen im privaten und geselligen Bereich.
Oft ist der Titel allein als Information sogar ungenügend. Die Spannweite des Wortes »Direktor« reicht zum Beispiel vom Angestellten eines mittleren (oft auch kleineren) kaufmännischen Betriebes bis zum Manager einer Weltfirma. Hinter der Anrede »Herr Direktor« kann sich ein Amtsgerichts-, Ministerial-, Theater- oder Versicherungs-Direktor »verbergen«. Ebenso kann der »Herr Professor« Studienrat (in Süddeutschland) oder Universitätsprofessor sein.
Auch aus diesem Grunde wird man eines Tages den dem Deutschen so viel Ehrfurcht einflößenden Titel im geselligen Leben beim Bekanntmachen nicht mehr vor den Namen, sondern im Zusammenhang mit einer ausführlichen Information hinter den Namen setzen. Nur so wird der neue Gesprächspartner sofort erfahren, ob er im Professor einen Frauenarzt, Atomphysiker oder Juristen kennengelernt hat. Er kann sich nun selbst entscheiden, ob er ihn mit »Herr Professor« oder mit »Herr und Familiennamen« anreden will.
Die Titelanrede wird ihm nicht mehr durch die Art des Bekanntmachens in gewissem Sinne aufgezwungen
Beispiel: »Darf ich bekannt machen, Herr Schulze, Doktor der Medizin und Professor für Innere Krankheiten an der hiesigen Universität – Herr Meyer, Inhaber des Textilhauses Meyer und Sohn«! Herr Meyer ist nämlich ein alter, weißhaariger Herr, und Herr Prof. Dr. Schulze ist bedeutend jünger.
Wer von einem Ärzteteam betreut wird, hat es leichter, wenn er jeden einzelnen Arzt einfach mit »Herr Doktor« anredet und sich den »Herrn Professor« besonders merkt.
Die Mutter, die in die Schule gebeten worden ist, um das Neueste über die Leistungen ihres Sprößlings zu erfahren, greift zur Not, wenn sie den einen oder anderen Namen vergessen hat, zur Anrede »Herr Lehrer« (»Herr Studienrat«).

Im Polizeiamt muß sich ohnehin jeder Uniformierte mit der Anrede »Herr Wachtmeister« zufriedengeben, wenn er auch Kommissar ist. Aber dort ist man in solchen Dingen dem zivilen Bürger gegenüber heute duldsamer als einst, und auch bei der Bundeswehr wird vom gelegentlichen zivilen Kasernenbesucher keine genaue Kenntnis der Dienstgradabzeichen mehr erwartet.

Einladung vom Chef

Lädt der Chef seinen Angestellten mit dessen Frau ein, dann entfallen die Formen des geschäftlichen Unterstellungsverhältnisses, und das Beisammensein gewinnt privaten Charakter. Sind noch andere Gäste geladen und redet der Chef deren Damen mit »Gnädige Frau« an, dann hat auch die Frau des Angestellten Anspruch auf diese Anrede. Sie wiederum spricht den Direktor ihres Mannes nicht mit »Herr Direktor«, sondern mit »Herr Müller« bzw. mit seinem Namen an, was auch ihrem Mann für die Dauer der Einladung freigestellt ist.

Wie Reden begonnen werden

Für Redner setzt sich immer mehr die internationale Anredeform »Meine Damen und Herren!« durch, die im Deutschen der französischen (»Mesdames et Messieurs!«) und der englischen (»Ladies and gentlemen!«) entspricht.

Gegen die bei uns noch verbreitete Anrede »Meine sehr verehrten Damen, meine Herren!« wird immer wieder vorgebracht, daß sie der Gepflogenheit von Monarchen entstamme und daß in diesem Zusammenhang »Meine Herren!« ein Unterstellungsverhältnis ausdrücke, mit dem der Redner einen Teil der Zuhörer verletzen könnte. Wer unter seinen Zuhörern solche Überlegungen für möglich hält, wird daher allen Anfechtungen aus dem Wege gehen, wenn er seine Ansprache mit »Sehr verehrte Damen und Herren!«, »Verehrte Gäste« oder im vertrauten Kreis, »Liebe Gäste« beginnt.

Es ist heute selbstverständlich, daß die Rednerin, Referentin oder Moderatorin, wenn ihre Zuhörerschaft auch Männer einschließt, die Anrede »Meine Herren und Damen« verwendet.

Adel der Persönlichkeit

Über Recht und Anspruch auf Titel

Es gibt aus dem Jahr 1966 ein im Ergebnis seiner Gründlichkeit erschreckendes Buch über Anreden. Es enthält nicht weniger als 1500 Amtsbezeichnungen und Titel bis zur »korrekten Anrede« an einen gewählten Vertreter der Heiterkeit, den Prinzen Karneval.

Nicht weniger erschreckend ist, in seiner Vielfalt des Abstufens von Allerhöchsten, Hohen und Niederen, das mehrbändige Genealogische Handbuch des Adels. In einem schmalen Bücherschrank nimmt es nahezu ein ganzes Fach ein. Beide Werke decken, auch über ihren historischen Wert hinaus, noch immer einen Bedarf zum Beispiel bei Unternehmen mit internationalem Zuschnitt. Viele Firmen lassen es sich etwas kosten, der Gefahr vorzubeugen, einen Interessenten oder gar Kunden durch eine falsche bzw. fehlende Titelanrede zu verlieren. Das Lektorat des Fachausschusses für Umgangsformen könnte ein Lied davon singen, wie oft sein Telefon durch entsprechende Anfragen blockiert ist.

Wer diese Nachschlagewerke kennt, blickt auf Protokollabteilungen in einer Mischung aus Bewunderung und Mitleid. Er wünscht den mit solchen Abstufungen Geplagten wie allen Sterblichen, daß sich mit der Zeit ein Großteil von jenem Schall und Rauch verziehen möge, damit durch seinen Namen der Mensch mit wirklichem Verdienst klarer in Erscheinung treten kann.

Um nicht mißverstanden zu werden: Es gibt noch Adlige, die aus ihrer Herkunft die Verpflichtung zu besonderer Leistung ableiten und dafür sogar Opfer bringen, in welchem Beruf auch immer. Es gibt noch große Familien, die vorbildhaft zusammenstehen, um dem Ruf des Namens, den einer der Vorväter zum Klingen gebracht hat, in unserer Gegenwart durch besondere Leistungen für die Gesellschaft zu entsprechen. Aber diese Adligen und Nichtadligen allein verdienen besonderen Respekt oder einen Ehrenplatz an unserem Tisch.

Der Toten Tatenruhm mag einen Platz in unseren Geschichtsbüchern, die Bedeutung ihrer Grabeskirchen und Triumphbogen in der Kulturgeschichte beanspruchen. Wenn ein Monarch ihnen vor Jahrhunderten oder Jahrzehnten die Ehrung erwiesen hat, der ihnen verliehene Name solle erblich sein, so kann ein solcher Akt für uns heute allenfalls eine historische Geste bedeuten.

Den Enkel oder Ururururenkel können wir nur an seiner Leistung für unsere Gesellschaft messen.

Ein Bismarck als Intendant eines Rundfunksenders verdient den Respekt aller, denen seine Leistung etwas gab, auch über seine Amtszeit hinaus. Sein Sohn schon muß sich Ansehen, Achtung oder gar Hochachtung selbst erwerben. Ein Bismarck, der auf dem Besitz seines Ahnen Korn brennt, ist, wie jeder Kornbrenner, allein an seinen persönlichen Qualitäten einzuschätzen. Diese können – theoretisch – denen des Intendanten oder gar denen des großen Ahnherrn entsprechen. Auf keinen Fall kann jedoch der Träger des Namens von Bismarck Respekt, Hochachtung oder gar Verehrung allein deshalb beanspruchen, weil sich Otto von Bismarck vor einem Jahrhundert um Deutschland verdient gemacht hat.

Prinz ist kein Titel mehr

Mit dieser Auffassung befindet sich der Fachausschuß für Umgangsformen in Übereinstimmung mit vielen Historikern. So hat, um nur einen bedeutenden anzuführen, Johan Huizinga (1872 bis 1945, seit 1915 Professor in Leiden, 1933 Präsident der Niederländischen Akademie der Wissenschaften) Nobilität »aus dem Wesen des Ritterideals« so definiert, daß der wahre Adel nur auf der Tugend beruht und daß »im Grunde alle Menschen gleich sind«.
Solcher Erkenntnis wollte wohl eine Gesetzesregelung im Zusammenhang mit der Weimarer Verfassung (1919) entsprechen. Sie beseitigte für Deutschland den Anspruch auf Anreden wie »Königliche Hoheit«, »Großherzogliche Hoheit«, »Durchlaucht«, »Erlaucht« usw. Der Einfluß der Adelsvertretungen setzte es damals aber durch, daß auch heute noch – es gibt Beispiele solcher Androhungen – ein Lehrer gezwungen werden kann, einen Prinzen mit »Prinz von … « anzureden.
Bestimmte Adelsprädikate sind, wie es in der Weimarer Regelung heißt, »zum Bestandteil des Namens« geworden. Und in unserer demokratischen Gesellschaft kann jedermann, ob adlig oder bürgerlich, auf korrekte Anrede mit seinem Namen bestehen! »Prinz von X« sagt seitdem aber im Prinzip dasselbe aus wie »Graf Y«, »Baron Z«, »ten Hoff«, »van der Meulen«, »Müller« oder »Schulze«.
Die logische Konsequenz wäre nun, den Grafen Y heute mit »Herr Graf Y« anzureden und sich dabei zwischen »Graf« und »Y« einen Bindestrich zu denken wie im Namen »Schulze-Vorberg«; denn »Schulze« ist in diesem Beispiel auch nur ein Teil des Namens. Da diese Anrede jedoch der alten Anrede von Untergebenen (»Herr Graf«) entsprach, hat sich die Anrede des »gesellschaftlich Gleichgestellten«, »Graf Y« oder einfach »Graf«, durchgesetzt.
Diese Form wiederum hat schon manchen auf den Gedanken gebracht, »Graf« oder »Baron« seien bessere Wörter für »Herr«. Das sind sie nicht. Es sind eigentlich vertraulichere Anreden. Wir sagen ja auch nicht »Mensch, Herr Meier!«, sondern »Mensch, Meier!«, wenn wir Herrn Meier gut genug kennen.
So besteht also kein Grund, an der demokratischen Gesinnung dessen zu zweifeln, der sich der gleichstellenden Anrede bedient.
Geschichte, Gesetz und Sprachentwicklung haben die Dinge so gefügt. Mit der Zeit werden Empfinden und Empfindlichkeit gegenüber der Herkunft adliger Namen ins Vergessen eintauchen wie die Entstehungsgeschichte anderer Namen auch.
Heute kommt zum Beispiel niemand mehr auf den Gedanken, Herr Schulze führe den Namen »Bürgermeister«. Und doch war der Vorfahr, der seinem Geschlecht den Namen gab, bei der Einführung der Fami-

liennamen mit dessen Amt, Würden oder Vorrechten ausgestattet. Wer möchte Herrn Schulze aber nachsagen, er schmücke sich noch immer mit den Lorbeeren eines Ahnherrn aus dem 12./14. Jahrhundert?! Damals wurden Familiennamen, zunächst als ungeschriebenes und später als verkündetes Gesetz, zur Pflicht gemacht, weil der Rufname allein zur genauen Bestimmung einer Person nicht mehr genügte. Heute, 600 Jahre später, müssen wir uns vielleicht eines Tages dagegen wehren, »Staatsbürger Nummer XYZ« zu sein. Die Computer warten schon, unsere Namen elektronisch in Schall und Rauch aufgehen zu lassen. Merken wir uns also bei Begegnungen die Namen, und prägen wir uns die Gesichter ein und – was sie auszusagen haben.

Kein Zwang bei Titelanreden

Heute ist niemand zu einer bestimmten Titelanrede gezwungen. Jeder darf den Grad des Abstands, des Respekts, der Achtung oder der Verehrung aus sich heraus bestimmen.
Auch die Listen von Anreden in diesem Buch bedeuten keine blind zu befolgenden Vorschriften wie in allen Etikettebüchern für die Menschen ihrer Zeit. Es sind Seiten zum Nachschlagen für denjenigen, den protokollarische Fragen zu höchster Distanz zwingen. Anders müßten wir mindestens 1500 Titel und Amtsbezeichnungen aufführen.
Nun ist uns nicht nur einmal entgegengehalten worden:
Wenn ein Fachausschuß für Umgangsformen eine Anredenliste veröffentlicht, so ist aus seiner Experten-Autorität heraus doch ein gewisser Beeinflussungszwang gegeben. Dem haben wir entgegenzuhalten:
Ebensowenig unfehlbar wie die Menschen, die Stadt, Länder und Gemeinden, Parteien wie Gewerkschaften, Firmen wie Genossenschaften, Vereine wie Familien lenken, ist jeder andere Mensch.
Daß jedoch überall, wo eine Gemeinschaft in freier Wahl einen Menschen mit Autorität ausstattet, die Wahrscheinlichkeit einer positiven Entscheidung größer ist als dort, wo ein einzelner allein entscheidet, gehört zu den Grundlagen der freien Demokratie.
Nur unter ihren Gesetzen hat der einzelne die Wahl, an dem mit Amts-Autorität Ausgestatteten Kritik zu üben und mit legalen Mitteln sogar den Versuch zu unternehmen, eine Fehlentscheidung der Mehrheit zu korrigieren.
Diese Möglichkeit muß ihm die Gesellschaft erleichtern; denn sie stützt sich auf das Urteil der Mehrheit. Und nichts wäre gefährlicher als die Selbstgefälligkeit Gewählter, sich von einer vermeintlichen »Vorsehung« als »erwählt«, als »unfehlbar« einzuschätzen.
Kritik an einem System hat ihren Ursprung immer an der Kritik einzelner. Deshalb muß es jedem Staatsbürger freistehen, selbst zu bestimmen, ob er einem von der Gesellschaft bestellten Titelträger Achtung entgegenbringen kann oder nicht.
Ein Mensch, dem ein Amt übertragen wird, mag noch so viele fachliche Qualitäten mitbringen. Wenn er keinen Takt, kein Gespür für den Mitmenschen beweist, dann ist er für ein Amt, das Umgang mit Menschen verlangt, ungeeignet. Er mag ein hervorragender Experte, ja ein Wissenschaftler von Weltrang sein. Mangel an Takt, Grundlage auch

pädagogischen Einfühlungsvermögens, macht ihn zur Lenkung von Menschen untauglich. Das schließt nicht aus, daß ihm die Studenten seiner Fakultät oder die Laboranten an seiner Wirkungsstätte in einer Fabrik, aufgrund seiner Leistung als Wissenschaftler, in Begeisterung und Verehrung anhängen.
Sie werden aber dann Kritik an ihm üben, wenn er seinen guten Namen dafür hergibt, den Fortschritt demokratischer Einrichtungen zum Beispiel in einem Verwaltungszweig zu blockieren, mit dessen Entwicklung er sich, als auf sein Sachgebiet spezialisierte Kapazität, niemals beschäftigt hat und somit keinen Fachmann darstellt.
Wie der gefeierte Professor in einer Sparte, in der er nicht »zu Hause« ist, zum Ärgernis seiner mittelbaren und unmittelbaren Umgebung werden kann, so steht jeder von uns aus den verschiedensten Blickwinkeln unter Kritik, sei er nun Straßenbahnschaffner, Volksschullehrer, Bürgermeister, Vorarbeiter, Journalist, Partei- oder Sportfunktionär. Nur wenige werden sich vielleicht zu dem Wort bekennen: »Meine Kritiker sind meine besten Freunde!«
So mag dieses Zitat zurückleiten zum Ausgangspunkt unserer Überlegungen: Je weniger der einzelne gezwungen wird, verordnete Autorität anzuerkennen – ganz zu schweigen von einer Titelanrede im Bereich privater Geselligkeit –, um so mehr vermag wirkliche Autorität allen zu dienen.
Wer auf die Anrede mit seinem Familientitel pocht, steht sich selbst, wer auf die Anrede mit seinem von Amts wegen verliehenen Titel drängt, steht der Gesellschaft im Wege.
So sollte sich jeder Titelträger stets bewußt sein, wo das Protokoll aufhört und das mitmenschliche Gespräch beginnt. Viele sind sich bereits dessen bewußt, es werden täglich mehr!

Anredebeispiele

Superlative werden heute in persönlicher wie schriftlicher Anrede als antiquiert oder unterwürfig empfunden. Das gilt für »herzlichst« statt »herzlich«, »freundlichst« statt »freundlich« und erst recht für »allerherzlichst«, »allerfreundlichst«, ganz zu schweigen von Floskeln wie »In untertäniger Verehrung« oder »Ihr gehorsamer Diener«. Diese berühren schon den Bereich der Ironie oder des Humors und werden infolgedessen bewußt scherzhaft angewandt: »Legen Sie mich bitte Ihrer Frau Gemahlin zu Füßen!« So wird der Leser beim Vergleich unserer Anrede-Beispiele mit älteren Anredetabellen keine Anredesuperlative mehr finden.
Entfallen sind Floskeln wie »Hochzuverehrender« statt »Hochverehrter« oder »Hochgeehrter«. Doch auch in diesen Fällen ist die allgemeingültige Anrede »Sehr geehrter Herr ...« keine Respektsverletzung mehr. »Gnädigste«, »Hochwürdigste« wie »Allerehrenwerteste« sind als übersteigerte Anredewörter bereits auf dem Wege, nicht mehr ernst genommen zu werden. So hat die Sprachentwicklung zum Beispiel die Anrede »Allerwertester« völlig absurd gemacht.
Superlative und Devotismen widersprechen der heutigen Auffassung von wirklicher Verehrung, Hochachtung oder Wertschätzung. Sie wer-

den in immer weiteren Kreisen und selbst von Empfängern entsprechender Briefe in hohen und höchsten Ämtern als hohle Förmlichkeiten empfunden. Sie zählen ja auch zum Vokabular einer Zeit, in der die Übersteigerung üblich und Mittel gesetzlich erzwungener Unterordnung war.

Amt und Anrede

Wer in einer freien Demokratie in ein Amt gewählt wird, erhält es von den Wählern in freier Entscheidung mit dem Charakter eines »Primus inter pares« – als Erster unter Gleichberechtigten. Respekt vor seiner Persönlichkeit wie seiner Leistung bedeutet zugleich, den Willen der Wählerschaft zu respektieren. So steht ihm auch eine bestimmte Anrede zu, die jedoch dem Sprachempfinden der Mehrheit entsprechen muß, durch die er berufen wurde.
Dagegen können Gemeinschaften, die nur einen mehr oder weniger großen Teil der Gesellschaft umschließen, nicht mit Fug und Recht verlangen, daß sich die außerhalb ihrer Reihen Stehenden der von ihnen geschaffenen Rangbezeichnungen und Anreden bedienen.
Daher sind alle Adelsprädikate, soweit sie nicht zum Bestandteil des Namens geworden sind, als Anredeformen heute erst recht in das Ermessen gestellt, als im Bereich privater Geselligkeit der Titel nur noch beim Bekanntmachen erwähnt wird.
Um so weniger sollte sich ein katholischer Bischof brüskiert fühlen, wenn ein mit den Anredeformen der evangelischen Kirche aufgewachsener Christ zu ihm, statt »Eure Exzellenz«, »Herr Bischof« sagt.
Behindert die Kompliziertheit ihrer Anredeformen nicht geradezu den Zugang zur wohlverstandenen Aufgabe der Institutionen, denen ihre Vertreter dienen sollen?!

Herr Richter

Aus dieser Sicht hat der Deutsche Richterbund ein Vorbild gesetzt. Er hat allen Richtern empfohlen, vor den Schranken des Gerichts auf die Anrede mit hohen und höchsten Titeln zu verzichten und von Zeugen, Beklagten und Angeklagten allein die schlichte Anrede »Herr Richter« zu verlangen.
Diese weise Bescheidung wird gewiß der Rechtsfindung ebenso nützlich sein wie der Genesung des Patienten das Selbstverständnis, mit dem im Krankenhaus und selbst in der Universitätsklinik Spektabilitäten, Professoren, Medizinalräte, Oberärzte wie Assistenzärzte ohne weiteres mit »Herr Doktor« angeredet werden.
Jedenfalls sollte die Oberschwester, die solche Anreden an eine Kapazität übereifrig berichtigen zu müssen glaubt, nein, nicht der Teufel holen, aber Ähnliches mit christlichen Mitteln geschehen!
Was die Abkehr von Anredesuperlativen und »förmlicher Verehrung« anbetrifft, so hat sich selbst in der Bundeswehr durchgesetzt, daß heute für den General wie den Gefreiten die mündliche Anrede »Herr« und Dienstrang und die schriftliche »Sehr geehrter Herr« und Dienstrang genügt. Ja, in einer Weisung aus dem Bundesministerium der Verteidigung heißt es: »Für das außerdienstliche Gespräch kann die Anrede mit „Herr" und Name erwünscht und daher passender sein.«

Herr Doktor genügt

An den Universitäten setzt sich gleichfalls die Erkenntnis durch, daß die Achtung vor der Persönlichkeit eines Dekans oder Rektors nicht von der steten Anrede mit zum Teil dem heutigen Sprachgebrauch entrückten Titeln abhängig gemacht oder gar erzwungen werden sollte. Nicht jeder Studierende bedarf noch, wie im Mittelalter, der lateinischen Sprache. Und so wächst die Zahl der Professoren, die sich zu der Auffassung bekennen: Wissenschaftlicher Arbeit ist durch die gegenseitige Anrede mit »Herr« und Name oft besser zu dienen als mit dem überholten Zwang zur Titelanrede.

In vielen kleinen Seminaren und Instituten, in denen wochenlanges gemeinsames Arbeiten das persönliche Gespräch ohnehin fördert, duzen sich nach geraumer Zeit schon nicht mehr allein wissenschaftliche Assistenten, sondern auch Professoren in gegenseitiger Vereinbarung mit ihren Studentinnen und Studenten.

Hier hinken die Erzieher vieler öffentlicher Lehranstalten hinter Erkenntnissen moderner Pädagogik noch ganz erheblich nach.

Der wohlverstandene Abbau überflüssiger Autoritätsbegriffe, die Abkehr von hohler Etikette-Förmlichkeit, macht Schule. Und je mehr sich die einst zwischen dem »Wir, von Gottes Gnaden« und »Ihr, Untertanen!« distanzierten Menschen wieder näher kommen, um so leichter wird es sein, die nachteiligen Folgen des zu späten Abbaus überflüssiger Herrschaft zu überwinden.

Aggressiver Protest und plumpe Vertraulichkeit sind doch oft nichts anderes als Ausdrucksformen einer Art Notwehr oder der Freude am erzwungenen Affront. Der eine leidet, weil er sich mangels genügenden Überblicks durch den Zwang zu bestimmten Anreden unterdrückt fühlt. Der andere reagiert seine Komplexe durch einen Protest um jeden Preis ab. Beiden jedoch hat eine Gesellschaft, die die Zeichen der Zeit nicht erkannt hat, durch taktloses Pochen auf hohle, längst verstaubte Förmlichkeiten bis zu einem gewissen Grade dazu verholfen, daß selbst im Protest mit radikalen Mitteln häufig nicht nur ein Quentchen Berechtigung erkennbar und zu berücksichtigen bleibt!

Die Ausnahme bei älteren Menschen

Altehrwürdige Herrschaften zu respektieren, indem wir sie mit dem Titel anreden, der ihnen in der Blütezeit ihres Lebens verliehen worden ist (»Exzellenz«, »Geheimrat« und andere Honoratiorentitel), ist ein Gebot der Achtung vor hohem Alter. Und hier sollten wir auch eine Ausnahme von der Regel machen, nach der heute der Ehefrau die vom Mann erworbenen Titel nicht mehr zuerkannt werden. Wir vergeben uns nichts, wir ersparen einem betagten Menschen nur den Verdacht, ihn verletzen zu wollen. Also: »Meine Verehrung, Frau Geheimrat!« Wer in freiwilliger Entscheidung in diesen Kreis die greisen Vertreter(innen) des Adels und aller anderen einst Bevorrechtigten einbezieht, beweist nur den Takt, der jenen abgeht, die in der Vollkraft ihrer Jahre noch heute gegen jedermann auf die Beibehaltung von Anredeformeln pochen, die infolge Änderung der gesetzlichen Grundlagen nicht mehr existent und vor allem durch eine gewandelte Einstellung zum Mitmenschen überholt sind.

»Herr Major« oder »Herr Müller«?

Es sei vorausgeschickt, daß heute der Soldat als Bürger in Uniform seinem Vorgesetzten freier gegenübersteht als der Soldat der früheren Zeiten. Außer Dienst und auch in Zivil erwartet der Offizier vom Unteroffizier wie vom einfachen Soldaten den Respekt, den im zivilen Leben der Ältere vom Jüngeren oder der Chef von seinen Betriebszugehörigen erwarten kann. Im § 17 des Soldatengesetzes heißt es:
»1. Der Soldat hat Disziplin zu wahren und die dienstliche Stellung der Vorgesetzten in seiner Person auch außerhalb des Dienstes zu achten.
2. Sein Verhalten muß dem Ansehen der Bundeswehr sowie der Achtung und dem Vertrauen gerecht werden, die sein Dienst als Soldat erfordert.«
Das gleiche trifft auch für das Verständnis des Vorgesetzten zum Untergebenen zu. Hier ist der Vorgesetzte gehalten, den Untergebenen nicht nur mit Namen, sondern mit seinem Dienstgrad und dem Namen anzusprechen.
Je gleicher der Dienstgradunterschied ist, um so mehr hat sich die zivile, allgemein übliche Form der Anrede mit »Herr und Namen« herausgebildet. In diesem Zusammenhang wird von Vorgesetzten besonderer Takt außerhalb des dienstlichen Bereichs erwartet.
Wie lautet nun heute die Anrede an einen Offizier, dem man im zivilen Bereich begegnet?

- Damen reden einen Offizier, ob er Uniform oder Zivil trägt, mit »Herr« und seinem Namen an.
- Für Herren gilt zunächst grundsätzlich dieselbe Regel. Takt und Höflichkeit können jedoch von Fall zu Fall gebieten, den Rang in der Anrede zu bevorzugen.

Beispiele:
Wenn ein jüngerer Herr, der gedient hat, mit seinem ehemaligen Kommandeur spricht, so wird er ihn sicherlich, ohne sich »unterstellt« zu fühlen, mit seinem Rang anreden und es ihm überlassen, ob er, vor allem im geselligen Kreis, die förmliche Anrede nicht auch im eigenen Interesse durch das etwas verbindlichere »Herr mit Namen« ersetzen möchte.

Der Ton macht die Musik

Andererseits wird man einen gleichaltrigen Leutnant, der in der Militärdienstzeit Vorgesetzter war, eher mit »Herr und Namen« ansprechen, als durch »Herr Leutnant« die einstige, durch den Dienst bestimmte Distanz zu betonen. Auch hier gilt für beide Seiten das alte Wort: Der Ton macht die Musik.
Lernt man sich erst kennen und wird man vorgestellt oder bekannt gemacht, so hat der Vermittler, der die noch Unbekannten zueinanderführt, bekanntlich die Aufgabe, nicht nur Namen zu nennen, sondern sogleich einen Anknüpfungspunkt für ein erstes Gespräch zu geben. Wenn er also einen Herrn in Zivil als »Herr Müller« vorstellt oder bekannt macht, so handelt er gewandt, wenn er etwa hinzufügt: »Herr Müller ist Hauptmann der Bundeswehr und Kompaniechef im Grenadierbataillon hier in ...« Er überläßt es dabei dem anderen, die ihm geeignet erscheinende Anrede zu wählen.

Was gilt es nun zu überlegen? Wie immer, so werden der Altersunterschied sowie Anlaß, Ort und Art der Zusammenkunft auch im Gespräch mit einem Offizier die Anrede bestimmen. Bei einem offiziellen Empfang geht es förmlicher zu als bei einem Ball, bei einer Privatgeselligkeit oder gar auf dem Sportplatz. Und: der wesentlich Jüngere wird den Rang länger als Anrede beibehalten als der Gleichaltrige.

Wo Behördenvertreter offiziell als Gäste empfangen und mit Titel angesprochen werden, hat natürlich der Standortälteste sogar einen Anspruch auf die Anrede mit Rang. Ein bei einer Tanzgeselligkeit am selben Tisch mit Major Müller in einem vergnügten Kreis zusammensitzender gleichaltriger Herr wird »Herrn Müller« darum bitten, mit dessen Frau tanzen zu dürfen. Ein Studienfreund des Sohnes jedoch fragt möglicherweise: »Herr Major, gestatten Sie, daß ich mit Ihrer Frau tanze?«

Wenn der Major in der Folgezeit aber den jungen Herrn öfter auf dem Sportplatz trifft und zu gemeinsamem Tennisspiel auffordert, so wird er früher oder später selbst anbieten, ihn beim Namen anzureden.

Ein gleichaltriges Klubmitglied verstößt dagegen nicht gegen den Takt, wenn es dem Major schon beim ersten Spielsatz über das Netz zuruft: »Herr Müller, Sie haben Aufschlag!«

Anders ist es, wenn man einen Offizier in seiner dienstlichen Eigenschaft aufsucht oder im Betrieb empfängt.

In dieser Einstellung begegnet heute der Staatsbürger Beamten wie Offizieren nicht etwa in einem Gefühl der Unterwürfigkeit, sondern in Anerkennung dessen, daß Distanz von beiden Seiten im Amts- und Dienstverkehr der Sache des einzelnen sowie der Gesellschaft insgesamt nützt.

Im übrigen steht es jedem frei, entsprechend seinem höheren Alter und seiner beruflichen oder gesellschaftlichen Stellung zu entscheiden, von welchem Dienstgrad oder -rang an er die namentliche Anrede der amtlichen vorziehen will, ohne die ungeschriebenen Gesetze des Takts zu verletzen.

Anrede »Doktor« – etwas kompliziert

Heute wird strenger als früher darauf geachtet, daß der Doktortitel nur von Berechtigten, denen die akademische Würde von der betreffenden Fakultät mit Diplom verliehen worden ist, korrekt geführt wird. Der Ehefrau steht er nicht zu, wenn sie nicht gleichfalls promoviert, d.h. den »Dr.« erworben hat. Hat nur er den Titel erworben, muß es richtig heißen: »Herr Dr. Schulze und Frau.« Sind beide berechtigt: »Herr Dr. und Frau Dr. Schulze«. Beim Bekanntmachen heißt es zum Beispiel: »Herr Meier, darf ich Sie mit Herrn Dr. und Frau Dr. Schulze bekannt machen.«

Anreden, Beispiele für Gespräch und Briefwechsel

Titel, Rangbezeichnung	Persönliche Anrede	Schriftliche Anrede	Briefanschrift
a) Träger öffentlicher Ämter und Funktionen			
Bundespräsident	Herr Bundes-präsident	Hochverehrter Herr Bundespräsident oder Sehr geehrter Herr Bundespräsident	An den Präsidenten der Bundesrepublik Deutschland, Herrn …
Bundeskanzler	Herr Bundeskanzler	Hochverehrter Herr Bundeskanzler oder Sehr geehrter Herr Bundeskanzler	An den Kanzler der Bundesrepublik Deutschland, Herrn …
Präsident des Deutschen Bundestages, Deutschen Bundesrates, … Landtages	Herr Bundestags-präsident (Bundesratspräsident usw.) oder Herr Präsident	Hochverehrter oder Sehr geehrter Herr Bundestagspräsident (Bundesratspräsident usw.)	An den Präsidenten des Deutschen Bundestages (Bundesrats usw.) Herrn …
Ministerpräsident	Herr Minister-präsident	Herr Ministerpräsident oder Hochverehrter Herr Ministerpräsident oder Sehr geehrter Herr Ministerpräsident	An den Ministerpräsidenten des Landes … Herrn …
Bundes-(Staats-, Landes-)Minister	Herr Minister oder Herr Bundesminister	Sehr geehrter Herr Minister	Dem (Staats-) Bundesminister des … (z. B. Innern), der … (z. B. Justiz) Herrn …
Senator	Herr Senator	Sehr geehrter Herr Senator	Amtierend: An den Senator für … (z. B. Inneres, Justiz usw.) Herrn … Privat: Herrn Senator …

Titel, Rangbezeichnung	Persönliche Anrede	Schriftliche Anrede	Briefanschrift
a) Träger öffentlicher Ämter und Funktionen			
Staatssekretär, Ministerialdirektor, Ministerialdirigent, Ministerialrat, Oberregierungsrat, Regierungsrat	Herr Staatssekretär (Ministerialdirektor usw.)	Sehr geehrter Herr Staatssekretär (Ministerialdirektor usw.)	An den Herrn Staatssekretär (Ministerialdirektor usw.) oder Dem Staatssekretär (Ministerialdirektor usw.) beim Bundesministerium des … (z. B. Innern) Herrn …
Vortragender Legationsrat, Legationsrat I. Kl., Legationsrat	Herr Legationsrat	Sehr geehrter Herr Vortragender Legationsrat oder Sehr geehrter Herr Legationsrat	An den Herrn Vortragenden Legationsrat (Legationsrat I. Kl., usw.) … beim Auswärtigen Amt der Deutschen Bundesrepublik oder Dem Vortragenden Legationsrat (Legationsrat I. Kl. usw.) beim Auswärtigen Amt der Deutschen Bundesrepublik, Herrn …
Mitglied des Bundestages, Landtages	Herr Bundestagsabgeordneter Herr Landtagsabgeordneter	Sehr geehrter Herr … Sehr geehrter Herr Bundestagsabgeordneter oder Sehr geehrter Herr Landtagsabgeordneter	An den Abgeordneten des Deutschen Bundestages, des … Landtages, Herrn … oder Dem Abgeordneten des Deutschen Bundestages, des … Landtages Herrn …
(Ober-) Bürgermeister	Herr (Ober-) Bürgermeister	Sehr geehrter Herr (Ober-) Bürgermeister	An den (Ober-) Bürgermeister der Stadt …, Herrn … oder Dem (Ober-) Bürgermeister der Stadt …, Herrn …

Titel, Rangbezeichnung	Persönliche Anrede	Schriftliche Anrede	Briefanschrift
a) Träger öffentlicher Ämter und Funktionen			
Landrat	Herr Landrat	Sehr geehrter Herr Landrat	An den Landrat des Kreises …, Herrn …
(Ober-) Stadtdirektor	Herr (Ober-) Stadtdirektor	Sehr geehrter Herr (Ober-) Stadtdirektor	An den (Ober-) Stadtdirektor der Stadt …, Herrn … oder Dem (Ober)-Stadtdirektor der Stadt …, Herrn …
b) Gerichte			
Präsident des Bundesgerichtshofes, Bundesverfassungsgerichts, Bundesfinanzhofes usw.	Herr Präsident	Sehr geehrter Herr Präsident	An den Präsidenten des Bundesgerichtshofes Herrn … oder Dem Präsidenten des Bundesgerichtshofes Herrn …
Kammergerichtspräsident (Oberland-), Landgerichtspräsident, Generalbundesanwalt,	Herr Kammergerichtspräsident (Oberlandgerichtspräsident usw.) oder Herr Präsident	Sehr geehrter Herr Kammergerichtspräsident (Oberlandgerichtspräsident usw.)	An den Kammergerichtspräsidenten (Oberlandgerichtspräsidenten usw.) Herrn …
(Ober-)Landgerichtsrat, Amtsgerichtsrat, (Ober-, Erster) Staatsanwalt, Amtsanwalt	Herr (Ober-)Landgerichtsrat (Amtsgerichtsrat usw.)	Sehr geehrter Herr (Ober-)Landgerichtsrat (Amtsgerichtsrat usw.)	Herrn (Ober-)Landgerichtsrat (Amtsgerichtsrat usw.) …
Rechtswanwalt, Rechtsanwalt und Notar	Herr …	Sehr geehrter Herr …	Herrn Rechtsanwalt … oder Herrn … – Rechtsanwalt und Notar –

Titel, Rangbezeichnung	Persönliche Anrede	Schriftliche Anrede	Briefanschrift
c) Diplomatisches Corps			
I. Gemäß Internationalem Protokoll			
Botschafter, Gesandter (Chef der Mission fremder Länder)	Exzellenz oder Euere Exzellenz	Euere Exzellenz	Seiner Exzellenz dem Botschafter (Gesandten) der ... des ... (Staatsbezeichnung) Herrn ...
Botschafter Gesandter (ausländ.)	Exzellenz oder Euere Exzellenz	Euere Exzellenz	Ihren Exzellenzen dem Herrn ... (z. B. englischen) Botschafter
Apostolischer Nuntius	Exzellenz oder Euere Exzellenz	Hochwürdigste Exzellenz	Seiner Exzellenz dem Apostolischen Nuntius, Monsignore ...
Botschaftsrat, Gesandtschaftsrat, Botschaftssekretär, Gesandtschaftssekretär (ausländ.)	Herr Botschaftsrat (Gesandtschaftsrat usw.)	Sehr geehrter Herr Botschaftsrat (Gesandtschaftsrat usw.)	Dem Botschaftsrat (Gesandtschaftsrat) bei der ... (Staatsbezeichnung) Botschaft (Gesandtschaft) Herrn ...
d) Diplomatisches Corps			
II. Deutschland (BRD)			
Botschafter, Gesandter (Deutschland)	Herr Botschafter (Gesandter)	Sehr geehrter Herr Botschafter (Gesandter)	An den Botschafter (Gesandten) der Bundesrepublik Deutschland (in ...) Herrn ...
Botschaftsrat, Generalkonsul, Gesandtschaftsrat I. Kl., Konsul I. Kl., Gesandtschaftsrat, Konsul, Vizekonsul (Deutschland)	Herr Botschaftsrat (Generalkonsul usw.)	Sehr geehrter Herr Botschaftsrat (Generalkonsul usw.)	An Herrn Botschaftsrat (Generalkonsul usw.) ... bei der Botschaft (Gesandtschaft; beim Konsulat) der Bundesrepublik Deutschland (in ...) oder Dem Botschaftsrat (usw.)

Titel, Rangbezeichnung	Persönliche Anrede	Schriftliche Anrede	Briefanschrift
e) Kirchen und Religionsgemeinschaften			
I. Würdenträger der evangelisch-lutherischen Kirche			
Landesbischof	Herr Landesbischof	Sehr geehrter Herr Landesbischof	Herrn Landesbischof (Dr. oder D.) …
Kirchenpräsident, Präses	Herr Kirchenpräsident (Präses)	Sehr geehrter Herr Kirchenpräsident (Präses)	Herrn Kirchenpräsidenten (Präses) (Dr. oder D.) …
(Kreis-)Dekan (meist Oberkirchenrat)	Herr Dekan oder ggf. Herr Oberkirchenrat	Sehr geehrter Herr Dekan oder ggf. Sehr geehrter Herr Oberkirchenrat	Herrn (Kreis-) Dekan … oder ggf. An den Herrn (Kreis-)Dekan Oberkirchenrat (Dr. oder D.) …
(Landes-)Superintendent, Konsistorialrat	Herr (Landes-)Superintendent (Konsistorialrat)	Sehr geehrter Herr (Landes-)Superintendent (Konsistorialrat)	Herrn (Landes-) Superintendenten (Konsistorialrat) (Dr. oder D.) …
Propst	Herr Propst	Sehr geehrter Herr Propst	Herrn Propst …
(Oberlandes-, Landes-, Ober-) Kirchenrat	Herr (Oberlandes-, Landes-, Ober-) Kirchenrat	Sehr geehrter Herr (Oberlandes-, Landes-, Ober-) Kirchenrat	Herrn (Oberlandes-, Landes-, Ober-) Kirchenrat …
Pfarrer, Pastor, Vikar	Herr Pfarrer (Pastor usw.)	Sehr geehrter Herr Pfarrer (Pastor usw.)	Herrn Pfarrer (Pastor usw.)
II. Würdenträger der römisch-katholischen Kirchen			
Papst	Euere Heiligkeit oder Heiliger Vater	Euere Heiligkeit oder Heiliger Vater	Seiner Heiligkeit Papst … Vatikanstaat (oder Cittá del Vaticano)
Kardinal	Euere Eminenz	Euere Eminenz	Seiner Eminenz (Vorname) Kardinal …
Bischof, Erzbischof, Weihbischof	Euere Exzellenz	Euere Exzellenz	Seiner Exzellenz … Bischof (Erz-, Weih-) von …
Prälat, Monsignore	Herr Prälat; Monsignore	Sehr geehrter Herr Prälat; Sehr geehrter Monsignore	Herrn Prälaten … (Monsignore …)

Titel, Rangbezeichnung	Persönliche Anrede	Schriftliche Anrede	Briefanschrift
II. Würdenträger der römisch-katholischen Kirchen			
Domkapitular (Kanonikus), Domvikar, Ordinariatsrat, Dompropst, Domdechant	Herr Domkapitular (Domvikar usw.)	Sehr geehrter Herr Domkapitular (Domvikar usw.)	An das Domkapitel der Kathedralkirche ... (bei Erzbistümern: der Metropolitankirche ...), Herrn ... oder Herrn Domkapitular (Domvikar usw.) ... (Dompropst; Domdechant von St. ...)
Dekan, Dechant, Geistlicher Rat, Pfarrer, Kaplan, Kooperator, Kurat, Benefiziat, Rektor, Definitor, Erzpriester, Pastor usw.	Herr Dekan (Dechant usw.)	Sehr geehrter Herr Dekan (Dechant usw.)	Herrn Dekan (Dechant usw.) ...
III. Würdenträger der jüdischen Gemeinde			
(Landes-, Ober-) Rabbiner	Herr (Landes-, Ober-) Rabbiner	Sehr geehrter Herr (Landes-, Ober-) Rabbiner	Herrn (Landes-, Ober-) Rabbiner ...
f) Adelshäuser			
I. Deutschland. Demokratische Ordnung in Anlehnung an die Weimarer Verfassung (vgl. »Adel der Persönlichkeit« und »zur Übersicht für Anrede-Beispiele«)			
Prinz, Großherzog, Herzog, Fürst, Graf, Baron (Beispiel für Graf u. Gräfin)	Graf (von) ... Gräfin (von) ... oder »Herr Graf (von) ...« »Frau Gräfin (von) ...«	Sehr geehrter Graf (von) ... Sehr geehrte Gräfin (von) ... oder Sehr geehrte(r) Herr Graf (von) Frau Gräfin (von) ...	(Vorname) Graf (von) ... (Vorname) Gräfin (von) ... oder Herr (Vorname) Graf (von) ... Frau (Vorname) Gräfin (von) ...
Freiherr und übriger Adel	Herr von ... Frau von ...	Sehr geehrter Herr von ... Sehr geehrte Frau von ...	Herrn (Vorname) von ... Frau (Vorname) von ...

Titel, Rangbezeichnung	Persönliche Anrede	Schriftliche Anrede	Briefanschrift
Anmerkung Auf Anreden wie »Königliche Hoheit«, »Durchlaucht« usw. sowie die Anrede in »dritter Person« besteht in Deutschland grundsätzlich kein Anspruch mehr. Adelstitel gelten heute als Teil des Namens. Bei verschiedenen Häusern entfällt das »von«. Beispiel »Graf Allstadt«. Das trifft im übrigen auf die meisten Barone zu. Selbst die »Barone von …« verzichten zumeist auf das »von« in der persönlichen wie in der schriftlichen Anrede.			
II. Ausland. Regierende und andere Adelshäuser (Abweichungen werden jeweils vom Staatsprotokoll bzw. Hausprotokoll geregelt, vgl. auch »Genealogisches Handbuch des Adels«, ehemals »Gotha«)			
Prinz (aus regierendem Haus)	Königliche Hoheit (dritte Person)	Königliche Hoheit (dritte Person)	An seine Königliche Hoheit den Prinzen (Vorname) von …
Großherzog, Herzog (aus regierendem Haus)	Königliche Hoheit (dritte Person)	Königliche Hoheit (dritte Person)	An Seine Königliche Hoheit (Groß-, Erz-) Herzog (Vorname) von …
Prinz (aus herzoglischem Haus)	Hoheit	Euere Hoheit	An Seine Hoheit Prinz (Vorname) von …
Herzog (aus nichtregierendem Haus)	Durchlaucht	Euere Durchlaucht	An Seine Durchlaucht den Herzog (Vorname) von …
Fürst	Durchlaucht	Euere Durchlaucht	Seiner Durchlaucht den Fürsten (Vorname) von …
Prinz (aus fürstlichem oder nichtregierendem Haus)	Durchlaucht	Euere Durchlaucht	An Seine Durchlaucht Prinz (Vorname) von …
Graf, Reichsgraf (aus standesherrlichem Haus)	Erlaucht	Euere Erlaucht	Seiner Erlaucht dem Grafen (Vorname) von …
Graf	Graf …	Sehr geehrter Graf …	Herrn Graf (Vorname) von …
Baron von …	Baron …	Sehr geehrter Baron …	Herrn Baron (Vorname) von …
Freiherr	Herr von …	Sehr geehrter Herr von …	Herrn (Vorname) Freiherr von …

Titel, Rangbezeichnung	Persönliche Anrede	Schriftliche Anrede	Briefanschrift
g) Honoratioren			
Exzellenz	Exzellenz oder Euere Exzellenz	Euere Exzellenz	Seiner Exzellenz (z. B. Generalfeldmarschall a. D. ...)
Hof-, Staats-, Geheim-, Justiz-, Kommerzien-, Sanitäts-, Medizinal-und sonstige Räte	Herr Hofrat (Geheimrat usw.)	Sehr geehrter Herr Hofrat (Geheimrat usw.)	Herrn Hofrat ...
h) Universitäten, Hochschulen			
Rektor	(Euere) Magnifizenz oder Herr Professor	Euere Magnifizenz oder Hochverehrter Herr Professor	An (Seine Magnifizenz) den Rektor der ... (z. B. Humboldt-, Freien Universität (Technische Hochschule, Handelshochschule) Herrn Professor Dr. (z. B. jur.; phil.) ...
Hochschulsenat	–	Sehr geehrte Herren Senatsmitglieder	An den (Hohen) Senat der ... (z. B. Humboldt-, Freien) Universität oder An den (Hohen) Senat der ... (z. B. juristischen) Fakultät an der ... (z. B. Freien Universität)
Dekan	(Euere) Spectabilität oder Herr Professor	(Euere) Spectabilität oder Hochverehrter Herr Professor	An den Dekan der ... (z. B. juristischen) Fakultät an der ... (z. B. Freien) Universität Herrn Professor Dr. (z. B. jur.) ...
Professor	Herr Professor	Sehr geehrter Herr Professor oder Sehr geehrter Herr (Dr.) ...	Herrn Professor Dr. (z. B. jur.) ...

Titel, Rangbezeichnung	Persönliche Anrede	Schriftliche Anrede	Briefanschrift
Doktor	Herr Doktor … (an praktizierende Ärzte auch) Herr Doktor	Sehr geehrter Dr. … oder (prakt. Ärzte) Sehr geehrter Herr Dr. …	Herrn Dr. (z. B. jur.) …
Diplom-Ingenieur, Diplom-Kaufmann, Diplom-Volkswirt usw.	Herr …	Sehr geehrter Herr …	Herrn Dipl.-Ing. (Dipl.-Kfm.) …
Oberstudiendirektor, Rektor, Konrektor, (Ober-)Studienrat	Herr Oberstudiendirektor (Rektor usw.)	Sehr geehrter Herr Oberstudiendirektor (Rektor usw.)	Herrn Oberstudiendirektor (Dr. phil.) (Rektor usw.) …
i) Wirtschaft			
Präsident der Industrie- und Handelskammer	Herr Präsident	Sehr geehrter Herr Präsident oder Sehr geehrter Herr …	Dem Präsidenten der Industrie- und Handelskammer Herrn …
Präsident (z. B. Bank, Union)	Herr Präsident	Sehr geehrter Herr Präsident oder Sehr geehrter Herr …	Dem Präsidenten der …, des …, Herrn …
(General-)Direktor	Herr (General-) Direktor	Sehr geehrter Herr (General-) Direktor oder Sehr geehrter Herr …	An den (General-) Direktor der (des), Herrn …

Briefe mit Herz, Takt und Verstand

Wie beginnen – wie beenden?

Darüber sind ganze Bücher geschrieben worden. Wir wollen uns auf das Wesentliche beschränken. Zunächst der private Brief.
Anrede und Schluß wählen wir, nach dem Grad der (vorhandenen oder nicht vorhandenen) persönlichen Beziehungen, etwa nach folgender Stufenleiter: Bestehen nur sehr flüchtige Beziehungen, beginnen wir mit »Sehr geehrter Herr X« oder »Sehr geehrte Frau X« und schließen bei formellem Charakter des Schreibens: »Mit freundlichem Gruß ...« oder »Mit freundlichen Grüßen«.
An wirklich verehrte, ältere Empfänger schreiben wir: »Sehr verehrte Frau X« oder (vom Schüler an den Lehrer:) »Sehr verehrter Herr Studienrat!« Nur bei näherer Bekanntschaft schreiben wir: »Liebe Frau X«, »Lieber Herr X«. Diese Formen stehen dem jüngeren Herrn der Dame oder einem sehr alten Herrn gegenüber jedoch nicht zu. Für diese gibt es einen Mittelweg: »Sehr verehrte, liebe Frau X« bzw. »Sehr geehrter, lieber Herr X«. Einen Brief mit »Ich« zu beginnen, ist heute kein schlechter Briefstil mehr. Der Herr schließt mit »Ihr sehr ergebener« – und nur wenn er einem Jüngeren schreibt, mit: »Ihr ergebener«, wenn es sich um sehr offizielle Briefe handelt.
Bei vertrauteren Beziehungen heißt es am Ende einfach – nach mehr oder weniger vielen Grüßen – »herzlichen«, »sehr herzlichen« – »Ihr ...« Die Unterschrift (Vor- und Zuname) wird auch beim getippten Brief immer mit der Hand geschrieben. Die Dame wird stets einen Grad zurückhaltender sein, wenn sie einem Herrn schreibt. »Ihre« wird sie nur an Empfänger unterzeichnen, die die Besitzformel nicht mißdeuten können, und der Tanzstundenpartner wie der Kollege aus der Firma muß sich mit ihrem »freundlichen Gruß« begnügen, während er »mit freundlichen Grüßen, Ihr« aufhört.

Personen mit einem Titel

werden im allgemeinen mit diesem angeschrieben. Während auch in der Privatkorrespondenz der Titel auf dem Umschlag stehen kann, sind auf dem Briefbogen außer »Dr.«, »Professor« und den Würdengraden, im Gegensatz zur beruflichen und zur Behörden-Korrespondenz, Anreden wie »Sehr geehrter Herr Direktor« nicht nötig. Hier vollzieht sich zur Zeit ein Wandel, der sich nur in umfangreichen Ausführungen deuten läßt (siehe unter »Adel der Persönlichkeit« und »Anreden, Beispiele für Gespräche und Briefwechsel«). Merken wir uns aber, daß Briefanfänge wie »Werter Herr!« oder »Werte Frau X!« sowie der einschränkende Schluß (nur) »Achtungsvoll« oder »Hochachtungsvoll« nicht mehr zum guten Briefstil gehören.

Briefanschrift an einen Soldaten

Beispiel: »Herr Werner Jungmann, Grenadier in der (Einheit)« ist besser als »Herrn Grenadier Werner Jungmann (usw.)«.

Die Schreibmaschine

Die Schreibmaschine für die Privatkorrespondenz erlaubt. Allerdings fällt, vor allem bei Älteren, angenehm auf, wer mit der Hand schreibt, sofern er eine leserliche Feder führt. Unbedingt handschriftlich sollten offizielle Glückwunschschreiben, Beileidsschreiben und – wenn wir sie nicht drucken lassen – Einladungen zu hohen Familienfesten abgefaßt werden.

Die Postleitzahl

Nachdem sich die Postleitzahlen allgemein eingebürgert haben, sollte bei Angabe des Absenders auch im privaten Briefwechsel die Postleitzahl stets angegeben werden. Die eigene hat man doch im allgemeinen stets zur Hand, während der Briefpartner diese erst heraussuchen müßte und es als wenig rücksichtsvoll auslegen könnte, daß ihm die Mühe des Nachblätterns nicht abgenommen wurde.

Der Kondolenzbrief

Bei einem Kondolenzbrief braucht weder der Briefbogen noch der Briefumschlag einen schwarzen Rand zu haben, jedoch soll der Brief handschriftlich und auf weißem Papier geschrieben sein. Man geht immer mehr dazu über, nur noch die Todesanzeige und die Dankadresse der nächsten Angehörigen mit schwarzem Rand zu versenden. Wer einem Trauernden schreibt, sollte wirklich Trost spenden und nicht allein von der Wertschätzung sprechen, die man dem Toten entgegenbrachte, sondern nach Möglichkeit auch von der Treue, die man den Hinterbliebenen beweisen möchte (und dann auch erweisen sollte)! Ihnen zu versichern, von nun ab erst recht zu ihnen zu halten, ihre oft verständliche Angst zu zerstreuen, daß sie in Zukunft, vielleicht in falsch verstandener Rücksichtnahme auf ihre Trauer, allein gelassen werden könnten, ist hilfreicher, als die Größe ihres Verlustes auch noch zu unterstreichen. Denn diese können die Hinterbliebenen am besten selbst ermessen. Der echt empfundene Kondolenzbrief darf eine Rückschau sein; er sollte jedoch für den Betroffenen stets eine Brücke ins Leben weisen.

Die Postkarte

Die Postkarte ist nur für nicht vertrauliche Mitteilungen geeignet. Eine Anrede ist auf der Postkarte auch dann nicht erforderlich, wenn man etwa dem Chef der Firma einen Feriengruß sendet. Textbeispiel: »Aus den Ferien im schönen Dingsdatal sendet Ihnen freundliche Grüße Ihr sehr ergebener ...«. Nach »Ihnen ...« kann »sehr geehrter Herr Müller« oder »Herr Direktor ...« eingefügt werden.

Unterschriften stets handgeschrieben

Die wachsenden Umsätze in Vervielfältigungsmaschinen und Büro-Computern haben einen bedauerlichen Nachteil: Immer häufiger muß man maschinengeschriebene Unterschriften lesen. Von der Frage der Portoersparnis einmal abgesehen – Drucksachen sind günstiger – verlangt auf jeden Fall der maschinengeschriebene Privatbrief eine handgeschriebene Unterschrift mit Tintenfeder oder Kuli. Diese Empfehlung ist heute besonders wichtig für die Verfasser von Lebenslauf und Bewerbungsschreiben. Im Privatbereich rät der »Kniggerat« für den maschinengetippten Brief auch zur handschriftlichen Anrede.

Den Unterschied zwischen Privat- und Geschäftsbrief

sollten wir auch äußerlich schon sichtbar machen, um so mehr, als es heute erlaubt ist – von wenigen Ausnahmen (Kondolenzbriefen und Glückwunschschreiben zu Verlobung, Hochzeit, Kindtaufe u.ä.) abgesehen –, auch den persönlichen Brief an Freunde und Bekannte mit der Schreibmaschine abzufassen.

In der privaten Korrespondenz brauchen wir die Anschrift des Empfängers auf dem Briefbogen nicht zu wiederholen und auch kein Diktatzeichen anzubringen; denn dieses widerspricht ja dem Charakter des persönlichen oder gar vertraulichen Gesprächs, das der Brief in diesem Fall ersetzen soll. Ebenso sind Floskeln aus dem Bürodeutsch wie etwa »ein kleines Angebinde in der Anlage« oder, was man häufig liest, »... bestätige ich den Eingang Deines Schreibens vom ...« kein guter Stil. Gerade wer zahlreiche Geschäfts-, Behörden- und Werbebriefe bekommt, wird von der individuellen Note jedes Privatbriefes von vertrauter Hand angenehm berührt sein.

Briefwechsel mit Firmen und Behörden

Nicht in alle modernen Geschäfts- und Bürohäuser ist auch ein zeitgemäßer Briefstil eingezogen. Doch im allgemeinen ist das schriftliche oder persönliche Gespräch zwischen Lieferanten und Kunden heute wesentlich aufgelockerter und natürlicher als in den Gründerjahren, aus denen noch immer längst überholte Floskeln der schmeichlerischen oder gar unterwürfigen Art von damals durch manche Geschäftsbriefe geistern.

In großen Firmen, die nur mit einem verschwindenden Prozentsatz ihrer Kunden je persönlich Kontakt finden, ist man schon lange dazu übergegangen, auch den Korrespondenzkunden in der Briefanrede mit seinem Namen anzuschreiben. Die alte Regel, einen Brief an Herrn Müller nur dann mit »Sehr geehrter Herr Müller« zu beginnen, wenn man ihn persönlich kennengelernt hat, und sonst »Sehr geehrter Kunde«, »Sehr geehrter Herr«, »Werter Kunde« oder gar »P. P.« zu schreiben, ist nicht mehr zeitgemäß.

Wie aber soll der in der Geschäftskorrespondenz Ungeübte antworten? Da das sogenannte Kaufmannsdeutsch einem guten Briefstil Platz macht, dessen Hauptmerkmale Klarheit, Sachlichkeit und natürliche Höflichkeit sind, braucht man sich nur dessen bewußt zu sein, daß ein kurzer Brief vom Empfänger schneller zu bearbeiten ist als ein langschweifig abgefaßter.

Was die Anrede anbetrifft, so muß man sich allerdings überlegen, welcher Art die Firma ist, an die man schreibt. Das geht aus dem Geschäftsbriefbogen bzw. aus der Firmenbezeichnung hervor, nämlich ob man es mit einer Einzelfirma, einer oHG = offene Handelsgesellschaft, einer KG = Kommanditgesellschaft, einer G.m.b.H. = Gesellschaft mit beschränkter Haftung, oder einer AG = Aktiengesellschaft, zu tun hat (um bei den wichtigsten Begriffen zu bleiben).

Da eine Gesellschaft aus mehreren Personen besteht, trifft in der Regel für sie die Anrede »Sehr geehrte Herren« zu.
Weiß man jedoch, daß zu den Gesellschaftern bzw. der Geschäftsleitung der Firma auch Damen gehören – sei es auch nur eine Dame –, so ist es angebracht, »Sehr geehrte Damen und Herren« zu schreiben.
Schreibt man nun aber an eine Einzelfirma – d.h. wenn im Briefkopf oder der Firmenbezeichnung nur Vor- und Zuname des Inhabers ohne einen der oben aufgeführten handelsrechtlichen Zusätze stehen –, dann schreibt man in der Regel an diesen einen, z.B. »Sehr geehrter Herr Müller« und, wenn der Inhaber eine Frau ist, z.B. »Sehr geehrte Frau Müller«. Dasselbe gilt für Briefe an Angehörige freier Berufe (Rechtsanwalt, Arzt, Steuerberater, Schriftsteller u.a.), sofern sich nicht zwei Personen zu gemeinschaftlicher Praxis zusammengetan haben, die wiederum mit »Sehr geehrte Herren« anzureden sind.
Die meisten Unternehmen legen Wert darauf, daß die an sie gerichteten Briefe die Firmenanschrift tragen und nicht den Namen eines ihrer Angestellten. Durch Angabe der Abteilung und des Diktatzeichens ist bei ihnen – mit der Bitte, diese Geschäftszeichen bei der Antwort anzugeben – dafür gesorgt, daß jedes Schreiben sicher seinen Weg auf den richtigen Schreibtisch findet. Andere Unternehmen dagegen pflegen bewußt den Briefkontakt zwischen dem Kunden und dem seine Aufträge bearbeitenden Sachbearbeiter. Aber auch in solchen Fällen richtet man sein Antwortschreiben nicht an den Angestellten. Man gibt auf dem Umschlag bzw. auf der Briefadresse die volle Firmenbezeichnung an und setzt darunter »zu Händen von Herrn Meier«. Man schreibt auch nicht etwa erst den Namen und dann »in Firma«. Denn »in Firma« sagt unter Kaufleuten aus, daß der Betreffende selbst alleiniger oder einer der handelsgerichtlich eingetragenen Mitinhaber ist. Hat man vor den Namen nun »zu Händen von« oder »in Firma« gesetzt, dann entfällt das »Sehr geehrte Herren«, und die Briefanrede lautet auf den Namen des Sachbearbeiters bzw. des Inhabers.

Privatbriefe ins Geschäft schicken lassen?

Es macht nicht den besten Eindruck, wenn man sich als Angestellter seine Privatpost in die Firma schicken läßt. An solche Briefe knüpfen sich allzu leicht Mutmaßungen, man wolle daheim etwas verbergen. Wer aber nun beim besten Willen keinen anderen Weg weiß, weil Vetter Egon, auf der Zimmersuche, nur kurz mitgeteilt hat, daß er zu der bekannten Firma XYZ nach Dingsda versetzt worden sei, der tut gut daran, den Namen des Briefempfängers von dem der Firma gut sichtbar abzusetzen und darunter vor die Firmenanschrift »beschäftigt bei« zu schreiben.
Der Zusatz »privat« zerstreut bei den eiligen Postverteilern dann den letzten Zweifel, ob es sich nicht doch vielleicht um einen an die Firma gerichteten Brief handelt.

Alte Briefzöpfe abgeschnitten

»Sehr geehrte Firma« sowie »Werte Firma« zählen nicht mehr zum guten Briefstil. Man schreibt ja an Menschen und nicht an eine Sache. Man bestätigt nicht mehr »den Besuch Ihres sehr geehrten Herrn Schulze«, sondern »Ihres Herrn Schulze« oder schreibt noch besser, wie man spricht, etwa: »Ich habe mich gefreut, daß Herr Schulze mich besucht hat!« Es heißt heute »Ihr Schreiben« anstatt »Ihr wertes« oder gar »allerwertestes Schreiben«. Man schreibt »Ich danke Ihnen für Ihren Brief vom ...« anstatt »Ich beziehe mich höflichst dankend auf Ihr Geehrtes vom ...«. Gewiß sind die Schlußworte »Mit vorzüglicher Hochachtung« und »Hochachtungsvoll« nach wie vor korrekt, aber immer häufiger werden diese durch verbindlichere ersetzt: »Mit freundlicher Empfehlung«, »Mit freundlichen Empfehlungen«, »Mit freundlichem Gruß«, »Mit freundlichen Grüßen«.

Auch Behörden entstauben ihr Deutsch

Aus dem Gefühl, der Geldmacht oder der Staatsgewalt sowie ihren Verwaltern ausgeliefert zu sein, hat sich unter demokratisch denkenden Menschen das Bewußtsein einer echten Partnerschaft entwickelt. Diese kommt allmählich auch mehr und mehr im sogenannten Amtsdeutsch zum Ausdruck, das heute viele Behörden zu entstauben beginnen.

Schon gibt es Finanzämter, die selbst ihre Vordrucke höflich formulieren, findet man Behördendrucksachen, in denen eine Zeile für die persönliche Anrede ausgespart ist.

Mag der Inhalt auch unabwendbar sein, es dient beiden Seiten, wenn sich der Empfänger mit seinem Namen angesprochen sieht und wenn er am Ende des amtlichen Schreibens unter der hoffentlich leserlichen Unterschrift, mit der Schreibmaschine hinzugesetzt, den Namen des Beamten findet. Er verhandelt dann nicht mehr mit einem anonymen Amt, sondern mit einem Menschen aus Fleisch und Blut. Schreibt man nun zum ersten Mal an eine Behörde, in der man den Namen des zuständigen Beamten noch nicht kennt, so redet man ihn mit »Sehr geehrter Herr Sachbearbeiter« an. Bei einer Eingabe höheren Orts kann man »Sehr geehrte Herren« schreiben.

Die Behörden haben heute in der Regel persönlich klingende Bezeichnungen, wie z.B. »Der Oberbürgermeister, Amt für öffentliche Ordnung«. Es versteht sich von selbst, daß man an dieses Amt nicht »Sehr geehrter Herr Oberbürgermeister« schreibt, sondern »Sehr geehrter Herr Sachbearbeiter«. Nur wenn man seinem Stadtoberhaupt persönlich in einer amtlichen Sache etwas mitzuteilen hat, heißt es auf dem Umschlag »Herrn Oberbürgermeister X« und in der Briefanrede »Sehr geehrter Herr Oberbürgermeister!«

Nicht schmeichelnde Worte, nicht einmal die Verwendung des Wörtchens »höflich«, kennzeichnen den Brief, den wir heute an eine Firma oder eine Behörde richten, sondern ganz einfach die gegenseitige Achtung von Mensch zu Mensch. Sag es freundlich! Das ist die Forderung im Briefstil unserer Tage.

Was ist eine »Behelfs-Antwort«?

Aus der Zusammenarbeit des Fachausschusses für Umgangsformen mit Industriefirmen, die beratend an den Empfehlungen für den Arbeitsplatz mitgewirkt haben, ergab sich die Anregung zur allgemeinen Einführung einer »Behelfs-Antwort« (auch als »Kurzantwort« bezeich-

net) für Betriebe. Der neue Begriff soll dem Empfänger, der daran gewöhnt ist oder erwarten kann, daß seine Anfrage im Stil der heute zwar knapperen, aber doch gepflegten Geschäftskorrespondenz beantwortet wird, auf einen vorübergehenden Engpaß aufmerksam machen. Plötzlich herrscht einmal ein empfindlicher Mangel an Bürofachpersonal, der in großen und kleinen Firmen sowie auch den Angehörigen freier Berufe arge Kopfschmerzen verursacht. Vor allem in der Ferienzeit, bei Grippewellen oder vor Feiertagen kann der Ausfall von Bürokräften bei wachsendem Posteingang dazu führen, daß die Beantwortung der Korrespondenz ins Stocken kommt. Der gedruckte oder geschriebene Hinweis über dem Brief- oder Postkartentext »Behelfs-Antwort« soll auf einen solchen Engpaß hinweisen und um Verständnis dafür bitten, daß es unter den gegebenen Umständen höflicher ist, in aller Kürze eine formlose Kurzantwort zu geben, als dem Kunden erst nach längerer Wartezeit in aller Form ausführlich zu antworten. Es empfiehlt sich vielleicht, für die Dauer der Einführung des neuen Begriffes, ein Vordruck mit einer Fußnote:
»Eine Behelfs-Antwort empfiehlt der Fachausschuß für Umgangsformen für vorübergehende Engpässe in der Erledigung der Korrespondenz (Personalmangel wegen Häufung von Krankheitsfällen, Epidemien, Ferienzeit, saisonbedingten Stoßbetriebs), wenn es den Interessen des Kunden dient, besser schnell eine formlose Nachricht als erst nach längerem Warten eine Antwort in aller Form zu erhalten.«
Die »Behelfs-Antwort« braucht keine Anrede zu enthalten und kann im Telegrammstil ohne die Formen der gepflegten Korrespondenz abgefaßt sein.

Protokoll entzopft Titelanreden

Bei seinem Ausscheiden aus dem Kanzleramt hat Helmut Schmidt mehrere tausend Briefe aus der Bevölkerung als sogenannte »Fan-Post« erhalten. Viele der Briefschreiber plagte die Frage, wie man denn einen ehemaligen Bundeskanzler anzureden habe. »Ich habe mich überall erkundigt, aber niemand konnte mir weiterhelfen«, schrieb ein Angestellter. Er hoffe, daß er mit der schlichten Anrede »Sehr geehrter Herr Schmidt« keinen »Fehlgriff« getan habe. Der Mann konnte beruhigt werden: »Herr Schmidt findet diese Anrede durchaus brauchbar.«
Schwerer machen es sich dagegen die Protokollexperten, die von Amts wegen für die Einhaltung der guten Sitten von Ämtern und offiziellen Persönlichkeiten mit dem Exkanzler zuständig sind. Sie sind nur in einem sicher: Die Anrede »Herr Altbundeskanzler« sei unangebracht, weil sie erstens nach Altenteil klinge und einem weiterhin politisch aktiven Mann wie Schmidt nicht gerecht werde, und zweitens, weil sie Schmidt bekanntermaßen mißfällt. Auf die Anrede »Herr Altbundeskanzler« pflegt Schmidt tatsächlich ungehalten zu reagieren: »Ich bin weder alt noch Kanzler.« Wenn Bonner Behörden Schmidt amtlich schreiben, wählen sie meist die Anrede »Sehr geehrter Herr Bundestagsabgeordneter«, bisweilen aber auch ganz einfach die Anrede »Sehr geehrter Herr Schmidt«. Beide Möglichkeiten haben ihre Befürwortung. Ein ranghoher Protokollfachmann meint: »Zu einer Demo-

kratie gehört es, daß die Personen in Ämtern wechseln. Schmidts heutige Funktion ist die eines Abgeordneten. In einer entsprechenden Anrede kann deshalb keine Geringschätzung liegen.« Ein anderer Protokollexperte vertritt dagegen die Auffassung, »Sehr geehrter Herr Schmidt« sei vorzuziehen: »Der Name Schmidt bedarf keines Beiwerks.«

Damit zeichnet sich auch beim Protokoll eine deutliche Entkrampfung ab, für die der Fachausschuß für Umgangsformen schon seit langem plädiert hat: Kein Bürger begehe einen Fauxpas, so der Fachausschuß, wenn er einen ehemaligen Bundespräsidenten, Bundeskanzler oder Minister einfach mit seinem Namen anrede. Noch beim Ausscheiden Adenauers, Erhards und Kiesingers hatten Protokollbeamte für die briefliche Anrede »Sehr geehrter Herr Bundeskanzler a. D.« plädiert. Begründung: Da Beamte nach dem Bundesbeamtengesetz auch im Ruhestand ihren Titel weiterführen dürfen und folglich als »Herr Ministerialrat« oder »Herr Staatssekretär« anzureden seien, müßten erst recht die ranghöheren Vorgesetzten, Minister und Kanzler, ebenfalls nach dem Ausscheiden aus dem Amt weiterhin ein Anrecht auf ihren ehemaligen Titel haben.

Inzwischen hat sich dagegen weitgehend die Ansicht durchgesetzt, daß Minister, Kanzler und Bundespräsidenten der Bundesrepublik – im Gegensatz zu Diktatoren oder Monarchen – kein Amt auf Lebenszeit bekleiden: Gerade der Respekt vor den Spielregeln der Demokratie gebiete es, deutlich zu machen, daß ihre Amtsbezeichnung nach dem Ausscheiden aus dem Amt nicht wie ein Erbtitel weiterhin verwendet wird.

Bei der Anschrift auf den Briefumschlägen und im Briefkopf sind sich die Bonner Protokollexperten wieder völlig einig: »Herrn Helmut Schmidt, MdB« soll es da heißen, und in der Zeile darunter »Bundeskanzler a. D.«. So halten es die Behörden auch bei ehemaligen Bundespräsidenten, Bundestagspräsidenten und Ministern.

Besuch mich mal, doch überfall mich nicht!

Bitte vorher anmelden!

Das längere Wochenende, die Motorisierung, der Wunsch vieler, den Sonntag, wenn man ihn nicht draußen verbringt, daheim in aller Bequemlichkeit und nicht gerade in Empfangskleidung zu genießen, ja auch das Fernsehen, dessen Sendungen bei vielen regelrecht in das Familienprogramm eingeplant werden – kurzum der Wandel unserer Lebensgewohnheiten hat die Besuchszeit von einst schon seit langer Zeit fragwürdig gemacht.

Selbst die wenigen, die sich noch zwingen, allsonntäglich ab 11 Uhr »empfangsfähig« zu sein, werden die Empfehlung des Fachausschusses für Umgangsformen begrüßen: Keine Besuche mehr ohne Anmeldung! Entweder ist man so gut miteinander befreundet, um jederzeit willkommen zu sein, oder man erweist heute seine gute Lebensart dadurch, daß man vorher anruft oder schriftlich anfragt, ob und wann man zu einem Besuch willkommen ist.

Die neue Form ist auch dem Besucher selbst nützlich. Es ist ja nicht jedem damit gedient, wenn er niemanden antrifft, den Besuch durch Hinterlassen einer Nachricht als abgestattet zu betrachten (was nach wie vor gilt)! Und bei der heutigen Beweglichkeit der motorisierten Menschen geht man bei einer vorherigen Absprache auch selbst sicher, wenn man Wert darauf legt, dem eigentlichen Sinn des Besuches zu entsprechen: Kontakt zu schließen, sich wirklich kennenzulernen oder etwas mitzuteilen.

Das stärkere Argument ist natürlich das der Rücksichtnahme. Schon der junge Bekannte aus der Tanzstunde, der den Eltern seiner Balldame einen Besuch abstatten möchte, ist verpflichtet, sie daheim erst anfragen zu lassen, ob und wann ihnen ein Besuch angenehm sei.

Umgekehrt legt die neue Einstellung zum Besuchen und Besuchtwerden aber auch jedem, der einen anderen auffordert: »Besuchen Sie uns doch mal!« die Verpflichtung zu einem Hinweis auf, wie man der Aufforderung am besten entsprechen könnte.

Wer also den Eindruck vermeiden möchte, lediglich eine unverbindliche Höflichkeitsfloskel geäußert zu haben, tritt am besten gleich in ein »Termingespräch« ein oder fügt seiner Aufforderung hinzu:

»Am besten rufen Sie mich einmal an, damit wir Tag und Stunde vereinbaren können!«

Der offizielle Besuch

Im allgemeinen gilt die Zeit kurz vor bis kurz nach 12 Uhr sowie der späte Sonntagvormittag (d.h. von 11.30 bis 12.30 Uhr) für Besuche als besonders günstig.

Zum ersten offiziellen Besuch bedarf es keiner Blumen, eher einer Karte (siehe unter »Visitenkarten international«). Ohne die geht es aber auch. Im übrigen ist eine handgeschriebene durchaus der gedruckten ebenbürtig, wenn sie leserlich ist. Die Karten werden einer Hausangestellten mit der Frage »Sind Herr und Frau ... zu sprechen?« abgegeben. Öffnet ein Familienmitglied, bleiben die Karten in der Tasche.

Der Herr, der am besten in einem Straßenanzug erschienen ist, legt in die Diele ab. Die Dame, im Kostüm oder einem der Tageszeit entsprechenden Kleid, verhält sich heute nicht anders.

Man wartet stehend, ohne sich dem Studium von Einzelheiten der Einrichtung hinzugeben und ohne zu rauchen.

Nach etwa 10 bis 15 Minuten des Zusammenseins mit den Besuchten erhebt man sich, ohne eine Begründung für den Aufbruch (wie »Ich möchte nicht länger stören!«) abzugeben und ohne sich zu wundern, wenn nichts angeboten worden ist; denn das ist bei offiziellen Besuchen nicht üblich, wenn auch, auf Kleinigkeiten beschränkt, nicht unstatthaft.

Ein Gegenbesuch sollte innerhalb von vierzehn Tagen erfolgen. Ein älterer Herr wird den Besuch eines jüngeren nicht erwidern, sondern ihn stattdessen in absehbarer Zeit zu sich einladen.

Auf den Besuch des »Tanzstundenherrn« ist kein Gegenbesuch erforderlich.

Ist man zu einer Familienfeier oder zu einem Jubiläum nicht offiziell eingeladen, andererseits jedoch verpflichtet zu gratulieren, so darf man nur in den Vormittagsstunden oder zu der bekanntgegebenen Empfangszeit erscheinen.

Schenk mir Blumen, aber, aber ...

Auch mit nur wenigen Schnittblumen, ja mit einer einzigen besonders schönen Blüte kann man Freude bereiten. In einem Strauß mit bis zu neun Blüten sollte die Anzahl der Blüten immer ungerade sein. Aus altem Aberglauben hat sich ein Brauch entwickelt, der heute lediglich noch damit zu begründen ist, daß sich drei, fünf, sieben, neun in der Vase wirkungsvoller dekorieren lassen.

Wenn auch nicht mehr so streng wie früher, so legen viele – vor allem Ehemänner und Freunde, wenn sie ihren Damen Blumen mitbringen – doch noch immer Wert auf die alte Blumenregel:

Ein roter Strauß, vor allem bei Rosen und Nelken, sollte nur »er, der Berechtigte« ihr schenken.

Nach den strengen Gesetzen derer, die auf solche Feinheiten achten, darf von drei Blumen eine rot sein, bei größeren Gebinden soll mindestens die Hälfte andersfarbig gewählt werden, wenn rote Blumen dabei sind.

Dagegen soll man nie einen weißen Blumenstrauß zu einem Krankenbesuch mitnehmen; denn der oft auch psychisch belastete Kranke könnte, wenn er in gesunden Tagen auch nicht abergläubisch ist, unter dem Gedanken leiden, daß Weiß für viele Menschen als die Farbe des Todes gilt. Ein hübscher, mehr oder minder farbenprächtiger Blumenstrauß ist wohl für jedes Krankenzimmer eine Zierde. Bei Besuchen am Krankenbett verbieten sich im übrigen aus verständlichen Gründen stark duftende Blüten.

Nie weiße Blumen zum Krankenbesuch

Der Strauß bleibt beim Überreichen in der Folie. Der Gast übergibt ihn so, daß ihn die Gastgeberin wie ein Baby in den linken Arm legen kann; denn sie wird sich sofort mit einem Händedruck für die schönen Blumen bedanken

Hier naht der Gast mit großem Strauß. Beim Begrüßungsgeplauder mit der Hausfrau in der Garderobe löst er das Papier von den Blumen. Die zusammengeknüllte Hülle darf er übrigens ohne weiteres auf das Garderobentischchen legen, sofern kein Papierkorb in der Nähe steht

Wohin mit dem Papier?

Die Papierhülle hat schon manchen Gast in jene Verlegenheit gebracht, von der immer wieder geknüllte Papierbälle vor Haustüren, in Hausfluren und Treppenhäusern zeugen, obwohl wir die Wohnungsschwelle mit eingehüllten Blumen überschreiten sollten. Die Blumen werden ja nicht zwischen Tür und Angel, sondern erst in der Wohnung überreicht.
Befindet sich also in der Diele oder neben der Kleiderablage kein Papierkorb, darf man das Papier ohne Hemmungen auf das Garderobentischchen, in den Schirmständer oder auf einen Stuhl legen. Die aufmerksame Hausfrau wird schon dafür sorgen, daß es von dort möglichst bald verschwindet.
Nun werden Blumen heute auch durch Folien geschützt. Da es aber nicht jedermanns Sache ist, als wandelnder Blumenständer durch die Stadt zu reisen und mit den bunten Farbtupfen die Aufmerksamkeit aller auf sich zu lenken, wird in einem umsichtigen Blumenhaus eine zusätzliche Papierverpackung als selbstverständlich angeboten. Die ist natürlich entbehrlich, wenn man vom Geschäft unmittelbar mit dem Wagen zum Besuch aufbricht.
Neuerdings wird die Ansicht vertreten, der Überraschungseffekt sei größer, wenn die Blumen im Papier überreicht werden – wie andere Geschenke auch. Und Orchideen sind oft schon in einer Art durchsichtiger Konfektschachtel verpackt. Verallgemeinern läßt sich der Rat zur geheimnisvoll verhüllten Blume sicherlich nicht; denn vor allem beim Ansturm mehrerer Gratulanten ist zu überlegen, ob wir dem Geburtstagskind das Auswickeln der Blumen nicht schon vorher abgenommen haben sollten. So mag es jeder damit halten, wie es ihm Gefühl und Umsicht eingeben. Ältere Damen halten es sicherlich für stilvoller, die Blumen unverhüllt überreicht zu bekommen.

Folien bleiben

Was die glasklare Folie anbetrifft, so bleibt sie beim Überreichen geschlossen; denn über ihr dekoratives Aussehen hinaus bietet sie den Blumen Schutz, bis sie in die ihrem Typ und ihrer Größe entsprechende Vase – und ins Wasser! – gestellt werden können. Hierbei wird manchmal »gesündigt«. Solange die Gäste noch bei uns sind, sollten wir jedem Strauß seine eigene Vase gönnen und jedem Blumenspender sein Angebinde darin nochmals zeigen.
Bringt man Blumen zur Begrüßung oder zum Abschied an den Zug oder an den Omnibus, so überreicht man sie dort offen, hält jedoch das Verpackungspapier griffbereit. Im Gepäcknetz liegen sie, wieder sorgfältig umhüllt, geschützter.

Mit der Vase unterwegs

Die Vase im Auto, aus Gründen der Verkehrssicherheit und bei Unfällen ein Problem für sich, sollte »unfallfreundlich« konstruiert sein. Wenn sie wirklich sein muß, erfüllt eine einzige Blüte den guten Zweck, den Fahrer an die Spenderin und an ihren Rat zu erinnern: »Hör auf deine Frau, fahr vorsichtig!« Ein zu großes Gebinde könnte leicht der notwendigen Übersicht im Wege stehen, die im Wunsch nach glücklicher Heimkehr liegt.

Blumentopf oder Blumenschale?

Die Beschränkungen für die Topfblume, die man an Stelle von Schnittblumen bei einem Besuch nur dann mitbringen sollte, wenn man sich sehr gut kennt, gelten natürlich nicht für das Blumenarrangement in einer Schale.

Die Grenze zwischen Topf und Schale

Wo liegt nun die Grenze zwischen Topf und Schale? – wird immer wieder gefragt. Ist die Schale so groß, daß man sie nicht selbst überreicht, sondern durch den Blumenhändler hinschickt, kann man damit nicht »anecken«. In allen anderen Fällen geht man mit Schnittblumen sicher, es sei denn, man gehört zum Freundeskreis und weiß mit Bestimmtheit, daß eine Topfblume mehr Freude bereitet.
Es entscheidet hier wie so oft der Grad der Bekanntschaft, aber auch die Frage, ob es sich um einen offiziellen oder um einen freundschaftlichen Besuch handelt.

Bringt man einem Ehepaar Blumen mit ...

Will ein Ehepaar Blumen überreichen, dann ist es die Aufgabe des Ehemannes, sie der Gastgeberin zu geben. Wenn auch als selbstverständlich vorausgesetzt werden kann, daß Mann und Frau den Gastgebern gemeinsam Freude bereiten wollen, so gewinnt diese kleine Szene doch durch die Verehrung, die der Herr beim Überreichen der Blumen an die Gastgeberin zum Ausdruck bringt.
Und der Gastgeber, der sich über die seiner Frau erwiesene Aufmerksamkeit mitfreut, ist viel mehr einbezogen, als wenn die Überreichung der Blumen von Frau zu Frau erfolgen würde.
Denselben Sinn hat die Ausnahme: Wenn der Gastgeber Geburtstag hat, überreicht die Frau die Blumen dem »Geburtstagskind«.

Seine Karte, meine Karte

Von der Visiten- zur Informationskarte

Darf ich Ihnen meine Karte geben? – überreichen? – hier lassen?
Das kommt alle Tage vor. Man sitzt oder steht sich gegenüber, hat sich soeben kennengelernt oder nimmt Abschied nach gemeinsamen Ferienwochen: »Besuchen Sie mich, schreiben Sie doch einmal ...!«
Es geht ganz einfach darum, dem anderen Namen, Beruf, Anschrift (mit Postleitzahl) und Telefon (mit Vorwahlnummer) mitzugeben. Die Mühe des Aufschreibens will man neuen Bekannten ersparen.
»Meine Karte« ist ein Gebrauchsgegenstand geworden, der Geschäftskarte ähnlich, praktisch eine Information.
Viele Karten sehen noch aus wie eine Besuchskarte. Andere sind winzig, papierdünn, gummiert und dazu bestimmt, gleich »an Ort und Stelle« ins Anschriftenverzeichnis eingeklebt zu werden. Nebenbei ersetzen sie das Exlibris, bewahren sie die gleichen Bücher von Schülern, Studenten oder Angestellten am selben Arbeitsplatz vor Vertauschtwerden.
Eine private Identitätskarte gedruckt zu besitzen, um sie bei jeder passenden Gelegenheit, zum Beispiel auch nach einem Umzug, weitergeben oder versenden zu können, ist heute nichts Besonderes mehr.

In der Art der Aufmachung freilich, am schlichten oder feinen Karton, Papier oder Kunststoff, an Format und Drucktypen unterscheiden sie sich ganz erheblich. Der Bestimmungszweck – ob private oder Geschäftskarte, ob für den Eigenbedarf bestimmtes Klebe-Etikett oder Miniatur persönlicher Repräsentation, immer sagen sie auch ein wenig über Stil und Geschmack des Besitzers aus.
Wir dürfen unsere Karte natürlich auch mit eigener Hand gestalten, soweit wir die Kunst einer leserlichen Handschrift beherrschen.
Unsere Karten können auch als Besuchskarten verwendet werden. Aber – wie selten kommt das vor!
Wer hat noch Zeit, wer legt noch Wert auf »Visiten« wie damals, als man vor dem Griff nach der Haustürglocke eine, zwei, drei oder mehr Visitenkarten zückte, um sie dem öffnenden »dienstbaren Geist« mit den Worten zu überreichen: »Ich möchte den Herrschaften meine Aufwartung machen. Hier meine Karte(n) bitte!« Oder man ließ die Visitenausweise diskret wieder in die Tasche gleiten, wenn die »Gnädigste« selbst öffnete.
Oder ... oder ... oder ... ja, Visiten zu machen und alle Zeichen zu beherrschen, mit denen aus der Visitenkarte eine Vorstellungs-, Glückwunsch-, Abschieds- oder Kondolenzkarte wurde, war eine Kunst für sich. Andererseits war sie ein Ausweis, durch den sich private Besucher vom Umweg für »Bettler, Hausierer und Lieferanten« – ein schauderhaftes Schild! – zum Nebeneingang freikauften. Wenn wir trotzdem die internationalen Gepflogenheiten rings um die Visitenkarte anschließend in Erinnerung bringen, so aus zwei Gründen:
In aller Welt läßt sich beobachten, daß der Brauch, persönliche Informationskarten (Visitenkarten) zu verwenden, in starkem Maße zunimmt. Der Hauptgrund ist wohl darin zu suchen, daß sie vor allem auf Reisen ebenso gern zum Hinterlassen von Namen und Anschrift wie auch für knappe Mitteilungen verwendet werden. Der Tourismus fördert die »Karte« in gleichem Maße wie der wachsende internationale Geschäftsverkehr.
Da im Ausland vor allem in romanischen Ländern die »Visitenkartensprache« noch wesentlich stärker verbreitet ist als bei uns, kann es in Zukunft doch geschehen, daß uns eine Karte zum Beispiel mit dem Zeichen »p. p.« überreicht wird. Und für diesen Fall ist es vielleicht gut, schnell nachschlagen zu können, vorausgesetzt daß die Besucher nicht schon im Zimmer stehen.

Visitenkarten international

Für private Karten schreiben die internationalen Sitten vor (mit der Einschränkung, daß die Formate heute nicht mehr so streng genommen werden wie einst):

Für den Herrn

Format etwa 9 x 5 cm. Beruf, Anschrift mit Postleitzahl und Rufnummer mit Vorwahl können angegeben werden.
Ist er unverheiratet, gibt er beim Besuch eines alleinstehenden Herrn eine Karte ab, beim Besuch eines Ehepaares zwei Karten.

Für die Dame

Format etwa 7,5 x 4,5 cm. Ist sie verheiratet, verzichtet sie in der Regel auf Berufsangabe, Anschrift und Rufnummer, während sie diese heute ohne weiteres mitdrucken läßt, wenn sie selbständig im Leben steht und einen festen Wohnsitz hat.
Die verheiratete Dame kann beim Druck ihrer Karte zwischen drei Möglichkeiten wählen:
»Erika Beispiel, geborene Soundso« – »Frau Erika Beispiel« – »Frau Hans Beispiel«. Letztere ist die international verbreitetste Art.
Wenn die Dame ein Ehepaar besucht, gibt sie nur eine Karte, für die Dame des Hauses ab.

Ehepaare

Für das Ehepaar werden heute häufiger als einst auch gemeinsame Besuchskarten gedruckt. Format etwa 9 x 5,5 cm (»Hans Beispiel, Regierungsrat, und Frau Erika Beispiel, geb. Soundso« oder »Herr und Frau Hans Beispiel«), Anschrift und Rufnummer möglich. Natürlich kann jeder Ehepartner auch seine Einzelkarte abgeben.
Besucht ein Ehepaar einen unverheirateten Herrn, gibt der Mann seine eigene Karte allein (oder die gemeinsame) ab. Beim Besuch einer unverheirateten Dame geben beide ihre Karte (oder die gemeinsame) ab. Beim Besuch eines verheirateten Herrn gibt er zwei von sich und eine von seiner Frau (oder eine von sich und die gemeinsame) ab.

Für die bei den Eltern wohnende Tochter

Format etwa 7 x 4 cm. Enthält nur Vor- und Zunamen und dient in erster Linie der Abgabe bei gemeinsamen Besuchen mit den Eltern, bzw. bei Alleinbesuchen im Elternhaus ihrer weiblichen Bekannten.

An der Tür

Visitenkarten werden bei Besuchen nur abgegeben, wenn eine Angestellte oder ein Angestellter öffnet, jedoch nie, wenn man an der Tür von einem Familienmitglied begrüßt wird. Man gibt die Karten auch dann ab, wenn man nicht empfangen werden kann. Der Besuch gilt in diesem Fall als abgestattet. Falls niemand öffnet, darf man die Karte (am besten im passenden Umschlag) auch in den Briefkasten werfen.

Französische Abkürzungen

Um den Zweck des Besuches auf der Karte mitzuteilen, bedient man sich im internationalen Verkehr und auch im deutschen Sprachbereich französischer Abkürzungen. Es gibt zwar deutsche Abkürzungen, deren Sinn aber immer mehr verlorengeht, weshalb man seine Absicht heute auch ohne weiteres, innerhalb Deutschlands und Österreichs, jedoch nicht in der Schweiz, mit einem kurz formulierten Satz auf der Karte bekanntgeben kann. Die international üblichen Abkürzungen:

- **p.p.** (pour présenter) – um einen anderen vorzustellen;
- **p.f.** (pour féliciter) – um Glück zu wünschen;
- **p.f.n.a.** (pour féliciter nouvel an) – um zum neuen Jahr Glück zu wünschen;
- **p.c.** (pour condoler) – um Beileid auszusprechen;
- **p.p.p.** (pour prendre part) – um Beileid auszusprechen;
- **p.p.c.** (pour prendre congé) – um Abschied zu nehmen;
- **p.r.** (pour remercier) – um zu danken.

Ohne Vermerk

Keinen Vermerk pflegt man anzubringen, wenn man seinen Antrittsbesuch abstattet (wie z. B. der Tanzstundenherr im Hause der Eltern seiner Balldame oder der junge Angestellte im Hause seines Chefs).

Es sei betont, daß die Abkürzungen in einer deutschen Behandlung des Themas nicht fehlen dürfen, weil ja jeder in Verlegenheit käme, wenn er diese auf einer bei ihm abgegebenen Karte nicht zu deuten wüßte. So könnte beim Leser z. B. die Karte eines Fremden mit einer eines Bekannten abgegeben werden, letztere mit dem Vermerk »p. p.«. Er hätte statt dessen auch einige empfehlende Worte schreiben können. Aber »p. p.« genügt – vor allem, wenn der Fremde von dem ihn empfehlenden Bekannten begleitet wird, was jedoch nicht erforderlich ist.

Der Dank für den Empfang von Visitenkarten

Ein persönlicher Besuch muß unter Umständen erwidert werden. Hat jemand seine Karte nur abgegeben, womit der Besuch als abgestattet gilt, so muß der Besuchte sich in bestimmten Fällen möglichst umgehend bedanken – vor allem dann, wenn er nicht vorhat, den »Besuch« persönlich zu erwidern. Das geschieht, indem er seine Visitenkarte mit dem betreffenden Vermerk an die betreffende Person schickt.

Für Karten mit Vermerk dankt man auf Karten mit Vermerk:

p.c. .... p.r.,
p.p.p. .... p.r.,
p.f. .... p.r.,
p.f.n.a. .... p.f.n.a.,
wenn man mit der nächsten Post danken kann, später:
p.r.p.f. (Dank und Glückwünsche);
p.p. .... ⎤
p.p. c. .... ⎬ werden nicht erwidert
p.r. .... ⎦

Es läßt sich feststellen, daß heute weniger aus formellen Gründen als aus Zeitmangel wieder häufiger von dieser Form der »Visitenkarten-Korrespondenz« Gebrauch gemacht wird. Unter vielbeschäftigten Leuten gilt diese als weniger zeitraubend als die weitverbreitete Sitte, sich für Besuche oder abgegebene Visitenkarten mit einem Telefongespräch zu bedanken. Es ist kein Formfehler, wenn man sich überall einer Visitenkarte und zum Danken eines Telefons bedient.

International gilt vor allem in Kreisen der Diplomatie oder ihr nahestehenden Kreisen das oberste Kartenformat als das der Frau, das darunterstehende als das des Herrn. Die Texte entsprechen jedoch der heutigen Auffassung einer möglichst umfassenden Information, wie sie sich mehr und mehr durchsetzt. Die gemeinsame Karte eines Ehepaares war früher nicht üblich. Sie entstand zwischen den beiden Weltkriegen mit der Abkehr von der alten Etikettevorschrift, bei Besuchen mehrere Karten, entsprechend der Zahl der männlichen bzw. weiblichen Familienangehörigen, abzugeben

Für eine Visitenkarten-Nachricht

zum Beispiel beim Übersenden von Blumen, ist weder eine Anrede, noch eine Unterschrift erforderlich. Nicht mehr zeitgemäß ist, auch bei einem Rückseitenvermerk im Brief, die Abkürzung »D. U.« (Der Umseitige). Wer anders könnte denn die Mitteilung geschrieben haben als der Absender?!

Polizei und Visitenkarte

In einigen Städten überreicht heute der Polizeibeamte dem Verkehrssünder, wenn er ihn anspricht, seine Karte, zweifellos eine sympathische und auch eine psychologisch klug gewählte Vorschrift; denn das unter Umständen peinliche Gespräch wird von vornherein »entschärft«, wenn der Hüter des Gesetzes mit dem Ausweis guter Umgangsformen auf den Bürger zukommt.

»Muß ich nun meine Karte oder meinen Führerschein zeigen?« wollte jemand wissen. Wer mit Visitenkarten umzugehen weiß, pflegt ja, außer bei der Besuchsanmeldung, auf eine überreichte Karte mit seiner eigenen zu reagieren. In diesem Fall handelt es sich jedoch nicht um eine gesellschaftliche Begegnung. Der Polizeibeamte kommt in amtlicher Eigenschaft. Seine Karte fällt unter die Geschäftskarten. Aber wichtiger als die Frage, ob man nun seine eigene Karte ziehen soll oder nicht, ist die Bereitschaft, diesem netten Gedanken durch verbindliches Verhalten zu begegnen. Mehr will die Karte des Polizeibeamten auch nicht aussagen als sein Bestreben, das Notwendige in aller Form zu regeln.

Ruf mich mal an, doch stör mich nicht!

Im privaten Kreis

sollte ohne sehr triftigen Grund nur zwischen 9 und 13 und zwischen 15 und 19 Uhr telefoniert werden, jedoch nicht während des Abendessens und der aktuellen Tagesschau des Fernsehens; im Geschäftsverkehr allein zur Geschäftszeit.

Telefonierzeit privat

Erst überlegen – dann wählen! Vor 9 und zwischen 13 und 15 Uhr sowie ab 19 Uhr sollten wir nur im Interesse des Anschlußinhabers anrufen. Am Sonntag und schon am Samstag (Fünf-Tage-Woche!) tun wir gut daran, den Draht und den vielleicht noch schlafenden Geschäftspartner doch vielleicht erst nach 10 Uhr zu bemühen.

Vor 9 Uhr und zwischen 13 und 15 Uhr sowie ab 19 Uhr sollten wir nur Gespräche im Interesse des Anschlußinhabers führen. Am Sonntag und am Samstag tun wir gut daran, erst nach 10 Uhr anzurufen

Man meldet sich kurz und bestimmt etwa so: »Hier Müller, guten Morgen!« Die Form, nach der Nennung des Namens die Tageszeit zu entbieten, ist heute selbstverständlich – und eine gewandtere Telefoniersitte als das verpönte »Hallo«.
Der Anschlußinhaber meldet sich mit »Meier«, seine Frau mit »Frau Meier«, seine Tochter mit »Gisela Meier«, sein Sohn mit »Wolfgang Meier« oder »Meier junior«, die Hausangestellte mit »Hier bei Meier!«.
Möchte man, daß jemand herbeigerufen wird, sollte man stets eine verbindliche Form wählen, wie z. B. »Guten Tag, Frau Meier, ich würde gern Ihren Mann sprechen!«
Glückwünsche darf man nur Freunden und sehr guten Bekannten durch den Draht übermitteln.
Beileid durch einen Anruf auszudrücken, ist taktlos, es sei denn, der Anrufende habe selbst den Todesfall soeben mitgeteilt.
Wer einen häufig vorkommenden Familiennamen hat, beugt Verwechslungen vor, indem er – auch wenn er nicht der Sohn des Hauses ist – seinen Vornamen mit nennt. Das ist vor allem im Geschäftsleben wichtig.

Warum nicht »Hallo«?

Es wird in den Fachausschuß-Diskussionen der letzten Jahre immer wieder gefragt, ob es nicht genügt, sich bei Anrufen einfach nur mit »Hallo« oder »Ja, bitte!« zu melden. Damit könnten unerwünschte Gesprächspartner leichter abgewehrt werden. Andere Antragsteller führen ins Feld, so bleiben Einbrecher im unklaren darüber, ob die Wohnungsbesitzer zu Hause seien.
Die Anfang 1987 abgeschlossene Untersuchung des Fachausschuß-Lektorates ermittelte eine starke Mehrheit gegen das Melden mit »Hallo« oder »Ja, bitte!« (72 %) im privaten und nahezu 90 % im Geschäftsbereich.
Dennoch stellt der Fachausschuß seine Grundsatzempfehlung mit einigen Ausnahmen in das Ermessen der Fernsprechteilnehmer. So zum Beispiel das Melden mit der Rufnummer in Pensionen oder in Wohnungen, die von mehreren Mietern genutzt werden. Wer dort den Hörer abnimmt und die Rufnummer sagt, sollte hinzufügen: »Wen möchten Sie sprechen, bitte?«
Nicht zu verkennen sind verständlicherweise die Ängste alter, einsam wohnender Menschen. Was in einem alleinstehenden Haus klug sein kann, braucht Bewohner geschlossener Wohngegenden freilich nicht zu bewegen.

Im Betrieb

In einem Betrieb melden sich Vermittlungsangestellte nur mit dem Namen der Firma. Weibliche Bürokräfte oder Mitarbeiter sollten sich (im Gegensatz zum privaten Anschluß) wenn sie nicht verheiratet sind, ohne Vornamen, Frauen aber auch dort mit »Frau« melden. Die häufige Rückfrage »Spreche ich mit Frau oder Fräulein Meier?« kostet nur Zeit und, bei Ferngesprächen auch noch Geld.
Apropos Geld: Am Geschäftsfernsprecher ohne Erlaubnis Privatgespräche zu führen, ist schlicht und einfach: Diebstahl!

Wer Auskunft haben möchte, fragt besser »Darf ich Sie um eine Auskunft bitten?« als mit dem weit verbreiteten unsinnigen Satz: »Ich hätte mal gern eine Frage!«

Als Gast

Weilt man bei Bekannten oder Verwandten, zum Beispiel als Feriengast, allein in der Wohnung, und es läutet der Fernsprecher, so meldet man sich wie die Hausangestellte mit den Worten (Beispiel): »Hier bei Schulze. Guten Tag!«

Nicht stören während der Hauptnachrichten des Fernsehens

Inwieweit sich der einzelne vom Bildschirm abhängig macht, ist seine eigene Angelegenheit. Allerdings zwingt die Tatsache, daß Abend für Abend Millionen die aktuellen Sendungen des Fernsehens empfangen, ganz allgemein zu der Rücksichtnahme, nicht gerade dann durch einen Telefonanruf oder einen unangemeldeten Besuch zu stören.

Emanzipation ohne Rücksichtnahme?

In Diskussionen über die Gleichberechtigung der Frau wird dem Mann zumeist von jungen Frauen sehr schnell vorgeworfen, sie an diesem und jenem »Recht« zu behindern. Dabei hinken manchmal selbst Wortführerinnen hinter den Fortschritten her, die den Frauen in den letzten Jahrzehnten Stufe für Stufe zugewachsen sind.
Das Grundgesetz der Bundesrepublik Deutschland gibt ihnen bereits mehr Rechte, als die meisten für sich in Anspruch nehmen, bzw. von denen sie überhaupt wissen. Nach dem Soziologen Helmut Schelsky – ist nicht einmal mehr Gleichberechtigung oder Gleichstellung mit dem Mann allein ihr Ziel. »Die Frau zieht das soziale Zeitproblem schlechthin, vor dem der Mann anscheinend versagt, auf sich als ihre spezifische Aufgabe. Die *Zukunft gehört der Frau!* Diese Wendung ist für das Gelingen der „Emanzipation" symptomatisch, insofern steht die Frau jetzt dem gleichen sozialen Grundproblem gegenüber wie der Mann: der Fraglichkeit und Belastung des Menschen durch die moderne Gesellschaft.«
Schelsky stützt sich dabei auf bekannte weibliche Stimmen wie Dorothea Karsten (»Die Frau in unserer Zeit«): »Daß die Frauen es mit den Männern aufnehmen können, was vor 50 Jahren noch offiziell bezweifelt wurde, haben sie jedoch vor allem in diesen Jahren vielfältig bewiesen. Aber dies alles trägt dazu bei, daß die Frauen in der Öffentlichkeit nicht mehr, wie in der Familie, als etwas Wesenseigenes betrachtet werden, sondern als Abbild des Mannes.«
Aber an anderer Stelle: »Die Eigenschaften des Behütens und Bewahrens, des Pflegens und Erhaltens sind der Frau in anderer Weise und in größerer Unmittelbarkeit gegeben als dem Mann!« Und weiter: »Der Wesensberuf der Frau aus Mütterlichkeit soll sich auch außerhalb der leiblichen Mutterschaft entfalten können.«

Frauen »vermenschlichen«

Dabei denkt man verhältnismäßig wenig an sogenannte »Frauenberufe«, sondern – um es mit einer anderen Autorin zu sagen: Die Frau soll die »entartete männliche Welt nicht stützen, sondern in eine menschlichere Welt verwandeln!« (Maria Schlüter-Hermkes).
Der Philosoph und Soziologe Arnold Gehlen fragt sogar: »Ist es wirklich eine männliche Welt, und ist die Entfremdung nicht mehr als ein Absterben der Liebeskraft? Ich sehe kein Beispiel dafür, daß das Weibliche in unserer Gesellschaft durch das Männliche absorbiert würde, aus dem einfachen Grunde, weil es dieses Männliche gar nicht mehr gibt!«
Wie dem auch sei – diese Frage zu beantworten, ist nicht Aufgabe der

Gestalter zeitgemäßer Umgangsformen. Wer aber die Menschen unserer Zeit mit dem Blick in die Zukunft verstehen und ihnen Fingerzeige geben will, bedarf auch wissenschaftlicher Erkenntnisse.
Schelsky: »Von der Produktionsart her ist es verhältnismäßig gleichgültig geworden, ob in einer Nachrichtenzentrale ein Mann oder eine Frau die Verbindungsstöpsel bedient, ob er oder sie hinter der Barriere einer Ausgabestelle steht – und eben in den meisten Fällen auch schon, ob er oder sie die Maschine bedient. Daß die „Entweiblichung" der Frau in der modernen Berufswelt auf ganz anderen Gründen als einem falschen Gleichheitsstreben mit dem Manne beruht, zeigt die Einstellung der Frauen zu den typischen „Frauenberufen": Alle Feststellungen sind sich darüber einig, eine Gesamttendenz der Zunahme industrieller Frauenberufe, und gerade in den „sachlichen Bezirken", festzustellen«.
Maria Titz führt dazu den Beruf der Hausgehilfin an: »Sie erfordert Bereitschaft zur Einordnung, zum Einsatz für andere, zum Dienen. Aber diese, das persönliche Leben berührenden Bindungen entsprechen nicht mehr dem Lebensgefühl des modernen Menschen, der möglichst Unabhängigkeit auch in der Berufsarbeit sucht. Die Hausgehilfin zieht die anonyme Umgebung eines Betriebes der Intimsphäre der Familie vor, die, von anderen bestimmt, ihr den Lebensstil vorschreibt. Lösungsversuche, die diese Tatsachen nicht berücksichtigen, werden auf die Dauer keinen Erfolg haben!«

Was sich Hausangestellte wünschen

Der Fachausschuß für Umgangsformen ist seinerzeit gleichzeitig durch eine Schwesternschaft, die immer weniger Nachwuchs für den Beruf der Krankenschwester fand, sowie durch eine Frauenorganisation aufgefordert worden, einmal auszuloten, was der Arbeitgeber – hier das Krankenhaus oder die Hausfrau, Frau, Ehepaar oder Familie – zum Ändern dieser »Abkehr« tun könnten.
Durch Umfragen in Volkshochschulen, Berufsschulen und einer Meinungsumfrage in Haushalten, die durch Anzeigen Gehilfinnen suchten, wurde dem Problem nachgegangen.
»Was müßte sich im Haushalt ändern?« hieß eine der ersten Fragen. Bei der Ausarbeitung des Informationsbogens hatten wir uns gedacht, das Vorhandensein von Haushaltsmaschinen zum Spülen und Waschen sowie von Zentralheizung wären in der Reihenfolge unter den wichtigen Bedingungen angeführt.
Ganz anders: Gleichstellung in der Arbeitszeit mit Fabrikarbeiterinnen oder Angestellten, »Freiheit im Wohnen«, also eigenes Zimmer, möglichst außerhalb der Wohnung liegend, genossen Vorrang.
»Familienanschluß« – früher geradezu ein Lockmittel – erwies sich nicht mehr als großer Vorzug, sondern führte sogar zur Ablehnung des Angebotes. Dagegen wurde häufig »eigenes Zimmer mit Fernsehen« verlangt.
Aufschlußreich waren auch Antworten auf neutral gestellte Fragen, bei deren Beantwortung die Befragten unerkannt blieben: »Ich möchte anderen Leuten nicht die Schuhe putzen!« »Keine Vorschriften in der Frei-

zügigkeit, nach Arbeitsschluß einen Freund mitbringen oder mit ihm nach Belieben ausgehen zu dürfen!«
Die Hausangestellte wünscht sich, mit anderen Worten, fast die gleichen Freiheiten wie die Tochter des Hauses. Sie lehnt es ab, ihre Arbeitgeberin mit »gnädige Frau« anzureden – und noch weniger die Tochter mit »gnädiges Fräulein«.
Je enger der Arbeitnehmer in häuslicher Gemeinschaft mit dem Arbeitgeber zusammenlebt, um so mehr trifft die Feststellung aus »Frau in unserer Zeit« zu: »Wenn nicht überall und immerzu die Erfordernisse des Arbeitsplatzes, der Leistung, des Etats, den Primat hätten, sondern wenn es gelänge, da und dort vom unbedingten Vorrang des Sachlichen abzugehen und einen Arbeitsplatz nach einem Menschen zu gestalten, dann wäre vieles im Zusammenleben unserer Gesellschaft leichter.«
Wer Probleme unserer Gesellschaft zu lösen versucht, muß vor allem mit der Forderung nach Rücksichtnahme auf Mitarbeiterin oder Mitarbeiter beginnen. Wir können um so harmonischer zusammen oder auch füreinander arbeiten, je mehr wir bei der Gestaltung des Arbeitsplatzes und der Betriebsordnung auf Verständnis zwischen Arbeitgeber und Arbeitnehmer hinarbeiten.
Und wir leben, ja, wir feiern auch gemeinsam um so besser, je mehr unsere Umgangsformen Verständnis füreinander ausdrücken. Dazu gehören weder Unterwürfigkeit noch Vorrang, sondern Rücksichtnahme und Freundlichkeit.

Mehr als »Küßchen« wird teuer

Die Ordnungshüter in Wien können sich jetzt auf eine vom höchsten österreichischen Verwaltungsgerichtshof herausgegebene Vorschrift berufen, wenn sie Verstöße gegen gute Sitten in der Öffentlichkeit ahnden wollen.
Danach ist Liegen und Schlafen auf Parkbänken nicht erlaubt. Ordentlich sitzt – »im Sinne der Gesetze« –, wer auf der dafür vorgesehenen Sitzfläche der Bank Platz nimmt. Wer sich auf die Lehne setzt und die Füße dorthin stellt, wo man eigentlich sitzen sollte, »ruft«, wie es heißt, »bei unbefangenen Menschen Ärgernis hervor«.
»Küssen und kleine Zärtlichkeiten bei Liebespaaren werden geduldet.« Wo aber die kleinen Zärtlichkeiten im Park in »öffentliches Ärgernis« ausarten, muß der Polizeibeamte selbst entscheiden. Wenn er sich zum Eingreifen entschließt, »kann das die Übeltäter eine empfindliche Geldstrafe kosten«.

ER und SIE unterwegs

Hand in Hand Wenn junge Menschen, Freund und Freundin, Hand in Hand gehen, sei es auf der Straße oder beim Rückweg von der Tanzfläche, so sieht man darin heute nicht mehr und nicht weniger als eine Geste der Zuneigung und Sympathie.

Zuneigung Jugend hat es selbst in der Hand zu verhindern, daß Zeichen der Zuneigung vor anderen nicht als fehl am Platz oder gar als »öffentliche Demonstration von Intimitäten« zu ihrem Nachteil vermerkt werden. Denn daran hat sich nichts geändert – daß wahrhaft Liebende sich aus gegenseitiger Rücksichtnahme dort Zurückhaltung auferlegen, wo sie nicht unter sich sind.

Küsse in der Öffentlichkeit In der spontanen Freude des Wiedersehens oder des Glückwunsches wird nur der prüde Spießer einen Kuß verübeln. Doch auch auf großzügige Naturen kann selbst der Austausch eines erhabenen Gefühls am falschen Platz lächerlich wirken. Wegschauen ist nicht immer möglich und selbst für einen wohlmeinenden Zeugen peinlich. Der wohlmeinende Zeuge bekennt sich zum Takt Liebenden gegenüber – zu dem Wort: Zu verurteilen sind nicht die zwei, die »so etwas tun«, sondern

Weiß man immer, ob jeder Kraftfahrer den Zebrastreifen sieht oder beachtet? So gehen die Herren rechts von ihren Damen – und alle schnellen Schrittes!

Links oder rechts? Im allgemeinen geht die Dame rechts vom Herrn. Auf der Straße gilt diese Regel nicht mehr, wenn von der rechten Seite Gefahr durch Verkehr droht. Auf schmalem Bürgersteig in einer verkehrsreichen Straße kann es gefährlich sein, knapp auch nur auf die Fahrbahn auszuweichen. Daher wechselt der Herr an die »Gefahrenseite«.

die anderen, die penetrant zuschauen, anstatt sich taktvoll zurückzuziehen, wo Rückzug möglich ist.
Gewiß leben wir in einer Welt, in der Äußerungen aus Prüderie angesichts von Sympathiebeweisen keinen Platz mehr haben. Es wäre jedoch verkehrt, Umgangsformen eines freieren Lebensstils nach jenen auszurichten, die jede Hemmung abstreifen, sobald sie glauben, in der Masse oder unter Fremden unerkannt zu bleiben. Überall kommt es darauf an, die Gefühle anderer nicht zu verletzen.
Was der Freundeskreis billigt und was Fremden gleichgültig sein mag, kann unter Kollegen am Arbeitsplatz oder im geselligen Kreis Mißfallen auslösen. Dabei wird man sich stets über die Meinung des einen oder anderen hinwegsetzen können – nicht aber über die Scham der großen Mehrheit.

Der Herr geht nicht mehr immer links

Bei der Neufassung der Umgangsformen hat der »Kniggerat« den alten Grundsatz »Der Herr geht stets links neben der Dame« abgeändert und damit eine Auffassung durchbrochen, die sich bei uns – im Gegensatz zu den angelsächsischen Ländern – seit dem Mittelalter unverändert erhalten hatte. Solange der Kavalier – das Wort stammt bekanntlich vom französischen »Ritter« ab – als Zeichen seiner Würde an der Linken einen Degen trug, hatte sein Linksgehen noch einen echten Sinn. Es bewahrte die Dame davor, beim Gehen durch seine Waffe belästigt zu werden. Heute drohen ihr, vor allem im dichten Gedränge des Großstadtverkehrs, andere Belästigungen oder gar Gefahren. Und so

heißt es heute: Der Herr geht im allgemeinen links neben der Dame. Er wechselt jedoch zur anderen, der sogenannten Gefahrenseite, wenn er seiner Aufgabe als ritterlicher Begleiter so besser entsprechen kann. Auch wenn keine Spritzer von der trockenen Fahrbahn her zu befürchten sind, so bleibt es beim Fußgängergegenverkehr auf einem schmalen Bürgersteig doch gar nicht aus, daß der an der Bordsteinkante Gehende beim Ausweichen schon einmal auf die Fahrbahn treten muß. Dort aber droht Belästigung durch Radfahrer oder gar Gefahr durch schnell nahende Kraftwagen, die oft genug ohne eigene Schuld an die Bordsteinseite gedrängt werden. Und deshalb soll der Herr, sobald er mit einer Dame auf dem Bürgersteig nicht mehr freizügig ausschreiten kann, die Seite wechseln.
Entsprechend wird er beim Überschreiten des Zebrastreifens in einer Einbahnstraße an der den herannahenden Kraftfahrzeugen zugewandten Seite der Dame gehen.

Der Herr in der Mitte

Der heutige Grundgedanke für die Beantwortung der Frage, an welcher Seite der Herr gehen sollte, hat auch andere Regeln geändert. So hieß es früher, daß der Herr, wenn er zwei gleichaltrige Damen begleitet, von ihnen in die Mitte genommen wird. Das gilt auch heute auf einer Promenade mit genügend Platz zum freizügigen Dahinschlendern. Anders sehen die Dinge aus, wenn sich auf einem engen Bürgersteig zwei Fußgängerschlangen aneinander vorbeischieben. Nach der alten Regel wäre der Herr nämlich in der Mitte zwischen den Damen vor den Ellbogen der Entgegenkommenden bewahrt. Also geht er heute an jener Seite, von der Belästigung droht und an der immer wieder ausgewichen werden muß. Beim Ausweichen im Gedränge tritt er vor die Damen. So kann er auch unbeabsichtigte Belästigungen am besten von ihnen fernhalten.

Auf der Treppe

Der Herr geht auf der Treppe neben der Dame und bleibt beim Hinaufgehen eine Stufe zurück, um ihr beim eventuellen Ausgleiten sofort helfen zu können. Sind die räumlichen Verhältnisse auf der Treppe beengt, folgt er aus demselben Grunde hinter ihr. Beim Hinabgehen aber geht er voran, damit die Dame sich notfalls auf seine Schulter stützen kann.
Älteren Damen bleibt es unbenommen, durch Beiseitetreten am Fuß der Treppe anzuzeigen, daß es ihnen lieber ist, wenn der Herr, wie einst, vorangeht. Diese Brücke müssen wir vor allem jenen Damen bauen, die es peinlich finden, ihren Begleiter zum Zeugen gesundheitlich bedingter Erschwernisse zum Treppensteigen zu machen. Noch besser: Ihren Wunsch »ahnen«!
Die Treppenfrage läßt sich heute nicht mehr grundsätzlich von überholter Prüderie, also vom »verbotenen Anblick der Beine« her entscheiden, deren schamhafte Verleugnung einst bestimmender war als das oberste Gesetz der Ritterlichkeit, der Dame hilfreich zur Seite zu stehen. Aber die sportlichste könnte bei hohen Absätzen oder bei langem Abendkleid einmal stolpern!

Unter einem Regenschirm

Gleichgültig, ob Damen- oder Herrenschirm, ob »er« mit der Dame verlobt, verheiratet oder nur bekannt ist – der Herr trägt das gemeinsame Regendach, und die Dame darf seinen Arm nehmen. Mit Rücksicht auf andere, die durch das sperrige Stück behindert oder gefährdet werden könnten, gilt hier dieselbe Regel, die den Herrn im Interesse der Gehsicherheit der Dame verpflichtet, ihr bei schlechten Straßenverhältnissen den Arm zu reichen.

Ellenbogen auf dem Bürgersteig

Im Straßenverkehr haben auch ältere Menschen und Respektspersonen Rücksicht zu üben. Es ist zum Beispiel rücksichtslos, auf schmalen Bürgersteigen andere – ob jünger oder älter – zu zwingen, auf den Fahrdamm auszuweichen. Das kann beim heutigen Verkehr von niemandem verlangt werden. Auf schmalen Bürgersteigen sollte man nur in so kleiner Gruppe gehen, daß Entgegenkommende bequem passieren können.

In Verkehrsmitteln

Beim Einsteigen in Omnibus, Eisen- oder Straßenbahn läßt der Herr der Dame den Vortritt, am Ziel steigt er zuerst aus und ist ihr beim Aussteigen behilflich. Jeder Herr weiß, daß es taktvoll ist, in überfüllten Verkehrsmitteln seinen Platz einer Dame oder auch einem wesentlich älteren Herrn anzubieten. Ebenso verhält sich ein junges Mädchen gegenüber einer älteren Dame. Hilfeleistungen Gebrechlichen und

Treppauf – die Dame vor dem Herrn. Wenn Personen entgegenkommen oder auf der Treppe stehen, tritt er ebenfalls hinter die Dame. Treppab – der Herr geht vor der Dame. So kann sie sich beim Stolpern notfalls auf seine Schultern stützen

Schwerbeschädigten gegenüber sind eine Selbstverständlichkeit – die man ohne Mitleidsbekundungen erweisen sollte.

Im Aufzug

Im Fahrstuhl eines Privathauses sollte jeder grundsätzlich grüßen, der ihn betritt, ganz gleich, ob er eine Dame oder einen Herrn darin antrifft. Denn dieser Fahrstuhl ist ein kleiner Raum. Große Fahrstühle zur Beförderung vieler Personen, wie z. B. in einem Kaufhaus, sind Verkehrsmittel wie Omnibus und Straßenbahn. Dort entbietet man den Gruß an alle, auch im Paternoster, in dem jeder Benutzer sein Augenmerk auf geschicktes, schnelles Ein- und Aussteigen richten muß. Den Hut zu ziehen, ist in keinem Fahrstuhl mehr erforderlich.

In Drehtüren

Durch die Drehtür geht der Herr voran, damit er der Dame das Bewegen der schweren Türflügel abnehmen und sie vorsorglich davor bewahren kann, daß von der anderen Seite in die Tür Drängende mit ihr zusammenstoßen.

Vor Gaststätten – und anderen Türen

Beim Betreten eines Hauses oder Zimmers gebührt, nachdem man die Tür geöffnet hat, der Respektsperson der Vortritt. Zur Gaststätte öffnet der Herr der Dame die Tür. Innen tritt sie zur Seite, und der Herr übernimmt die Führung. Geht in einer Gaststätte der Geschäftsführer voraus, bleibt der Herr hinter der Dame.

Er steht auf, wenn sie kommt

Wenn ein Herr eine Dame in einer Gaststätte erwartet, so erhebt er sich bei ihrem Eintreten, um ihr das Suchen zu erleichtern. Der Herr ist seiner Dame beim Ablegen ihrer Garderobe behilflich, rückt ihr den Stuhl zurecht und setzt sich erst dann, wenn die Dame Platz genommen hat.

Eiserne Verfechter der Gleichberechtigung werden sagen: So ist es richtig, sie trägt den Schirm! Andere dagegen: Endlich einmal eine Umgangsform, die ein Paar einander näherbringt! Ob Mutter oder jüngste Bekannte – er trägt ihren Schirm, und sie nimmt seinen Arm

Beim Aufbrechen ist es die Pflicht des Herrn, den eigenen und die Stühle der Damen wieder an den Tisch zu stellen. Er überläßt es nicht den Bediensteten, seiner Dame in den Mantel zu helfen. Es ist bekannt, daß man einer Dame in den Mantel hilft, aber – bitte nicht nur in der Öffentlichkeit, sondern auch zu Hause.
Übrigens zieht der Herr im Restaurant, Theater, Kino u.ä. erst seinen Mantel an, bevor er den Damen behilflich ist.
Ob man einem Herrn in den Mantel helfen soll, ist persönliche Gefühlssache. Die meisten Herren lehnen diese Hilfe ab, und man sollte es dann nicht zu »Ringkämpfen« kommen lassen.

Vorrechte hohen Alters

Es gibt Altersunterschiede, die das »Vorgehrecht« der Frau einem älteren Herrn gegenüber aufheben – aber der Unterschied an Jahren muß schon erheblich sein oder es müssen ganz besondere Umstände mitspielen. So wird einem 80jährigen alten Herrn die 40jährige Frau, um das hohe Alter zu ehren, eine Ausnahme einräumen. Sie muß sich dann ihrer Sache jedoch sicher sein, weil es auch sehr rüstige Greise gibt, die sich wesentlich jünger fühlen, als ihre Lebensjahre anzeigen, und die Hinweise auf ihr Alter nicht gern sehen. Andererseits wird es wohl der Achtzigjährige vielleicht als selbstverständlich hinnehmen, daß eine 18jährige ihm den Vortritt einräumt. Wie immer werden in solchen Grenzfällen Fingerspitzengefühl und Takt einen sichereren Weg weisen als die stets nur für den Normalfall gegebene Empfehlung.

In Hotel und Restaurant

Der Gruß

Die breiten Treppenhäuser und Gänge der großen internationalen Hotels sind wie Straßen anzusehen. Man kennt sich nicht und grüßt sich nicht. Je schmaler die Treppen und Gänge in kleineren Hotels jedoch werden, um so näher kommt man sich im Vorbeigehen, ja man muß vielleicht sogar füreinander Platz machen, und schon sagt einer »Danke sehr«. Bei der nächsten Begegnung ist der Fremde kein ganz Fremder mehr. Er ist der nette Mensch, der vorhin oder gestern so zuvorkommend war, beiseite zu treten. Und so ist eine kleine Verbeugung des Herrn und das freundliche Kopfneigen der Dame wie von selbst gegeben und sollte nicht unterlassen werden.

Der »kleine Gruß«

Ebenso schafft auch im großen Hotel – besonders in den Ferien – das häufiger werdende Begegnen erste Kontakte. Nach einigen Tagen beginnt man, sich den »kleinen Gruß« zu erweisen, und schließlich sagt man »guten Morgen« oder »guten Tag«, auch wenn man nie andere Worte wechselt.
Übernachtet man für eine Nacht, bleibt man ein Fremder. Erst das Gefühl, länger unter einem gemeinsamen Dach zu wohnen, baut langsam die Distanz des sich völlig Fremdseins ab. Und nur der Takt, nur das Feingefühl kann entscheiden, wo gleichgültiges Vorbeigehen nicht mehr höflich und freundliches Grüßen noch aufdringlich ist

Wer ißt, den stört man nicht

In einem Restaurant braucht der Herr bekanntlich nur dann aufzustehen, wenn jemand, der nicht zur Gaststätte gehört, an den Tisch herantritt. Vorbeigehende Bekannte, Damen wie Herren, grüßt man mit einer Verbeugung im Sitzen. Nun kann es vorkommen, daß plötzlich jemand beim Betreten des Restaurants auftaucht, der erwarten kann, auf jeden Fall begrüßt zu werden. Das trifft unter anderem auf Damen und wesentlich ältere Herren des Freundes- und Verwandtenkreises zu. Nimmt man nun gerade eine Mahlzeit ein – steht also das Essen auf dem Tisch, so braucht sich auch der Jüngere nicht zu erheben. Man kann vielmehr erwarten, daß selbst Respektspersonen die Rücksicht üben, daß man niemanden beim Essen stören sollte.

Tritt der neue Gast trotzdem an den Tisch heran, so bleibt einem freilich nichts anderes übrig, als dennoch aufzustehen.

Man kann diese Störung jedoch geschickt zu verhindern versuchen, indem man möglichst bald, bevor die Herannahenden den eigenen Tisch ganz erreicht haben, schon eine Verbeugung im Sitzen macht und sagt: »Bitte, lassen Sie sich nicht stören. Ich komme anschließend an Ihren Tisch, um Sie zu begrüßen!« Freilich muß man nun seinerseits darauf bedacht sein, sie nicht beim Essen zu überraschen.

Aber selbst dann hätten sie keinen Grund, an den guten Formen des Herantretenden zu zweifeln, wenn er Begrüßung und Verabschiedung, ohne zu verweilen, in einem erledigt:

»Entschuldigen Sie, lassen Sie sich bitte nicht beim Essen stören. Ich muß leider gehen, möchte Ihnen aber guten Appetit wünschen. Auf Wiedersehen!« Verbeugung – Abgang.

Gemeinsame Rechnung?

Es wird immer wieder darüber geklagt, daß viele Kellner, wenn mehrere Gäste an ihrem Tisch die Rechnung verlangen, aus Bequemlichkeit die Frage stellen »Alles zusammen?«

Oft wird die Rechnung schon ausgeschrieben präsentiert und einem Gast zugemutet, mit der Tischrunde abzurechnen. Die Suggestivfrage »Alles zusammen?« ist eine Taktlosigkeit den Gästen gegenüber. Jeder Gaststätteninhaber oder -leiter sollte gleichfalls darauf hinwirken, diese zweifellos durch Wirtschaftswunderfolgen eingerissene Unsitte abzuschaffen.

Hotelfrühstück im Zimmer

In Hotels, in denen Vorsorge dafür getroffen ist, kann sich – danach wird immer wieder gefragt – auch die allein reisende Dame das Frühstück auf dem Zimmer servieren lassen.

Der Pensionsgast und sein Tisch

Im Frühstücks- oder Speiseraum, in dem nur die Pensionsgäste ihre Mahlzeiten einnehmen, hat die Wirtin bzw. der Wirt im Einverständnis mit den Gästen für die Tischordnungen zu sorgen. Ihre Aufgabe ist es, wenn nicht für alle eigene Tische vorhanden sind, die Gäste davor zu bewahren, von Fremden plötzlich gefragt zu werden: »Darf ich mich zu Ihnen setzen?« Daher kann man in einem solchen Fall ohne weiteres antworten: »Ich weiß nicht, wie der Wirt (oder der Oberkellner) sich die Tischverteilung gedacht hat!« Der gewandte Gast setzt sich auf der

Der Weg vom und zum Tisch

1. Ein Paar sucht einen Tisch allein
2. Der Geschäftsführer oder Oberkellner führt das Paar zum Tisch
3. Zwei Paare auf der Suche nach einem Tisch
4. Zwei Paare werden vom Geschäftsführer zum Tisch geführt
5. Ein Paar nach Verlassen des Tisches beim Weggehen
6. Zwei Paare beim Verlassen der Gaststätte
Zu 4. und 6.: Die beiden Damen können auch hintereinander gehen. Die »bunte Reihe« empfiehlt sich vor allem bei mehreren Paaren

Suche nach seinem Ferien-Stammplatz mit dem Wirt – in größeren Häusern mit dem Oberkellner – in Verbindung und gibt auch seine Wünsche für den Fall bekannt, daß bei Platzmangel Fremde mit an den Tisch gesetzt werden müssen.

Die Hotelbar ist immer für Damen und Herren da

Die Auffassung, daß die Hausbar des Hotels ebenso für die allein reisende Dame wie für den Herrn da ist, hat sich mehr und mehr durchgesetzt. Entscheidend sind Atmosphäre und Ruf der Bar. So läßt sich nicht mehr verallgemeinernd sagen, daß die Dame die Hausbar des Hotels, in dem sie wohnt, nicht ohne Begleitung betreten sollte. Zwar ist die Ansicht, daß sie dort nicht willkommen sei, noch hier und da verbreitet. Sie wandelt sich jedoch mit der Beobachtung, daß in den renommierten Ferienhotels die dort für mehrere Tage oder Wochen wohnende alleinstehende Dame nicht mehr in Gefahr gerät, mit anderen verwechselt zu werden, die aus bekannten Gründen nur gar zu gern die traditionellen Treffpunkte der Männerwelt aufzusuchen pflegen.

Im Nachtlokal

Anders liegen die Dinge in bezug auf die Bar mit Nachtprogramm, auf Nachtlokal oder Nachtclub. Deren Besitzer schließen Damen ohne Herrenbegleitung hier und da vom Besuch aus, wie sie sagen, im Interesse ihrer Gäste, indem sie gewissermaßen die Verantwortung für die Auswahl der gewissen weiblichen Gäste auf die Herren abwälzen. Und sie berufen sich damit auf einen von der Frauenwelt selbst gesetzten Maßstab.

Es läßt sich wohl nicht bestreiten, daß die überwältigende Mehrheit der Frauen und Mädchen bei allem Streben nach Gleichberechtigung nach wie vor zumindest vom Ehemann oder vom »festen Freund« verlangen, sie vor der Gesellschaft gewisser Geschlechtsgenossinnen zu bewahren.

Der Begleiter ist Beschützer

Es ist einmal zum Ausdruck gebracht worden, es sei eine ungeheure Diskriminierung der Frau, einer Dame den Zutritt zu einer Nachtbar zu verwehren. Es geht doch aber wohl nicht darum, die Dame von einer bestimmten Gaststätte auszuschließen, sondern sie vor Situationen zu bewahren, die ihr selbst äußerst peinlich werden könnten. Der Herr in ihrer Begleitung bewahrt sie davor, in den Augen anderer Besucher männlichen und weiblichen Geschlechts für eine Alleingängerin gehalten und als solche angesprochen zu werden. Er beschützt sie. Und männlichen Schutz wünschen sich die meisten Damen auch heute wie eh und je.

Gewisse Lokale

Die von der Hausbar eines Hotels abweichenden Sitten in Nachtlokalen lassen keine allgemeine Empfehlung zu. Es gibt nicht wenige Männer, die sich den Besuch gewisser Lokale ersparen, weil sie das Risiko scheuen, sie könnten dort nicht mehr Herr ihrer Entschlüsse sein. Um so mehr sollte auch die Frau allein oder in Begleitung einer Freundin die Risiken abwägen.

Trinkgeld ist keine Selbstverständlichkeit

Trinkgeld sollte nie als selbstverständlich gegeben werden. Es sollte stets die Anerkennung für die besonders aufmerksame Bemühung des Bedienenden um den Gast oder Kunden sein.
Ein Trinkgeld ist natürlich dann angebracht, wenn der Gast um eine Leistung gebeten hat, welche über die in den Dienstleistungsberufen üblichen Bemühungen hinausgeht. Und auch der Gast, der zum Beispiel sein Ferienhotel mit dem Gefühl verläßt, nicht einfach »abgefertigt«, sondern mit aller Umsicht und Aufmerksamkeit betreut worden zu sein, wird den Beitrag zu seiner Erholung dem Zimmermädchen oder dem Tischkellner gegenüber durch ein Trinkgeld anerkennen, obwohl er an sich mit dem Bezahlen seiner Rechnung und dem Bedienungsaufschlag von 10 oder 15 % seinen Verpflichtungen nachgekommen ist. Denn Trinkgeld ist eine freiwillige Leistung des Gastes.
Man kann immer wieder feststellen, daß Freundlichkeit im Umgang mit dem Bedienungspersonal mehr Achtung und Zuvorkommenheit auslöst als Großspurigkeit im Reden wie im Trinkgeld. Ein anerkennendes Wort für gute Bedienung ist noch immer eine gute Münze und wiegt mehr als ein voller Herablassung hingeworfenes Geldstück.
Dagegen beweist der Bedienende, der durch sein Betragen spüren läßt, in seinen Trinkgelderwartungen enttäuscht worden zu sein, daß er zu fordern geneigt ist und nicht verdient hat, was allein freiwilliger Entscheidung entspringen kann.
Von jungen Menschen, die noch auf den Geldbeutel der Eltern angewiesen sind oder in der Berufsausbildung stehen, sollte niemand ein Trinkgeld erwarten. Die Jugend sollte sich jedoch den Rat zu eigen machen, den Dienst, den ihr ein Älterer oder ein Altersgenosse leistet, stets durch ein Wort des Dankes zu honorieren.
Stewardessen und Stewards der Luftfahrtgesellschaft betrachten sich, wie es bei der Lufthansa heißt, »als Gastgeber an Bord« und lehnen daher ein Trinkgeld ab.
In einer Umfrage aus dem Jahre 1984 gaben von 2 000 Befragen 18 % an, grundsätzlich kein Trinkgeld zu geben. 21 % der unter 30jährigen und 15 % der über 30jährigen erklärten, daß sie Trinkgeld für überflüssig halten. Die älteren Bundesbürger ab 44 Jahre bekennen zu 41 %, daß sie für die Bedienung in Hotels und Restaurants »schon mal etwas tiefer« in die Tasche greifen. Bei einer Gaststättenrechnung halten die meisten Bürger ein Trinkgeld von einer bis zwei D-Mark für angemessen.
Es versteht sich von selbst, daß die allgemeinen Empfehlungen zur Trinkgeldfrage nur für innerdeutsche Belange gelten. Vor Auslandsbesuchen tut jeder gut daran, sich über die dort geltenden Trinkgeldregeln unterrichten zu lassen. Erfahrene Reisende können solche Tips geben. Sie stehen aber auch in vielen Reiseführern. Auch Reisebüroangestellte und Betreuer geben gern Hinweise. Im übrigen sollte jeder bemüht sein, jenseits unserer Grenzen das rechte Maß zwischen dem Zuviel und dem Zuwenig zu finden. Besagen doch Berichte aus dem Ausland, daß in einigen der vom Tourismus heute bevorzugten Ländern fremde Besucher leicht den Unwillen auch der Einheimischen erregen können, wenn sie beim Trinkgeld des Guten zuviel tun. Dagegen

können Deutsche in anderen Ländern mit den in der Bundesrepublik üblichen Sätzen in den Ruf kommen, knauserig zu sein.
Solche Fehlgriffe hängen wohl in den meisten Fällen damit zusammen, daß hier ein Bedienungsaufschlag mit der Rechnung erhoben wird, wie bei uns – und dort in den Dienstleistungsberufen, insbesondere bei den Kellnern und Boys überhaupt kein oder ein tief unter dem Existenzminimum liegender Lohn gezahlt wird. Wer zum Fristen seines Lebensunterhalts auf Trinkgeld angewiesen ist, betrachtet das mehr oder weniger großzügige Verhalten des Gastes natürlich mit anderen Augen als der Kellner in jenen Ländern, in welchen die Existenz durch Tariflöhne gesichert ist.

Wer einlädt, bezahlt!

Mit der Fragwürdigkeit der überholten Etikettepostulate wie »Die Dame hat keine Beine« – »Die Dame raucht nicht« – »Die Dame bestimmt den guten Ton« (»Und willst du wissen, was sich ziemt, so frage nur bei edlen Frauen an.«) entfällt auch die oft so scheinheilig gehandhabte Regel: »Die Dame bezahlt nicht«! Scheinheilig? Weil sie vor allem für junge Menschen aus Etikettebüchern der Eltern oft noch etwa so interpretiert wird: »Er erledigt die Rechnung mit dem Ober. Notfalls rechnet er hinterher mit seiner Dame ab, wenn sie ihm nicht schon vorher ihren Beitrag zugesteckt hat.«
Die Empfehlung des Fachausschusses für Umgangsformen dagegen lautet: »Nur wer eingeladen hat, zahlt!« Und nichts spricht mehr dagegen, daß Eva, wenn sie nicht ausdrücklich eingeladen worden ist, sobald der vom Herrn herbeigebetene Kellner an den Tisch kommt, ihren Geldbeutel mit den Worten zieht: »Herr Ober, bitte auch meine Rechnung.« Denn die Partner sind gleichberechtigt!

Rund um das Kraftfahrzeug

Liebe am Steuer – oder: Wer rast, ist dumm

Tempo macht Frauen ebenso Angst wie allen Beifahrern, die die Gefahren der Straße, aber nicht die Fahrsicherheit des Mannes am Steuer neben sich kennen.
Frauen haben aus der Erfahrung jahrhundertelangen Unterdrücktseins ein Gespür für den entscheidenden Unterschied zwischen kraftvoller Überlegenheit und Brutalität.
Der Kraftfahrprotz, der andere Verkehrsteilnehmer brutal beiseite hupt, weil ihm die Überlegenheit geschmeidiger Beherrschung fehlt, wird auch die Übersicht vermissen lassen, die den vollendeten Liebhaber als einen Partner auszeichnet, der nicht nur an sich selber denkt. Wer plump drauflos rast, ist dumm!
Und das Mädchen wie die Frau, die solche Zeichen bei den ersten gemeinsamen Ausfahrten mit einem in die engere Wahl gezogenen Partner nicht zu deuten weiß, ist zumindest einfältig. Sie rast mit großer Wahrscheinlichkeit einer Katastrophe entgegen – einem Verkehrsunfall, einer unglücklichen Ehe oder beidem.
Der überlegene Liebhaber, der verständnisvolle Ehemann, fährt zügig. Er schont seine Nerven und die seiner Beifahrerin: Er unterhält sich mit ihr, statt sie durch das Erlebnis eines vorbeifliegenden Horrorfilms zu unterhalten. Er fährt und ist kraftvoll-behutsam.
Manche Frauen lieben es brutal? Laßt sie rasen! Sie sind ohnehin krank. Hoffen wir im Interesse der anderen Verkehrsteilnehmer, daß ihnen und ihren Partnern rechtzeitig ein Arzt oder die Polizei begegnet.
Ärgern Sie sich nicht, wenn Sie irgend jemand mit einem teuereren schnelleren, Ihrem ebenbürtigen oder gar einem schwächeren Wagen überholt. Trösten Sie sich damit, daß die meisten Verkehrs-Kraftprotze eines Tages den Führerschein loswerden. Freuen Sie sich darüber, daß Sie mehr Zeit haben als die armen Irren, die selbst in Ihrer Freizeit glauben, rasen zu müssen.

Der Führerschein für den Kavalier am Steuer

Wäre die Erlaubnis zum Fahren eines Kraftfahrzeugs von einer zweiten Prüfung für den Führerschein in Höflichkeit abhängig – alle Kraftfahrer wären die höflichsten Männer weit und breit. Dagegen trifft man am Steuer vom Motorroller bis zum Straßenkreuzer manchen Motorprotz an, der die von ihm beherrschten Pferdestärken geradezu als einen Ersatz für gute Sitten zu betrachten scheint. Das kann man Tag für Tag zwischen Wohnblocks wie Villen beobachten.
Da knattern, brummen und summen die Pseudokavaliere heran, halten mit quietschenden Bremsen vor Haustüren oder Gartenpforten,

drücken lautstark auf Hupe oder Signalhorn und erwarten, gelassen um sich blickend und in ihr Polster zurückgelehnt, den eiligen Trippelschritt der zur Ausfahrt geschmückten »Motorbraut« – übrigens ein großartiges Wort für jeden weiblichen Typ, welcher weniger nach dem Mann am Steuer als vielmehr danach fragt, mit welchem Auto gefahren wird.

Eine Dame abholen

Zum Wesen einer Dame gehört seit eh und je, daß sie sich nicht auffällig benimmt.
Entsprechend sollte der Herr darauf Rücksicht nehmen, daß vielleicht auch jene kleine Hübsche, die er mit Motorrad oder Wagen abholt, gar nicht mehr auffallen möchte, als ihr durch ihr gewinnendes Äußeres ohnehin an Aufmerksamkeit schon zufliegt.
Sie durch eine Hupe herbeizurufen und gleichzeitig die neugierige Nachbarschaft an die Fenster zu beordern, verrät am Steuer des Fahrzeugs doch eigentlich nur einen groß gewordenen Jungen, der sich über jenes Alter nicht hinausentwickelt hat, als er seinen Gefährten noch durch einen schrillen Pfiff zwischen zwei Fingern zum Spiel auf die Straße herabrief.
Der Kavalier am Steuer stellt seinen Motor ab, geht zur Haustür, klingelt und wartet, wenn er nicht ins Haus gebeten wird, bis er die Dame endlich begrüßen kann.
Er führt sie zum Fahrzeug und öffnet ihr – um beim Wagen zu bleiben – den Schlag.

Wie die Dame einsteigt

Man könnte ein Karikaturenbuch allein mit Abbildern jener Verrenkungen veröffentlichen, die auch sportlich trainierte junge Damen zeigen, wenn sie ihren Platz im Auto erreichen wollen. Dabei ist es – von Sportroadstern ohne Türen abgesehen – bei den meisten Wagen so einfach. Die Dame nimmt Platz, als wäre der Sitz wie ein Sessel der Straße zugewandt, hält (beim Einsteigen auf den Beifahrersitz) den Rock mit der Rechten und macht eine Wendung um 90 Grad nach links, wobei sie die Beine mit geschlossenen Knien ins Wageninnere schwingt. Darin geübt zu sein, ist besonders wichtig für den Ausnahmefall, in dem es auf schnelles Aussteigen ankommt.
Haben wir eben angenommen, daß der Herr die Dame in einer Straße abholt, in der Platz zum Parken und auch sonst wenig Verkehr ist, so wollen wir uns vor allem den Fragen zuwenden, die der Fachausschuß für Umgangsformen unter das Motto »Sicherheit geht vor Höflichkeit« gestellt hat.

Beim Aussteigen

Um der Dame beim Aussteigen behilflich zu sein, begehen viele Herren den Fehler, ihr die rechte Hand zu reichen und sie nun mit einem Ruck aus dem Wagen zu ziehen. Besser kann er helfen, wenn er die linke Hand oder den linken Unterarm als Stütze hinhält und mit der rechten Hand die Tür vor dem Zuschlagen bewahrt. Die Dame steigt am besten mit jener nun umgekehrten Drehung aus, die eingangs beschrieben wurde (vergleichen Sie bitte »Wie die Dame einsteigt«).

»Absetzen« in verkehrsreicher Straße

Was in einer verkehrsstillen Straße selbstverständlich ist, gilt natürlich nicht im tosenden Großstadtverkehr, wenn der Kraftfahrer durch gedankenlose Auslegung der Höflichkeitsregeln seine Begleiterin, sich selbst oder gar andere Verkehrsteilnehmer in Gefahr bringen könnte. Hat er sie in die Stadt mitgenommen, um sie zum Beispiel beim Friseur »abzusetzen«, vor dessen Tür reger Verkehr herrscht, so kann er es sogar erwarten, daß die Dame sagt: »Bitte, bleiben Sie doch sitzen!« und er, der als Fahrer ja die größere Übersicht hat, darf ohne weiteres fragen: »Darf ich sitzen bleiben?« Allerdings muß er davon überzeugt sein, daß sie flink und verkehrserfahren genug ist, um durch das Öffnen der Tür beim selbständigen Aussteigen nicht ihrerseits einen Verkehrsteilnehmer zu gefährden.
Verläuft zum Beispiel zwischen Fahrdamm und Bürgersteig ein Radweg, so muß der Lenker des Fahrzeugs die Dame unbedingt darauf aufmerksam machen: »Bitte, Vorsicht beim Öffnen – Radfahrweg!« Und einer älteren Dame muß er gerade in diesem Fall mit der nötigen Vorsicht auch im tosenden Straßenverkehr eine Brücke über den Radfahrweg bauen, indem er ihr das Geleit bis zum Bürgersteig gibt. Umsicht und Takt bestimmen hier den Grad der wohlverstandenen Hilfsbereitschaft.

»Wo ist der Türgriff, bitte?«

Auf diese Frage der neben ihm sitzenden Dame, die mit dem Wagen nicht vertraut ist, pflegen sich viele Fahrer einfach nach rechts fallen zu lassen, um den Schlag mit ausgestrecktem Arm zu öffnen. Eine weit verbreitete Unsitte! Man muß diese Szene vielleicht einmal aus der Sicht der Dame erlebt haben, um sie beurteilen zu können. Übertreiben wir ein wenig: Da fliegen der Dame die Haare des Herrn ins Ge-

Wie soll man einer Dame geschickt und taktvoll in und aus dem Wagen helfen? Wenn sie einsteigt, so wird er die Tür öffnen, sie festhalten und der Begleiterin beim Setzen nicht zusehen. Nicht alle Damen beherrschen den geschickten Dreh auf dem Beifahrersitz, der es ermöglicht, bei geschlossenen Knien die Beine nach drinnen oder nach draußen zu schwingen

sicht, oder sie wird von seinem Hutrand gestreift, vielleicht gar von seinem Ellenbogen, und wenn sich der »hilfreiche« Fahrer nicht richtig am Steuer festhält, hat sie ihn plötzlich auf den Knien liegen. Gewiß, es gibt auch geschickte »Türangler« – aber warum überhaupt diese akrobatischen Versuche!
Soviel technisches Einfühlungsvermögen, um nach einem kleinen Fingerzeig den Türgriff zu finden, darf man dem weiblichen Geschlecht schon zutrauen.

Wer öffnet die Autotüren?

Zur Frage, ob der Lenker des Autos grundsätzlich verpflichtet ist, allen Mitfahrenden die Türen zu öffnen, bzw. zu schließen: Grundsätzlich könnte man jeden Mitfahrenden als Gast des Herrn oder der Frau am Steuer des Kraftfahrzeuges bezeichnen. Daraus ergibt sich, daß er sich

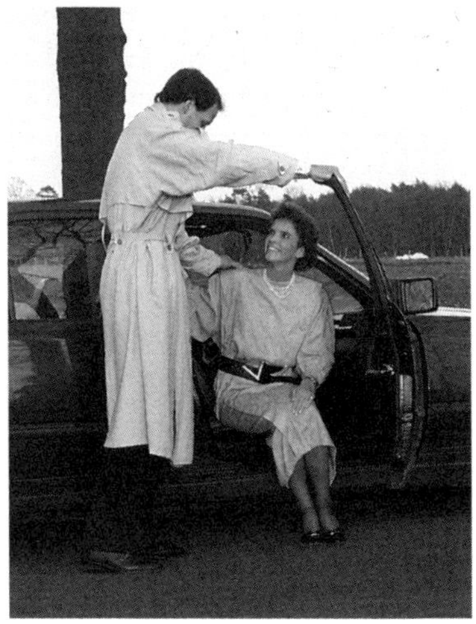

Einige Tips für den Herrn: Wichtigster Gesichtspunkt, die Tür vor dem Zuschlagen zu bewahren! Beim Heraushelfen die Hand oder den Unterarm nur als »Stütze« reichen, die Dame nicht etwa aus dem Wagen herausziehen, keine Kraftanstrengung, keinen Ruck

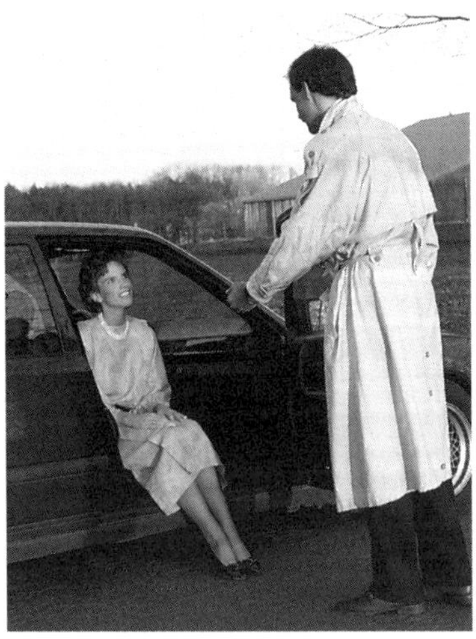

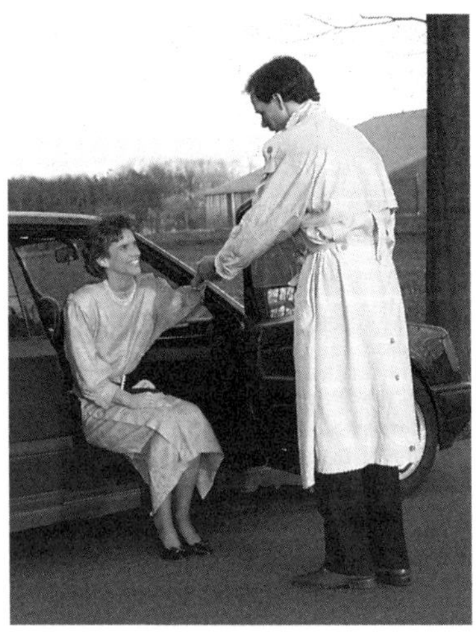

Auch daran denken: Die Hauptsorge der Dame gilt beim Aussteigen aus dem Wagen bei kurzem Rock den Strümpfen, beim längeren dem Stoff, aus kleineren Wagen der Frisur. Der Rock könnte in der Wadengegend festhaken oder beschmutzt werden

um alle Mitfahrenden kümmern muß. Gerade hier erfüllt die Ritterlichkeit ihr ursprüngliches Grundmotiv: den Schwächeren zu beschützen. Dazu gehört das Behilflichsein beim Ein- und Aussteigen, vor allem, wenn es sich um Ältere oder um Mitfahrende handelt, die durch ihre Kleidung oder andere Umstände der Hilfeleistung bedürfen.
Falls noch ein anderer Herr im Wagen sitzt, nimmt er sich dieser Verpflichtung gleichfalls mit an – ebenso wie die Jüngeren im Rahmen des Respektverhältnisses grundsätzlich behilflich sein sollen. Jeder Mitfahrer sollte vor allem bei längeren gemeinsamen Fahrten daran denken, daß der Lenker des Fahrzeuges am meisten beansprucht ist und man ihn durch selbständiges Ein- und Aussteigen entlasten kann. Das sollten jedoch nur jene tun, die die Situation so weit überblicken können, daß sie die Verkehrssicherheit nicht gefährden.

Der Platz der Ehefrau

Unkenntnis herrscht auch weiterhin darüber, welcher Platz im Wagen der Ehefrau oder der ständigen Partnerin des Wagenbesitzers gebührt, wenn andere mitfahren.
Grundsätzlich hat sie Anspruch auf den Beifahrersitz, weil der im allgemeinen ihr angestammter Platz ist, aber auch aus Gründen der Verkehrssicherheit. Sie allein weiß nämlich am besten, ob ihr Mann, der Fahrer, Hinweise liebt wie:
»Rechts ist frei!« – Vorsicht, ein Zebrastreifen!« – »Da kommt einer von links!« und so weiter.
Viele Fahrer lehnen solche Tips strikt ab, weil sie dadurch nervös gemacht werden. Wer diese jedoch für nützlich hält, kann sich nur darauf verlassen, wenn er sich mit dem ständigen Beifahrer eingespielt hat. Nimmt man Gäste mit, ist es also an der Frau, die übrigen Plätze des Wagens zu verteilen und zum Beispiel, wenn ein Ehepaar mitfährt, vorzuschlagen, die Herren vorn und die Damen im Fond Platz nehmen zu lassen.

Er öffnet ihr die Autotür von innen. – Was mag sie wohl denken? Vielleicht: Dabei würde es seiner Linie so gut tun, sich hin und wieder zu bewegen! Oder: Er wird auch in anderen Dingen wenig aufmerksam sein!

Aber, wie gesagt, es ist durchaus kein Verstoß gegen die guten Sitten, wenn die Ehefrau auf dem Beifahrersitz neben ihrem Mann besteht, der ja auf Grund der Unfallstatistik der »gefährlichste« ist, so daß es sehr problematisch werden kann, diesen vor allem vor längeren Fahrten einer mitfahrenden Dame guten Gewissens anzubieten. Im übrigen sind Sicherheitsgurt und Nackenstütze ohnehin auf den ständigen Beifahrer – zumeist die Frau – eingestellt.
Etwas anderes ist es, wenn man einem Gast von auswärts auf einer Rundfahrt die Sehenswürdigkeiten seiner Stadt und ihrer Umgebung zeigen möchte. Da sollte ihm natürlich wegen der besseren Sicht der Beifahrersitz vorbehalten bleiben.

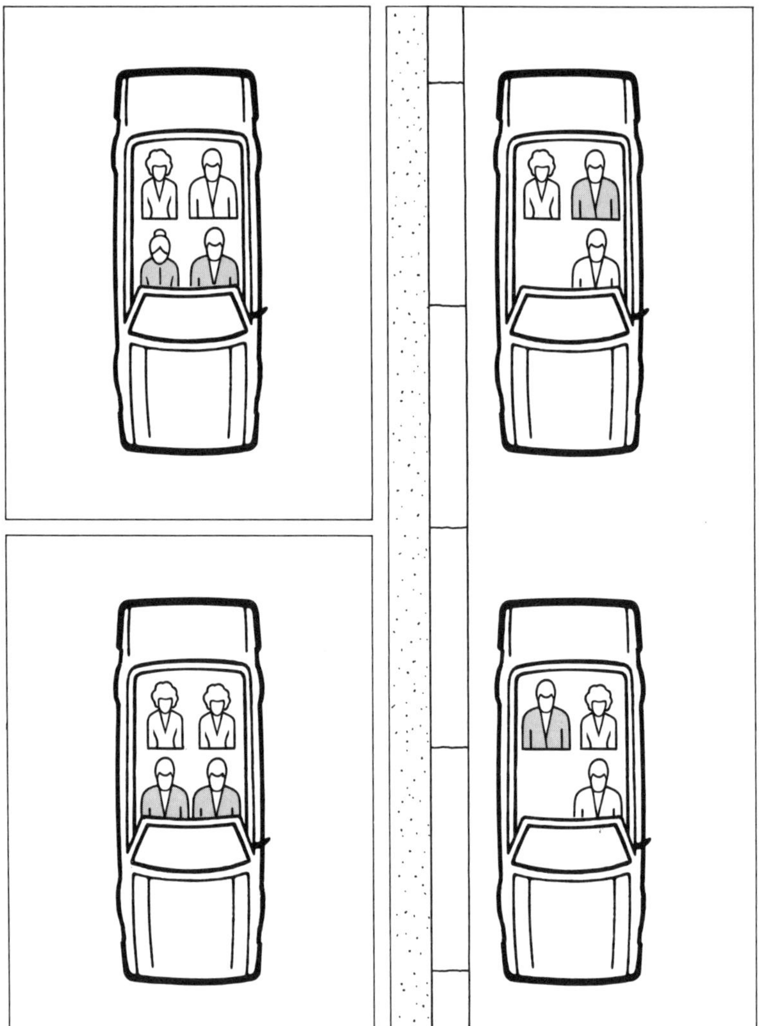

Im Auto gibt es ein unumstößliches »Gesetz«: Die Frau des Mannes am Steuer kann stets den Beifahrersitz beanspruchen. Die Ausnahme – Herren vorn, Damen im Fond – ist in ihr Ermessen gestellt. Rechts: Ins Taxi wird der Herr so einsteigen, daß er nach rechts vor der Dame aussteigen kann, um ihr behilflich sein zu können. Nach der Taxifahrt bleibt die Dame, sofern nicht jeder seinen Anteil selbst bezahlt, so lange im Wagen sitzen, bis der Herr bezahlt hat. Im allgemeinen wird der Taxifahrer aussteigen, um die Wagentür für seine Fahrgäste zu öffnen und zu schließen

Ihm wird man den Platz mit der besseren Aussicht, d.h. den Beifahrersitz, anbieten – und dann wird ja auch bewußt langsam gefahren.

Motorrad-, Mofa- und Mopedpärchen

Immer größer wird die Zahl von Jugendlichen, die sich anscheinend besonders stark vorkommen, wenn sie beim Straßenrandgeplauder mit auf dem Bürgersteig stehenden Bekannten beiderlei Geschlechts ihren Motor weiterknattern lassen.
Zunächst einmal ist es unhöflich, wenn sich der Motorradfahrer, im Sattel sitzend, mit jemandem, sei er Männlein oder Weiblein, unterhält, der steht.
Dasselbe gilt für den Autofahrer, der ja gleichfalls aussteigen muß, sobald ein Gespräch über die Fragen nach dem Weg hinausgeht.
Die Rücksichtnahme verbietet jegliche Form von Motor- und anderem Lärm, und zwar nicht nur im Hinblick auf den eigenen Kreis, sondern auch auf die größere Gemeinschaft, in die auch jene Menschen einbezogen sind, die wir nicht kennen.

Einbiegende ohne Vorfahrt

Die Rücksichtnahme im Straßenverkehr erfordert, einem aus einer Torausfahrt oder einem Parkplatz auf die Straße einbiegenden Fahrzeug das Einreihen in eine Autoschlange gerade auf einer lebhaft befahrenen Straße zu ermöglichen. Wem andere Argumente nicht einleuchten, der möge sich vergegenwärtigen, daß die Gedanken- und Rücksichtslosigkeit der sich mit aller Gewalt Aufschließenden vielleicht einen Arzt daran hindert, einem Menschen das Leben zu retten. Im übrigen hat sich fast allgemein die gute Regel durchgesetzt, sich im »Reißverschlußverfahren« einzufädeln.

Vorstellen nach einem Verkehrsunfall?

Zwei Autos sind zusammengestoßen. Es hat Blechschaden gegeben. Ob sich der Lenker des einen oder des anderen Wagens nun einer Schuld bewußt ist oder nicht – es gehört sich, sich bei den Unfallpartnern zu erkundigen, ob jemand persönlich Schaden genommen hat. Ein Vorstellen im gesellschaftlichen Sinne ist dazu nicht erforderlich. In der Regel tauschen die Autofahrer lediglich die Anschriften aus. Je ruhiger und sachlicher sich beide Seiten verhalten, um so besser, auch dann, wenn die Polizei den Unfall aufnehmen muß.

Nicht wie ein Freund und Helfer

Unsere Polizeibeamten sind im allgemeinen betont höflich. Ausnahmen bestätigen nur die Regel. So wurde der Fachausschuß für Umgangsformen gefragt, wie man sich in einem solchen Ausnahmefall – wenn man »angeschnauzt« werde – richtig verhält. Ruhe und Höflichkeit entwaffnen dann meistens. Also nicht ebensolaut zurückfeuern: »Ich verbitte mir Ihr unverschämtes Gebrüll!« – sondern vielleicht, mit betonter Zurückhaltung: »Darf ich Sie bitten, in einem ruhigeren Ton mit mir zu verhandeln!«

Taxifahrten

Einst hieß es, der Herr sollte der Dame seiner Begleitung beim Einsteigen in das Taxi oder in den Fond eines privaten Gefährts den Vortritt lassen und rechts neben ihr Platz nehmen, weil er so als erster aussteigen und ihr beim Verlassen des Wagens behilflich sein könnte. Diese Regel bedeutete jedoch, daß die Dame nach dem Einsteigen auf den linken Sitzplatz und zum Aussteigen wieder zurück zur rechten Tür rutschen mußte; denn die Möglichkeit, zum Fahrdamm hin auszusteigen, wird in verkehrsreichen Straßen immer problematischer. Daher stellt man es heute in das Ermessen der Dame – wegen eines engen Rockes oder aus was für Gründen auch immer –, ob sie von Fall zu Fall den linken oder rechten Platz wählen will. Der Hinweis »Ich würde gern rechts sitzen!« genügt, und damit kann der Herr ohne weiteres vor ihr einsteigen, wenn der brausende Vekehr auf dem Fahrdamm das Öffnen der linken Tür verbietet.

Drängeln – die Geißel der Massengesellschaft

Die aus allen Kreisen der Bevölkerung am häufigsten gebrandmarkte Unsitte ist das »Drängeln« in der Schlange von Wartenden oder Einsteigenden. Es ist nur schwer zu begreifen, weshalb sich das so oft zitierte gute Beispiel der Engländer, denen es angeboren zu sein scheint, sich ohne Tuchfühlung hinter den Letzten anzureihen, bei uns so schwer durchsetzt. Vielleicht mangelt es noch allzuvielen an dem Bewußtsein, daß es eine Rücksichtslosigkeit ist, einem anderen Menschen ohne Not körperlicher Nähe aufzuzwingen. Viele sollten in dieser Beziehung mehr Rückgrat haben und nicht jedem Druck eines Drängelnden ohne weiteres nachgeben. Freilich müssen wir damit nicht erst auf der Straße beginnen, sondern schon drinnen; zum Beispiel beim Andrang zum Kalten Buffet, vor einer überfüllten Theke und beim Abholen der Garderobe. Kommt es wirklich auf die zwei, drei oder fünf Minuten an, die wir warten müssen, bis die Drängler ihre Ungeduld befriedigt haben?! Ist es wirklich so wichtig, ein paar Meter näher an der Kinokasse zu stehen, wenn wir uns einmal in die Schlange eingereiht haben?! Je mehr Menschen sich für die Vernunft des Abstandhaltens gewinnen lassen, im kleinen Kreis oder in der nächsten Schlange für diese Form der Rücksichtnahme zu werben, um so eher werden auch wir in den Genuß jenes freien Gefühles selbstbewußter Menschen kommen, die eine der Geißeln der Massengesellschaft überwunden haben.
Merken wir uns: Wer einen anderen Menschen ohne Not nur zur Tuchfühlung zwingt, handelt rücksichtslos.

Abstand halten heißt, den Vordermann nicht berühren

Wer sich an eine Schlange Wartender anreiht, sollte von vornherein soviel Abstand halten, daß er nicht einmal die Kleidung des Vordermannes berührt. Das gilt auch für das Warten an Haltestellen von Straßenbahn oder Omnibus. Ausnahmen von dieser Regel sind allein im Verkehrsmittel erlaubt, wenn wir durch dichteres Aufschließen anderen behilflich sein wollen, noch mitfahren zu können.
Nicht minder sinnlos ist Drängeln in einer Reihe Wartender vor Schaltern, weil die Abfertigung dadurch eher leidet, als daß sie etwa beschleunigt würde.

Vor Garderoben

An den Garderoben von Sälen, Theatern und Lichtspielhäusern erschwert Drängeln nur die Ausgabe. Je aufgelockerter die Wartenden in der zweiten Reihe stehen, um so leichter können diejenigen, die ihren Mantel schon erhalten haben, nach hinten durchgehen. Bei Andrang sollten wir den Mantel nicht unmittelbar an der Garderobentheke anziehen. Gewandte Gesellschafter warten mit ihrer Begleitung ein paar Minuten, bis sie sicher sind, daß sich an der Garderobe der Andrang gelegt hat.

Am kalten Büfett

Ellbogen und drangvolle Enge vor einem kalten Büfett oder einer Getränkeausgabe sind ein Zeichen dafür, daß mancher Zeitgenosse seine rücksichtslose Gier ebensowenig zu zügeln vermag wie ein an den Trog stürzendes Tier.

Im Straßenverkehr

Mangelndes Gefühl für Rücksichtnahme durch Abstandhalten, Raserei oder Unkenntnis über die Bremskraft des eigenen Wagens lassen die Form des »Drängelns« mit dem Auto leicht zu einer Gefahr für den Menschen werden. Besonders wird auf der linken, der »schnelleren« Fahrbahn Abstandhalten und rechtzeitiges Ausweichen nach rechts zum Gebot der Sicherheit. Wer Abstand hält, kommt überall schneller vorwärts – auf dem Parkett wie auf dem Asphalt.

Auch auf dem Parkplatz

Es ist rücksichtslos, auf einem mit weißen Linien oder durch andere Zeichen eingeteilten Parkplatz so anzuhalten, daß für einen Wagen Platz für zwei in Anspruch genommen wird. Freilich ist vor allem auf der Fahrerseite eine Körperbreite zum Ein- und Aussteigen zu berücksichtigen. Mitfahrende können notfalls nach dem Herausfahren aus der Lücke Platz nehmen.
Bei nebeneinander geparkten Fahrzeugen muß das Öffnen der Türen natürlich mit aller Sorgfalt erfolgen, um Blechbeulen beim benachbarten Auto zu vermeiden. Wer aus Versehen dennoch einen Kratzer anbringt, sollte wenigstens einen Zettel mit Namen und Anschrift hinter einen Scheibenwischer klemmen.

Die falsche Fröhlichkeit

Grob unhöflich ist die Unsitte so manchen gedankenlosen Mitbürgers, beim Abfahren nach einem Besuch oder einer Party »abschiednehmend« zu hupen. Ob bei Tag oder Nacht – es gibt immer und überall schlafende oder gar kranke Mitmenschen, die solcher Lärm belästigt. Auch für den Gastgeber ist es unangenehm, wenn seine Gäste in einem Atemzug Hausfriedensbruch und Ruhestörung verursachen. Dazu sollte er nicht durch kräftiges Zuknallen der Türen beitragen. Es ist besser, alle guten Abschiedswünsche und den Dank für Speisen und Trank in der Wohnung oder in der Gaststätte zu lassen, als sie beim Abschiednehmen auf der Straße nochmals »in aller Öffentlichkeit zu verkünden«.

Wer auf »sein Recht« pocht, kann unrecht haben

Vom Platzmachen in Verkehrsmitteln

Die Massenbeförderungsmittel der Städte bringen täglich Menschen in Tuchfühlung, ob sie sich diese nun wünschen oder nicht. Dabei braucht man nicht einmal an Überfüllung oder Gedränge zu denken. Man sitzt oder steht nebeneinander, ist sich zwar fremd und doch aufeinander angewiesen. Dabei scheiden sich die Geister: Die einen, die in dem großen Irrtum leben, wo sie niemand kennt, könnten sie sich gehenlassen, und die anderen, die erkannt haben, daß gerade in der Enge ein nettes Wort den grauen Alltag aufzuhellen vermag.

Rücksichten sind wichtiger als Regeln

Diese Bereitschaft zu erwecken, hier einer alten Frau beim Einsteigen behilflich zu sein, dort als Jüngerer seinen Platz anzubieten, sich mit einem freundlichen »Gestatten Sie, bitte?« den Weg zum Ausgang zu bahnen, diese kleinen Hilfen der Rücksichtnahme sind oft wichtiger als die »technischen« Regeln: Beim Einsteigen läßt der Herr der Dame, der Jüngere dem Älteren den Vortritt und ist, wenn nötig, mit einer kleinen Hilfestellung behilflich.
Ist das Trittbrett hoch, so nimmt die Bekannte einen unterstützenden Griff unter den Ellenbogen in Anspruch. Fremde muß man natürlich fragen: »Darf ich Ihnen behilflich sein?«
Beim Aussteigen steigt der Herr vor der Dame aus, tritt zur Seite und reicht ihr die Hand gewissermaßen als Verlängerung des Haltegriffes. Linke Hand am linken Griff, heißt die Aussteigeregel für sie. Also gibt er ihr die Hand dort, wo der Griff aufhört. Steigen jedoch von der rechten Seite andere ein, muß er sich rechts von ihr halten und ihr die linke Hand geben. Hilfestellung erst dann, wenn Aussteigende sich am Griff nicht mehr selbst festhalten können.

Platz machen ist nicht selbstverständlich

Daß wir in einer überfüllten Bahn darauf achten, anderen den Durchgang zu erleichtern, sollte selbstverständlich sein. Komplikationen ergeben sich, wenn nicht jeder einen Sitzplatz findet. Gewiß soll der Jüngere darauf achten, wenn Ältere zusteigen, von sich aus aufzustehen. Aber der Ältere sollte nicht böse werden, wenn ein »Träumer« ihn nicht gleich entdeckt. Mancher sollte auch darüber nachdenken: Im Berufsverkehr fahren viele nach Hause, die schwer gearbeitet und vielleicht ununterbrochen gestanden haben. Ihnen gegenüber gehässig zu werden, wenn sie eine Dame stehen lassen, kann zu peinlichen Antworten führen. Auch der weibliche Fahrgast kann nach anstrengender Berufsarbeit die Bahn mit letzter Kraft erreicht haben. Viele Komplikationen lassen sich mit einem freundlichen Wort lösen: »Darf ich mich mit Ihnen im Sitzen ablösen, ich bin todmüde!»
Oder: »Ich wäre Ihnen dankbar, wenn Sie mir vor dem Aussteigen Ihren Platz freihalten würden!« Wer nicht auf sein Recht pocht, sondern darum bittet, entwaffnet und kommt schneller zum Ziel als der belehrende Griesgram.

Geselligkeit daheim und draußen

Früher standen selbst die Formen der häuslichen Geselligkeit im Zeichen der »Etikette« – bürgerliche Versuche, die Prachtentfaltung der höfischen Gesellschaft zu imitieren. Aus dem Hofball wurde der Hausball, aus dem Hausball die heutige Party.

Früher

Denn der moderne Wohnungsbau setzte den Maßstab zu erkennen, daß der anspruchsvolle Begriff »Ball« nicht einmal mehr in die inzwischen wieder größer gewordenen Wohnungen paßt. Ein Ball setzt einen Saal voraus. Doch wer baut sich heute schon ein Haus mit Ballsaal, wenn er nicht Hotelier oder Tanzlehrer ist.

Heute laden Gastgeber selbst dort, wo Geselligkeit als »gesellschaftliche Repräsentation« gepflegt wird, zur Party oder – bei Jugendlichen – zur Fete ein.

Heute

Party – der große Sammelbegriff

Eine Party kann vieles sein. Sie beginnt dort, wo die eingeladenen Gäste den engsten Freundeskreis sprengen. Beispiel: Zur »Geburtstagsfeier« kommen Familienmitglieder und vertraute Freunde, ein Kreis, dem man zugesteht, nach Feierabend auch einmal unangemeldet »hereinzuschauen«. Wird der Kreis weiter gezogen, werden auch die neuesten Bekannten und Freunde von Freunden eingeladen, die man kennenlernen möchte oder kennenlernen muß. Dann wird die Geburtstagsfeier zur Geburtstagsparty. Denn: Bruder Egon hat eine neue Freundin, und alles deutet darauf hin, daß sie wahrscheinlich seine Frau wird. Also laden wir sie für ihn ein. Wir waren neulich bei netten Leuten zu Gast und möchten sie gern wiedersehen – die günstige Gelegenheit bietet sich förmlich an.

Der Katalog der Partymöglichkeiten zeigt, wie unendlich viele Gelegenheiten jeder hat, sich mit Menschen zu treffen, mit denen ihn gleiche Interessen verbinden. Ärzte versichern, daß sich unsere Lebenserwartung gegenüber der für den Menschen des vorigen Jahrhunderts mehr als verdoppelt hat (heute durchschnittlich 72 Jahre), so sollten wir etwas dafür tun, daß wir die letzten 30, 20 oder zehn Jahre nicht ohne einen netten Kreis verbringen müssen.

Lernen wir Menschen kennen, solange wir jung oder jung verheiratet sind! Wenn wir schon Kinder haben, ist es nie zu spät, vorausschauend an jene Jahre zu denken, in denen sie das Elternhaus verlassen haben werden, um sich einen eigenen Kreis aufzubauen. Ihr neues, eigenes Leben wird ihnen nur noch hin und wieder erlauben, die Eltern zu besuchen.

Möglichkeiten von Partys Hier Partys für alle Altersstufen, Temperamente, Interessen, für jung und alt, von A bis Z.

Abschiedsparty Wir verlassen eine Stadt, einen Wirkungskreis, Schulkameraden, Kommilitonen, Freundinnen und Freunde – und halten sie fest für später durch das Band der Erinnerung an diesen Abend.

Angelparty Fischereiphilosophen haben den ganzen Tag geangelt.
Am Abend treffen sie sich mit ihren Frauen, die den Fischzug gemeinsam zubereiten.

Badeparty Fröhliches Fest um den eigenen Swimmingpool, gemeinsame Fahrt zum Picknick an einen nahen See oder an die See.

Barbecue-Party Eine scharf gewürzte amerikanische Soße gab ihr den Namen. Mittelpunkt sind am offenen Feuer auf dem Garten- oder Campinggrill gebratene Steaks. Ein Gartenfest oder ein Picknick im Grünen.

Bottle-Party Die Gäste steuern in Flaschen bei, was sie selbst gern trinken. Damen bringen Knabberwerk, Würstchen, Salate oder Kaffee mit. Sie sprechen sich nach Möglichkeit ab, damit nicht alle dasselbe beisteuern.

Cocktailparty Eine international feststehende, sehr oft falsch aufgezogene Partyform. Auf der Einladung wird eine Zeit am späten Nachmittag, zum Beispiel von 18 bis 20 Uhr, angegeben. Man erscheint, Herren im Straßenanzug, Damen im Nachmittagskleid, innerhalb der Cocktailzeit, wann man will, und begrüßt Gastgeber, Freunde und Bekannte. Darüber hinaus besteht keinerlei Verpflichtung, sich mit jedem fremden Gast bekannt machen zu lassen. Man schließt Kontakte, mit wem man möchte, nimmt einen Drink, ein paar Häppchen und geht, sobald man möchte. Es wird nicht getanzt, selten gesessen, es gibt keine Tafel! Eine Stehparty – Gelegenheit für die Gastgeber, viele Verpflichtungen abzugelten, für die Gäste, dagewesen zu sein und vielleicht neue Leute kennengelernt zu haben. Der zwangloseste Empfang, den es gibt.

Disco-Party Ein Tanztreffen längst nicht mehr allein für Jugendliche. Immer mehr junge Ehepaare finden in den Tanzschulen Spaß daran, sich ebenfalls nach modernen Rhythmen zu bewegen. Eine hervorragende Gelegenheit, um jung und alt im Partykeller oder in der Wohnung zu gemeinsamem Feiern zu versammeln und so ganz nebenbei zu beweisen, daß Älter- und Verkalktsein zwei sehr verschiedene »Elternformen« sind. Im übrigen: Frühere Bezeichnung »Beat-Party«.
Das Jugendfest im Hause, im Keller, im städtischen Jugendheim oder in der modernen Tanzschule.

Drive-in-Party

Eine neue Form der »Fahrt ins Blaue« für Kraftrad- oder Autofahrer. Der Gastgeber gibt mit der Einladung eine Straßenrichtung an (von X-Stadt nach Y-Stadt, Bundesstraße Nr. Z) und weist darauf hin, daß die Gäste am Kilometerstein XYZ eingewiesen werden. Ziel kann ein Steinbruch, ein bäuerlicher Gasthof sein. Unter freiem Himmel wird gebraten und gebrutzelt, Getränke (auch alkoholfreie) stehen bereit, Musik, Lampions, Fackeln, je nach Umgebung, Geschmack und Stil. Im nahen Gasthof sind – wenn bis in die Nacht gefeiert werden soll – für alle Beteiligten Zimmer zum Übernachten bestellt.

Einstandsparty

Einladung an den engeren Kreis, wenn man in eine Firma, einen Verein oder einen Klub eingetreten ist.

Fastnachtsparty

Ein närrisches, kostümiertes Fest, auch Faschings- oder Karnevalsparty.

Gartenparty

Es gibt sie in konventioneller Form – elegant in sommerlicher Gesellschaftskleidung – und zwangloser. Daher ist ein Kleidungshinweis wichtig. Am häufigsten: »Wir kleiden uns sommerlich – Herren im hellen Anzug, Damen im bunten Sommerkleid (oder im Hosenanzug).« Damit liegt der Ton auf Gemütlichkeit im Freien, Gartengrill, Tanz auf der Terrasse oder in der ausgeräumten Gartenlaube.
Steht auf der Einladung aber »Gartenfest rustikal« oder »Wir plündern unseren Apfelbaum«, dann wählt man sportliche Freizeitkleidung, auch Jeans. Der Hinweis »Bitte, Badekleidung mitbringen« ist bei Swimmingpoolbesitzern angebracht.

Housewarming-Party

Das alte Wort »Herdbegießen« oder »Tischrücken« sollte in der Einladung zur Einweihung eines Hauses oder der neubezogenen Wohnung hinzugefügt werden; denn die amerikanische Bezeichnung hat sich nur in »internationalen« Kreisen durchgesetzt.
Bei dieser Party wird der Herd wirklich »begossen« – im Winter mit einem heißen Punsch, an dessen Zubereitung alle Gäste in der Küche teilnehmen, und im Sommer mit einem Glas Sekt, wobei jeder Gast das erste Schlückchen auf einer der angeheizten Herdplatten verzischen läßt – und seinen Glückwunsch in Prosa oder Versen – ganz kurz – aufsagt.
Beim »Tischrücken« – einer alten ländlichen Sitte – wird der größte Tisch des Hauses samt Stühlen gemeinsam von draußen an seinen Platz getragen, und jeder widmet, bevor er sich setzt, den Gastgebern einen Trinkspruch. Anschließend ziehen die Damen in die Küche, um die vorbereiteten, oft auch die mitgebrachten Speisen auf den Tisch zu tragen.

Happening-Party

Was sich ereignen soll, hat der Gastgeber »in der Hand«.
Er kann eine gerahmte Leinwand aufstellen und seine Gäste auffordern, diese mit Farben zu beschießen. Oder:
eine Rolle Draht bereitstellen, aus der jeder ein Stück abschneidet, um eine Symbolfigur zusammenzubasteln.

Er kann Stoffbahnen, alte Kleider, Bänder, Papierschlangen und Ketten in einem Umkleideraum bereitlegen, damit sich jeder entsprechend schmückt.
Er kann alle sitzend am Boden versammeln und gemeinsam Gedichte, jeden ein anderes, oder Weisheiten in Prosa sagen lassen, um den »alle verbindenden Geist« zu »beschwören«.
Er braucht nur dafür zu sorgen, daß sich »etwas ereignet«. Je verrückter der Einfall, desto besser.

Fernsehparty (siehe unter »Rings um den Bildschirm«).

Kellerparty Längst nicht mehr allein Veranstaltung der Jugend, die sich mit lauten Rhythmen rücksichtsvoll aus der Wohnung nach unten zurückzieht! Es gibt sehr unterschiedliche Partykeller, in denen sich auch Ältere gern aufhalten. Vom eleganten Kellerbarfest bis zum Treffen in robuster Kleidung rings um die Drehbank des handwerklichen Hobbyraumes bei Bier und deftigem Essen reicht die Skala der Einfälle, mit denen man den Ring der üblichen Einladungen durchbrechen kann.

Küchenparty Das Treffen in der Wohnküche oder im modernen Koch- und Backlabor der Superwohnung, zumeist Endstation nach vorausgegangenen traditionellen Veranstaltungen außerhalb des Hauses. Man hat die aufgekratzte Tischgesellschaft, während die der Nachbartische auseinanderlief, zum »Kühlschranksäubern« und »Weinschrankräubern« eingeladen. Nun ißt jeder, brutzelt jeder, trinkt jeder, was Küche, Speisekammer und Keller hergeben.

Probierparty Der Freundeskreis hat sich entschlossen, die Weinprobe verschiedener Weingüter und -händler auf Herz und Nieren, Geschmack und Preis zwecks Gemeinschaftsbestellung zu prüfen. Um auch die Damen zu beteiligen und zu neutralisierenden Gerichten zu ermuntern, gehört die Wahl eines »Damenweines« zum Programm.

Puddingparty Eine Einladung für die Jüngsten und ihren Freundeskreis, deren sich auch Teens und Twens für Treffen bemächtigt haben, bei denen alkoholfreie (oder fast alkoholfreie) Darbietungen im Mittelpunkt stehen. An heißen Tagen: »Eiskremparty«.

Skatparty Hauptzweck ist das Skatspiel. Auf jeden Fall sind die Ehefrauen mit eingeladen, ganz gleich ob sie Skat, Rommé oder Canasta spielen oder nicht. Vor Spielbeginn wird ein einfaches Essen aufgetischt, anschließend findet man sich wieder zu einem fröhlichen Abschlußgeplauder mit Gulaschsuppe zusammen.

Tanzparty Im Grunde genommen, sind die meisten Partys zugleich Tanzpartys. Ist aber ausdrücklich dazu eingeladen, so kann man sicher sein, daß sich Leute treffen, die alles tanzen können. Sie beherrschen Standard- und lateinamerikanische Tänze, das ganze Welt-Tanzprogramm, und sind möglicherweise gerade in einem Tanzkursus oder Mitglieder eines Tanz- oder Tanzsportklubs. Hierzu ist die Kleiderempfehlung besonders wichtig, wenn man der Party eine besonders festliche Note geben möchte.

Überfallparty

Dazu muß man die Freunde, Ziel des überfallartigen Besuchs, schon sehr gut kennen. Einer vergewissert sich vorher unauffällig, ob sie an dem betreffenden Tag (dem Erinnerungsdatum an die heimliche Verlobung oder am Hochzeitstag) auch zu Hause sind. Das »Überfallkommando«, das sich in der Nähe trifft oder gemeinsam anfährt, führt alles mit, was zur Bewirtung der Überraschten und der ihnen aufgezwungenen Gäste nötig ist. Ein Studentenulk, der im Kreise junger unternehmungslustiger Ehepaare, aber auch unter guten alten Freunden weiterlebt.

Von-der-Reise-zurück-Party

Auch »Bin-wieder-da-Party«. Nach der sommerlichen oder winterlichen Urlaubs-Saison wird der Freundeskreis zum Austausch der Ferienerlebnisse eingeladen. Anzug wie am Urlaubsort, Après-Ski oder Après-Bains. Ferienfilme und -fotos, -schallplatten, Souvenirs in Gestalt mitgebrachter Spezialitäten in Konserven und Flaschen verstärken den Eindruck, an der See oder in den Bergen, in der Heide oder im Walde zu sein. Hausbar und Türen werden mit Plakaten bepflastert, die man in den Ferien oder beim Reisebüro beschafft hat. Lampion- oder Kerzenbeleuchtung. – Nebenbei gesagt: Ein Treffen bei Kerzenlicht nennt man auch »Candlelight-Party«.

Gast und Gastgeber

Nie zu spät kommen

Gewiß gibt es Fälle, die ein Zuspätkommen entschuldigen; aber dabei kann und darf es sich nur um solche Umstände handeln, die persönlich unverschuldet sind. Man kommt ja auch stets pünktlich vor Beginn der Vorstellung zum Theater oder Konzert. Vor allen Dingen darf man nie zu spät kommen, wenn man zum Essen erwartet wird; ganz gleich, ob es sich um eine besondere Einladung oder um die täglichen Mahlzeiten handelt. Jede Hausfrau ist mit Recht verstimmt, wenn Gäste oder Familienmitglieder verspätet zu den Mahlzeiten erscheinen, auch wenn sie es nicht zeigt.
Es ist immer rücksichtslos, jemanden auf sich warten zu lassen, nicht nur bei Verabredungen und im geselligen Leben, sondern vor allem auch im Beruf.

Stehparty: Wer trinkt zuerst?

Das erlebt man bei allen Stehempfängen und Cocktailpartys immer wieder: Man steht mit Bekannten, Damen und Herren, in einer Plaudergruppe zusammen, ein Kellner kommt mit dem Tablett, jeder nimmt sich ein Glas. Dabei wird munter weitergesprochen, doch hin und wieder ein Blick in die Runde geworden, ob denn nicht bald einer die »Auflassung« gibt. Wer ist dafür eigentlich verantwortlich, wenn der

Selbstverständlich bleibt, daß sich der Herr erhebt, wenn es darum geht, der Dame den Weg frei zu machen, oder ihr, wenn sie zurückkommt, beim Platznehmen behilflich zu sein

Gastgeber nicht in der Runde steht? Ganz einfach: der älteste Herr in der Runde. Bei annähernd gleichaltrigen darf jeder Herr mit »Zum Wohle!« den Anstoß zum Trinken geben, ohne daß dabei etwa mit den Gläsern angestoßen wird. Ergreift keiner der Herren die Initiative, so kann nach einer kleinen Wartepause ohne weiteres eine der Damen sagen: »Ich glaube, wir haben jetzt alle ein Glas!« Worauf sich der in Frage kommende Herr schnell entschuldigt: »Wir haben uns so interessant unterhalten, daß wir beinahe ... Nun denn auf das Wohl unserer aufmerksamen Damen!«

Wenn Gäste von auswärts kommen

... und – vor allem in der Großstadt – eine lange Anfahrt haben, empfiehlt es sich, das schon in der Einladung mit einem Vermerk wie »Eintreffen zwischen 20 und 21 Uhr« zu berücksichtigen. Der durch eine Verkehrsbehinderung aufgehaltene Gast braucht dann – vorausgesetzt, daß er nicht in letzter Minute abgefahren ist – nicht nervös zu werden und, um pünktlich zu erscheinen, sich und andere Verkehrsteilnehmer durch schnellere Fahrt in Gefahr zu bringen.
Wer aber Verkehrsbehinderungen einkalkuliert und eine zügige Anfahrt gehabt hat, so daß er das Haus der Gastgeber zu früh erreicht, muß nicht vor der Tür oder in einer Nebenstraße warten, bis der genaue Zeitpunkt der Einladung gekommen ist. Auch der mit einem anderen Verkehrsmittel heranfahrende Gast kommt in den Genuß der einstündigen »Versammlungsspanne«, wenn es unterwegs Verspätungen gibt. Und die Gastgeber können jeden eintreffenden Besucher mit mehr Ruhe begrüßen, als wenn plötzlich alle mit einem Schlag durch die Tür kommen.

Hilfreiche Gäste in der Küche nicht immer willkommen!

Der Gastgeberin behilflich zu sein, vor allem bei plötzlichem »Überfall« durch mehrere Gäste oder auf Grund einer unkonventionellen Einladung nach einer gemeinsam erlebten Veranstaltung – »Wir trinken noch eine Tasse Kaffee bei uns!« – wird besonders im Bekanntenkreis heute mehr und mehr geschätzt. Trotzdem sollte man bei solchen Gelegenheiten nie vergessen, daß die Küche zum inneren Bereich der Wohnung gehört, daß man ihre Schwelle also nicht ohne Erlaubnis der Hausfrau überschreiten sollte: Die berufstätige Gastgeberin könnte die Küche z. B., um pünktlich zur Veranstaltung zu kommen, notgedrungen in einem Zustand verlassen haben, den sie ihren späten Gästen nicht gern vorführen möchte. Daher sollte man die Hilfsbereitschaft nie so weit treiben, einfach in die Küche einzudringen! Man muß fragen und sollte ein Gespür dafür mitbringen, ob die Gastgeberin ihr »Nein, danke, sehr liebenswürdig, aber das schaffe ich spielend allein!« nur äußert, weil sie sich grundsätzlich erst zweimal fragen läßt, bevor sie mit Freuden ja sagt – oder ob sie aus verständlichen Gründen die Umgebung des Herdes »verteidigt«.

Die Herren beim Abtrocknen?

Das »amerikanische Beispiel«, nach dem sich sogar bei Einladungen die Damen zu einem gemütlichen Plauderstündchen zurückziehen, während die Herren in der Küche das Geschirr abwaschen, möchte manche Frau bei uns eingeführt sehen. Nun ist diese Sitte auch in den USA durchaus kein Allgemeingut. Derartige Umgangsformen haben um so mehr Erfolg, je mehr sie in das Ermessen des einzelnen gestellt sind. Der Hilfsbereitschaft und der originellen Gestaltung häuslicher Geselligkeit sind natürlich keine Grenzen gesetzt. Wichtiger ist jedoch der Hinweis, daß bei Berufstätigkeit der Ehepartner beide darin wetteifern sollten, dem anderen zur erforderlichen Entlastung und geselligen Entspannung zu verhelfen.

Imbiß in der Wohnküche

Es gibt bekanntlich heute Wohnküchen, in denen Architekt und Hausfrau so geschickt zusammengewirkt haben, daß man dreimal hinsehen muß, um die Küchenmöbel zu erkennen. Aber auch das moderne »Koch- und Backlabor« wird, sofern es Sitzgelegenheiten hat, hier und da zum Schauplatz eines kleinen Imbisses für überraschende oder spät abends mitgenommene Gäste. Denn der Hang zu bequemen Sesseln und niedrigen Tischen in den Wohnräumen läßt es manchmal sogar angeraten erscheinen, zum Beispiel die vielgepriesene Gulaschsuppe der Hausfrau am Wohnküchen-Eßtisch in normaler Höhe einzunehmen. Soll man dort nun seine Hilfe anbieten? Ja, warum denn nicht! Besonders die improvisierte Einladung einer Hausfrau, die keine Hilfe hat, erlaubt das Zupacken geschickter Hände. Frauen wissen zumeist sehr gut, daß viele Köche zwar den Brei verderben, aber eine Hand zum Tischdecken und eine zum Servieren immer willkommen sind. Ein Herr kümmert sich um die Getränke bzw. unterstützt dabei den Hausherrn. Erfolg: Der Kreis ist schneller wieder geschlossen.
Das gilt nicht nur für die Wohnküche! Je zwangloser es bei Kleinbewirtungen zugeht, um so leichter reift auch bei anderen der Entschluß zu einer Einladung ins eigene Heim. Und daß heute so viel über das Zurückgehen der kleinen netten Hausfestchen geklagt wird, hat vielleicht mit seinen Grund darin, daß allzu viele Gastgeber dabei in großer Aufmachung und Förmlichkeit erstarren!

Party oder Hausball ohne Eltern?

Es ist wohl zu allen Zeiten so gewesen, daß dann, wenn die »Kinder« heranwachsen, so etwa im Tanzstundenalter, von beiden Seiten Probleme auftauchen, die heute etwas anders aussehen, als sie gestern ausgesehen haben.
Kann die Jugend einen Hausball oder eine Party ohne Dabeisein der Eltern geben, so ganz »unter sich«? Haben die Eltern »noch das Recht«, die Zeit zu kontrollieren oder zu bestimmen, oder »verderben« sie damit das Flüggewerden ihrer Kinder?
Niemals sollte eine Hausgesellschaft zunächst ganz ohne Teilnahme wenigstens der Mutter vonstatten gehen. Aber wohlgemerkt: auch nicht ohne interessierte Anteilnahme. Nur wo das als Last oder Störung der eigenen elterlichen Feierabendgestaltung empfunden und auf die »ja nun viel früher flügge gewordene Jugend« sehr gern abgeschoben wird, kann solche Unsitte einreißen und schließlich Schule machen. Sicher ist von seiten der Eltern die Umstellung auf die Jugend von heute eine Leistung. Gewiß muß der Erwachsene einsehen, daß er es bei seinen Kindern heute mit anders verlaufenden Reifungsvorgängen zu tun hat als einst. Aber die Forderung bleibt unverändert im Zusammenleben einer intakten Familie, daß die Alten die Jungen in das gesellige Leben mit seinen ersten Ereignissen einzuführen und dabei überhaupt zu führen haben. Eine erste Jugendeinladung im Haus ist ein Ereignis, hat es zu sein. Aber auch die Eltern sollten es so sehen. Sie sollten sich nicht nur darum kümmern, sondern auch beteiligt und wenigstens eine Zeitlang dabei sein.

Revanche für eine Einladung?

Viele Eltern, die sich nicht revanchieren können oder möchten, stehen auf dem Standpunkt, Tochter oder Sohn sollten Einladungen zu Partys bei ihren Freunden und Bekannten nicht annehmen; denn man müßte den Dank unbedingt durch eine Gegeneinladung abstatten.
Der Fachausschuß für Umgangsformen stellt sich dagegen auf den Standpunkt, daß die oft geäußerte Ansicht, man solle dann mit dem Hinweis danken »Ich komme gern, kann aber keine Gegeneinladung geben«, falsch ist; denn sie unterstellt dem Einladenden, nun seinerseits auf eine Gegeneinladung zu spekulieren.
Besonders der junge Mensch ist zu »Gegenleistungen« nicht verpflichtet. Es genügt vollauf, den Gastgebern anschließend einige Zeilen des Dankes zu übersenden.

Gegenseitige Besuche von Jungen und Mädchen

Gegen gegenseitige Besuche von miteinander befreundeten Mädchen und Jungen ist nichts einzuwenden. Es ist dabei eine nette Geste, wenn die Jugendlichen kurz die Eltern begrüßen. Danach sollte man die Jugend aber unter sich sein lassen. Drängen sich Mütter und Väter als »Aufsichtspersonen« auf, haben die Jugendlichen oft unter Hänseleien ihrer Freunde zu leiden: »Du hast aber spießige Eltern!«

Dank für Glückwünsche und Geschenke

Daß man sich für Glückwünsche und Geschenke bedanken muß, bedarf wohl keiner Frage. Den Dank »Statt Karten« mit einer Anzeige in der Tageszeitung oder durch eine gedruckte Danksagung abzustatten,

sollte auf jene großen Familienfeste beschränkt bleiben, nach denen das persönlich geschriebene Wort zu einer Last würde, von der man den Gefeierten gern befreit. Geschenke dagegen müssen auch in einer gedruckten Danksagung mit einigen hinzugeschriebenen Worten erwähnt werden – und größere Geschenke verpflichten zumindest zu einer gesonderten Briefkarte.
Wohl werden alle Geschenke, außer Blumen, in der Verpackung überreicht. Im Gegensatz zu früher, als es als vornehm galt, seine Neugier zu zügeln und die Verpackung erst dann zu öffnen, wenn der Gratulant gegangen war, läßt man heute den Schenkenden an der Überraschung teilhaben.
Überreichen mehrere Gäste ihre Päckchen gleichzeitig, läßt man sie natürlich nicht Schlange stehen, sondern legt die Gaben erst ab, um den Gratulanten ihre Plätze zu zeigen, und ergreift die nächste Gelegenheit, um die Päckchen zu öffnen und sich bei jedem einzelnen für sein Geschenk zu bedanken. Beim Abschied bedankt sich der Beschenkte nochmals – und ist dann von einer schriftlichen Danksagung befreit.
Für alle schriftlichen Glückwünsche sollte man sich spätestens vor Ablauf von zwei Sonntagen bedanken. Vor allem die Absender durch die Post übermittelter Geschenke sollten so schnell wie möglich eine Bestätigung erhalten. Trifft man an den nächsten Tagen einen der nicht persönlich erschienenen Gratulanten, kann man den Dank natürlich persönlich abstatten. Selbstverständlich kann man auch per Telefon sein Dankeschön sagen.

Ein Fluch – das Gästebuch?

Für den Gastgeber

Der Gastgeber kann die Stimmung einer fröhlichen Runde auf Null herabsenken, wenn er mit dem Gästebuch naht. Es ist nun einmal nicht jedermanns Sache, auf Anhieb das besondere Wort zu finden, zu dem die meisten – mit sich und einem Konzeptpapier allein – durchaus in der Lage wären. Daher einige Tips.

Bitten Sie nicht um »ein Wort« ins Gästebuch. Bitten Sie um »Autogramme«. Schreiben Sie selbst an den Seitenkopf zum Beispiel: »Zur Einweihung der neuen Wohnung am (Datum) bei uns zu Gast.« Oder:
Wenn Sie einen gewandten Formulierer unter Ihren Gästen wissen, so bitten Sie ihn schon bei Beginn unter vier Augen darum, zu gegebener Stunde ein paar treffende Worte an den Anfang zu setzen. Nahen Sie mit einem so vorbereiteten Gästebuch, dürfen Sie damit rechnen, daß ein Wort mehr schreiben wird, wer eines »zur Hand« hat. Es gibt nämlich »gebrannte Kinder«, die aus Erfahrung klug geworden und immer vorbereitet sind.
Wer ein Gästebuch führt, sollte ferner berücksichtigen, daß jeder seine Widmung an einem Tisch allein schreiben möchte, an dem ihm niemand über die Schulter blickt.

Für den Gast

Es sind zumeist gastfreie Menschen, die Freude an der Chronik der besonderen Tage in ihrem Heim haben. Dabei kommt es den meisten nicht auf lange, geistreiche Ausführungen an, sondern auf die Vollständigkeit der Namen. Unter jungen Ehepaaren – so ergab eine Umfrage – führen immerhin 29 von 100 ein Gästebuch. Machen wir ihnen also die Freude! Halten wir gute Worte, die uns selbst einfallen oder die wir als Zitate finden – dann unter Angabe des Verfassers – auf einem Blatt Papier, im Taschenkalender oder in unserem Anschriftenbüchlein fest. Und vergessen wir möglichst nicht, sie mitzunehmen, wenn es darauf ankommt.

In der Kürze liegt die Würze. Keinen tierischen Ernst! Nicht jeder Anlaß erlaubt Humor, aber wo er angebracht ist, sollte er der gelösten Stimmung der Runde entsprechen.

Im übrigen darf jeder darum bitten, sich zum Einschreiben seiner Widmung an einen Tisch zurückziehen zu dürfen.

Hier ein paar Beispiele für verschiedene Anlässe:

Zur Hochzeit

»Ich bin glücklich, an Eurem Glückstag dabei zu sein!« oder »an Ihrem Glückstag zu Gast zu sein!«

Zum Geburtstag der Frau des Freundes

»Ich habe mich ein paar köstliche Stunden lang davon überzeugen dürfen, daß die Ehe Angelika schon wieder um Jahre verjüngt hat!«

Zum Geburtstag des Freundes

»Tröste Dich, auch ich bin ein Jahr älter geworden und habe keinen Ruck verspürt!«

Zum Jubiläum

»An einem solchen Tage bin ich versucht zu glauben: Arbeiten lohnt sich doch!«

Zur Hauseinweihung

»Glück sei in der kleinsten Hütte, sagen die Dichter. Hier soll der Blitz einschlagen, wenn Ihr nicht überglücklich seid!«

oder

»Es wohnt sich gut in Euren neuen Räumen. Hier möcht' ich Hausfreund sein!«

oder:

»Heute möchte ich Euch erst recht anbieten: Fühlt Euch bei mir wie zu Hause!«

Zur Taufe, Konfirmation und Kommunion

»Mögen alle, die heute so nett zu Dir sind, Dir auch in Zukunft mit Rat und Tat zur Seite stehen. Auf mich kannst du bauen!«

Zum ersten Mal zu Gast

»Ich danke Ihnen herzlich für schöne, genußreiche Stunden«

oder:

»Ein heiteres Gespräch in froher Runde in einem gastfreien Haus! So wurde der Alltag (oder Sonntag) zum Festtag.«

Tanzen macht Freude – und ist auch noch gesund!

Der Tanz

Der Tanz, einst als charmanter Kuppler zwischen den Menschen gepriesen, hat in unseren Jahrzehnten wieder von jener ernsthaften Substanz zurückgewonnen, die er in längst versunkenen Kulturen besaß, ohne dabei am Element der Freude einzubüßen. Im Gegenteil!

Die Tanzstunde

Die Tanzstunde ist in Deutschland, Österreich und der Schweiz, um nur die Länder deutscher Zunge zu nennen, eine anerkannte Stufe der Vorbereitung auf das gesellige Leben. Im allgemeinen beginnen die Mädchen mit dreizehn und die Jungen mit vierzehn mit dem Tanzunterricht. Immer mehr gehen aber heute auch schon zum »Kindertanzen«, eine ganz neue Form des Unterrichts. Hier wird Kindern schon ab vier Jahren Takt und Tanz in spielerischer Form beigebracht und zwischendurch wird getobt. Es ist eine Mischung aus Gymnastik und Tanz. Dänemark kennt diese fröhliche Form, Rhythmik und Tanzen zu lernen, schon seit Jahrzehnten.

Für alt und jung

Eine vom Fachmann geleitete tänzerische Ausbildung der Jugend wird heute nicht nur selbst von der Lehrerschaft bejaht. Ärzte messen dem Tanz große Bedeutung im Kampf gegen die Folgeerscheinungen des Schulbanksitzens zu, vor allem gegen frühe Haltungsschäden. Ja, sie empfehlen Tanzen auch älteren Menschen als Ausgleich gegen den Bewegungsmangel, unter dem wir durch fortschreitende Technisierung von Haushalt und Arbeitsplatz mehr und mehr zu leiden haben. So bleiben die jungen Tanzschüler, wie ihre Eltern in den Ehepaarkursen, heute durch regelmäßige Übungsveranstaltungen und Klubs der Tanzschule viel länger verbunden als früher.

In aller Welt

Die weltweite Verbreitung auch jener Tänze, die einst auf bestimmte Länder oder Kontinente beschränkt waren, hat dazu geführt, daß heute neben der Anfängertanzschule ein Fortgeschrittenenkursus so gut wie unerläßlich ist. Dazu haben nicht zuletzt auch die schnellen Verkehrsmittel und die immer enger werdenden Kontakte zu anderen Völkern durch Ferien- und Geschäftsreisen beigetragen.
Die internationale Zusammenarbeit der führenden Gesellschaftstanzschulen im International Council of Ballroom-Dancing (Internationaler Rat für Gesellschaftstanz), mit dem Sitz in London, hat dieser Entwicklung durch ein »Welt-Tanzprogramm« Rechnung getragen.

Das Welt-Tanzprogramm

Rhythmen und Tänze

Der Internationale Rat für Gesellschaftstanz (Sitz London) garantiert dafür, daß jeder neue Rhythmus, der sich als dauerhaft erweist, in das »Welt-Tanzprogramm« einbezogen wird. In aller Welt wird überall dort nach den Richtlinien des »Welt-Tanzprogramms« unterrichtet, wo die von Europa und Amerika ausgegangene Tanzkultur Fuß gefaßt hat. In den betreffenden Ländern ist der Individualität des angeschlossenen Tanzlehrers lediglich in zwei Faktoren Spielraum gelassen: Er unterrichtet nach seiner Methode, weil er weiß, wie er das gesteckte Ziel mit seinen Kursusteilnehmern am besten erreichen kann. Und er bestimmt auch die Reihenfolge der Tänze. Die leichteren sollen in jedem Land am Anfang stehen.

Wer alle Rhythmen beherrscht, ist jeder Schallplatte oder Cassette auch daheim beim Tanz auf dem Teppich gewachsen, im kleinen Bartanzstil, bei Standard- und lateinamerikanischen Tänzen. Erst der Tanzsport bringt die großen weitgreifenden Schritte, wie wir sie vom Bildschirm oder vom Besuch eines Tanzturniers kennen

Im Zeichen des Welt-Tanzprogramms sind die autorisierten Tanzschulen auf genaue Grundschritte und -figuren in den folgenden, nach Rhythmen geordneten Gruppen der international bevorzugten Tänze verpflichtet:
Langsamer Walzer,
Quickstep (schneller Foxtrott),
Slow Rhythm + Blues (langsame Foxtrotts und Blues),
Tango (mit dem modernen Wiegeschritt),
Wiener Walzer,
Jive (Boogie-, Blues-Boogie- und Beatformen, Grundlage vieler Modetänze, Rock'n'Roll,
Cha-Cha-Cha,
Rumba,
Samba, Paso doble und Discofox.

Überall mittanzen können

Wer möchte das nicht? Niemand möchte ausgeschlossen sein von der Freude an kleinen und großen Partys, von Ferien-Tanzterrasse, Sportbar und festlichem Ball. Wer überall mittanzen will, sollte von Walzer bis Samba jeden Rhythmus beherrschen und die flüchtigen Modetänze ebenso kennen wie die jederzeit gültigen internationalen Gesellschaftstänze. Sicherheit in allen Rhythmen zu vermitteln, ist das Ziel der modernen Tanzschule.

»Gestatten Sie?«

In einer Privatgesellschaft ist es erforderlich, daß der Herr mit der Dame bekanntgemacht ist, wenn er sie zum Tanz auffordern will. Bei größeren und öffentlichen Tanzveranstaltungen ist das nicht notwendig – auch nicht, sich selbst vorzustellen. Wenn in einer Hausgeselligkeit getanzt wird, gebührt der Hausfrau möglichst bald ein Tanz, nachdem man einmal mit seiner Tischdame getanzt hat. Darüber hinaus haben die Herren die Verpflichtung, mit jeder der anwesenden Damen einmal zu tanzen. Ist der Kreis aber so groß, daß dieses nicht möglich ist, dann werden jene Damen bevorzugt, bei denen man schon einmal zu Gast war.
Beim »Abklatschen« während eines Tanzspieles ist stets eine Verbeugung erforderlich, ehe man die Partnerin wechselt, und natürlich auch vor der neuen!
Trägt der Herr einen kompletten Anzug, so tanzt er stets mit zugeknöpftem Jackett.

Im kleinen Kreis, beim Tanz auf dem Teppich, läßt man sich, wenn ein Turnierpaar in der Runde sitzt, sportliche Formen schon einmal zeigen. Im übrigen aber haben Turnierschritte auf dem kleinen Parkett keinen Platz. Und welches Paar möchte sich schon das Scherzwort »Tanzsport-Rempler« zuziehen?! Alles zu seiner Zeit – und wo es hinpaßt!

Auch Damen fordern zum Tanzen auf

An einem Tisch, an dem Bekannte zusammensitzen, ist die bisherige Form, nach der allein die Herren zum Tanzen aufforderten, aufgehoben. Selbstverständlich wird die Dame eine zur Zusammensetzung des Kreises passende Form des Aufforderns wählen. Sie braucht dabei nicht aufzustehen.

Die Dame wird sich also nicht zum Platz des Herrn begeben, um etwa eine Verbeugung zu machen und mit »Darf ich bitten?« oder »Gestatten Sie?« aufzufordern, wie es die traditionelle Form nicht allein dem Herrn, sondern – bei offizieller Damenwahl – auch der Dame vorschreibt.

Voraussetzung für die zwanglose Form des Aufforderns der Dame ist, daß sie im Kreis von Bekannten oder Freunden sitzt – an einem Tisch, an dem man sich kennt. Wie sie nun auffordert, hängt von den Umständen ab –, ob junge oder ältere Menschen unter sich sind, ob sie ein großer Ball, eine Party, ein Tanzkursus, ein zufälliges Treffen in einer Bar, einem Ferienhotel oder wo auch immer bei Tanzmusik zusammengeführt hat. Eine steife, muntere, fröhliche oder ausgelassene Runde, die erste Stunde nach dem Bekanntmachen oder ein Wiedersehen langjähriger Bekannter oder Freunde – die Art, in der sich die Dame an einen Bekannten wendet, mit dem sie tanzen möchte, hängt auch von der Stimmung ab.

»Hallo, Manfred, ein Tanz für uns!« ist – im Auftrommeln der Band über den Tisch gerufen – bei einer Discoparty ebenso passend wie »Herr Schneider, wie wär's mit diesem Cha-Cha-Cha?« bei einem Ball.

Doch es geht auch so: »Frau Müller, Sie haben doch sicherlich nichts dagegen, daß ich Ihnen Ihren Mann zu einem Walzer entführe?«

Auf das Wie kommt es an – auf ein wenig Gespür für die Empfindungen anderer und auf einen Schuß gesunden Selbstbewußtseins! Was unter guten Freunden oder in vorgerückter Stimmung schon längst möglich war, ist durch die neue Empfehlung auf den Bekanntenkreis und auf jede Tanzgelegenheit erweitert:

Die Empfehlung ist – um den Verfechter(innen) einer »absoluten Gleichberechtigung« mit Ansprechen auf der Straße oder Tanz-Aufforderung unter Fremden zu antworten – aus mehreren Gründen auf den Bekanntenkreis beschränkt worden:

1. Eine Umfrage unter jungen Menschen hat ergeben, daß nur 6,6 % der unverheirateten weiblichen Jugendlichen Interesse daran hätten, in einem öffentlichen Tanzlokal an einem anderen Tisch einen Bekannten aufzufordern. Einen Fremden würden nur 3,7 % ohne weiteres zum Tanzen bitten. Unter jungen Ehefrauen sinkt das Interesse stark ab (4,3 bzw. 2,1 %) und erreicht erst bei etwa 35 Jahren annähernd wieder die Prozentsätze der Jugend; dabei spielt die bewußte Wahl eines neuen Partners (nach Trennung oder Scheidung) wohl eine bedeutende Rolle.

2. Auffordern zum Tanz durch die Dame setzt ein gesundes Maß an Selbstbewußtsein voraus. Dieses Selbstbewußtsein bringen nur die allerwenigsten weiblichen Jugendlichen schon aus dem Elternhaus mit.

Zumeist gewinnen sie es durch die Selbstbestätigung während erfolgreicher Berufslaufbahn oder in einem Kreis gleichgestimmter junger Menschen, in dem Freundschaft nicht mit plumper Vertrautheit verwechselt wird, z.B. beim Sport.

3. Umgangsformen, die einen Wandel in der Einstellung zur Partnerschaft zwischen Mann und Frau voraussetzen, können nur stufenweise verbreitet werden. Anders werden sie zu schnell von hemmungslosen oder rücksichtslosen Naturen mißbraucht.

Die Dame bestimmt den Stil des Tanzes

Zwar führt der Herr beim Tanzen – in der Art seiner Tanzführung muß er sich jedoch den Wünschen und Tanzkenntnissen der Dame anpassen. Es ist ausgesprochen taktlos, mit einer Dame Schritte zu tanzen, die sie nicht tanzen kann, nicht tanzen möchte oder auf Grund ihrer Kleidung nicht tanzen will.

Die Dame sollte sich gegen die Mißachtung der Rücksichtnahme beim Tanzen verwahren und ihrem Partner z.B. ungeniert sagen: »Bitte, tanzen Sie mit kleineren Schritten!« oder »Ich möchte nicht twisten, tanzen wir lieber Foxtrott!«

Sympathie und Takt auf dem Parkett

Sympathie und Takt auf einen Nenner zu bringen, macht die Frage der Gleichberechtigung der Partner auf dem Tanzparkett deshalb so schwierig, weil sich dort auch Antipathie und Taktlosigkeit begegnen können – vor allem auf dem öffentlichen Parkett. Die starren Formen, die einst vom Alleinanspruch des Mannes auf Wahl und Aufforderung der Partnerin ausgingen, hat die Jugend Zug um Zug gelockert.

Die jungen Damen selbst haben sich zunächst insoweit von alten Vorurteilen freigemacht, als sie sich nicht mehr grundsätzlich verpflichtet fühlen, der Aufforderung jedes Mannes zum Tanzen nachzukommen. Und ihr Standpunkt wird männlicherseits mit großer Mehrheit unter der Bedingung akzeptiert, daß der »Korb« mit einer nett vorgebrachten Begründung verbunden ist, die nach Möglichkeit der Wahrheit entsprechen sollte.

»Entschuldigen Sie bitte, ich warte auf meinen Partner (Freund, Mann)!« gilt nicht mehr als Affront.

Dafür gibt es eine stichhaltige Erklärung: Der Trend zur Tanzmusik von Langspielplatte und Cassette – oder zum Diskothektanzen, das mehr und mehr die Geselligkeit in der Tanzschule bestimmt – veranlaßt heute auch Tanzorchester und -bands, wo sie live spielen, zu längeren, hin und wieder sogar stundenlangen Tanzserien. Eine Aufforderung zum Tanz bindet also zwei Unbekannte unter Umständen wesentlich länger aneinander, als beiden lieb ist. Aus dieser Sicht haben sich die Damen schon einen Weg zu indirekter Partnerwahl erobert.

Ferienbekanntschaften förderten die Gleichberechtigung

Der moderne Tourismus und die Gruppenbildung an Plätzen »aktiver Ferien« haben die Gleichberechtigung ebenfalls gefördert. Ein Beispiel: Gestern haben wie uns am Strand oder im Skikursus kennengelernt. Am Abend hat sich die »Clique«, die sich heute in den Ferien selbst unter Fremden verhältnismaßig schnell zusammenfindet, in ei-

nem Tanzlokal oder in der Hotelhalle bei Schallplattenmusik getroffen. Der nächste Tag bringt wieder Sport und Spiel im gleichen Kreis. Der Abend führt zum Tanz zusammen. Die allgemeine Vereinbarung, sich mit Vornamen anzureden, wobei das »Sie« beibehalten wird, hat die steifen Formen gelockert.
Wer stößt sich dann wohl an einer Aufforderung zum Tanz wie dieser: »Hallo, Fred, ich habe Sie vorhin Cha-Cha-Cha tanzen sehen, einfach toll! Wollen Sie den nächsten nicht einmal mit mir versuchen? Cha-Cha-Cha ist mein Lieblingstanz!« – »Aber mit Freuden, Angelika!« Dabei ist sie natürlich sitzen geblieben, die Tischrunde hat »mitgehört«. Niemand kommt dabei auf den Gedanken, daß Angelika etwa durch ihre Aktivitäten den »Anstand« verletzt hätte!
Auf das Wie kommt es an!
So geht es heute allein noch darum, den gehemmten, kontaktarmen oder in Ermangelung vorhandener Regeln unsicheren Tischpartnerinnen die Sicherheit jener anderen zu vermitteln, die die Zeichen der Zeit – der sich mehr und mehr entwickelnden Emanzipation – bereits erkannt haben. Und so läßt sich immer mehr beobachten, daß sich durchaus auch Damen als Typ der selbstbewußten und selbstsicheren Frau für eine liberalere Ordnung auf dem Tanzparkett entscheiden.
Der Einwand, der Herr müsse auch weiterhin allein auffordern, weil er der führende Partner sei, kann unberücksichtigt bleiben. Der Herr wird sich gegenüber einer Dame, die ihn zum Tanz gebeten hat, als Tänzer ganz gewiß nicht anders verhalten als zu einer von ihm aufgeforderten Tanzpartnerin.

Der »Korb« verlor seine Schrecken

Was den »Korb« anbetrifft, der seine Schrecken bei der Jugend längst verloren hat, so steht es dem aufgeforderten Herrn heute ebenso frei, zur Dame zu sagen: »Ich bin ein schlechter Cha-Cha-Cha-Tänzer. Darf ich Sie in Ihrem Interesse lieber zum nächsten Walzer auffordern?!« – Oder: »Bitte, tun Sie sich das nicht an. Ich habe noch nie Jive getanzt. Doch beim Foxtrott bin ich dabei.«
Auf das Wie kommt es an. Im übrigen dürften derartige »Absagen« der am Tisch auffordernden Dame um so weniger ausmachen, als sie sich zum Auffordern nicht zu erheben braucht.

Heiraten heute – schlichter, festlicher, sinnvoller

Das Ja oder Nein zum Thema Heiraten hat nie so bewegt wie in den letzten Jahren. Was Großeltern und vielleicht noch Eltern heimlich miteinander erlebten, haben ihre Kinder heute im Sexualkundeunterricht zumindest theoretisch erfahren ... und vielleicht ausprobiert. Oftmals enttäuscht, weil romantische Gefühle fehlten. Und nun stellen die einen die Ehe in Frage, und andere bejahen sie, weil sie sich, Kinder aus einem intakten Elternhaus, ihre Zukunft gar nicht anders vorstellen können als in einer durch Standesamt und Kirche besiegelten Ehe.
Der Fachausschuß für Umgangsformen hat die aus Sexatlas und Pornoheften abgelesenen »Rechte« beider Seiten mit Eltern, Pfarrern, Lehrern und jungen Menschen diskutiert. Eine besonders treffende und bei aller Knappheit doch sehr weitgreifende Stellungnahme hat seinerzeit am Ende einer Diskussion der Schweizer Eheberater Fritz Tanner zusammengefaßt (auch wenn diese Feststellung, was die Polysexualität anbelangt, im Zeitalter von Aids entsprechend zu relativieren ist):
»Wie immer nun heute die beiden Geschlechter ihr Verhältnis zueinander bestimmen, an der Basis der gleichen Rechte für beide ist nicht mehr zu rütteln. So werden ledige Männer und ledige Frauen ihr sexuelles Menschsein vorehelich leben und das polysexuelle möglicherweise dabei sogar ausleben. Nicht, daß diese Polysexualität nach der Heirat nicht mehr bestünde; sie vorher ausgelebt zu haben, wird lediglich heißen, sich verehelicht relativ mühelos und mehr oder weniger freiwillig einer gemeinsamen vereinbarten Norm unterzuordnen.«

Drum prüfe, wer sich ewig bindet?

Um sich dieser verpflichtenden »Norm« nicht zu eilfertig unterwerfen zu müssen, zögern manche die Bindung so lange wie möglich mit der bequemen Ausrede hinaus: »Drum prüfe, wer sich ewig bindet ...«. Und dann geschieht es oft, daß im Augenblick der erlangten eigenen Bindungswilligkeit der andere nicht mehr da ist.
»Langes Spielen kann verspielt machen und bewirken, daß wir den Zeitpunkt, ein an sich gewiß schönes Spiel in einen noch schöneren Ernst zu verwandeln, unversehens versäumen«, meint Tanner. »Das ist vor allem wieder bei Frauen die hinlänglich bekannte Tragik, daß sie als Ehefrau nicht mehr begehrt wird. Alle aushäusig gesammelte Männererfahrung verhilft ihr nicht zur Familie, die sie möchte. Vom Alleinsein bedroht, beginnt sie, wohl ohne es anfänglich zu wollen, eine bestehende Ehe zu bedrohen und behutsam in ein anderes Haus einzubre-

chen. Daß sie hier sehr oft erfolgreich Tresore knackt und sicher geglaubte Schätze stiehlt, ist genügend bekannt. Ihre Tat begründet sie nun aber nicht mehr mit dem zum Slogan gewordenen Buchtitel „Dem Geschlecht sein Recht", sondern mit dem Recht auf Liebe, welches ihr, so gut wie jedem Menschen, zustehe.«

Die Ehe, eine Festung

Das wird ihr niemand bestreiten. Umstritten wird aber in einem solchen Fall immer der »Tatort« bleiben. Zur Entlastung der Täterin ist höchstens zu sagen, daß sie einen ihr günstigen »Mittäter« aufzuspüren vermochte. Einen vom Wesen der Ehe aus bereits fragwürdig gewordenen. »Denn« – so folgert Fritz Tanner – »die Ehe, jedenfalls wie ich sie verstehe, bedeutet eine uneinnehmbare Festung. Wo sie Ein- und Ausbrüche zuläßt, wurden vorher von innen her in sie Breschen geschlagen.«

Weibliche Diplomatie geht vor

Nehmen wir an, daß nach einer Ehe gefragt wird, die in gegenseitiger Liebe und der Bereitschaft zu gegenseitiger Hilfe zustande kommt. Gegen Großvaters Superrechte hat inzwischen ja selbst Vater Staat einen Damm errichtet. Er hat das alte Leitbild der »Hausfrauenehe« aufgehoben. Keine Frau braucht sich heute noch gegen ihren Willen auf eine bestimmte Rolle in der Ehe festlegen zu lassen. Freilich wird sie nur zur Not auf Diplomatie oder weibliche Schliche verzichten, wenn der Mann einmal auf den Tisch hauen sollte. Dazu gehört freilich nach wie vor die Klugheit, ihm die »Machtmittel«, die ihr das Gesetz seit dem 1. Juli 1977 in die Hand gibt, nur dann zum Lesen hinzuhalten, wenn selbst »die Mittel einer Frau« zu versagen drohen.

Neue Rechte für Frau und Mann

Die Ehepartner regeln heute die Haushaltsführung in gegenseitigem Einvernehmen. Ist die Haushaltsführung einem von beiden überlassen, so leitet er oder sie den Haushalt in eigener Verantwortung. Beide sind berechtigt, erwerbstätig zu sein. Bei der Wahl und Ausübung einer Erwerbstätigkeit haben sie auf die Belange des anderen Ehegatten und der Familie die gebotene Rücksicht zu nehmen (gemäß § 1356 BGB). Die Ehepartner sind einander verpflichtet, durch ihre Arbeit und mit ihrem Vermögen die Familie angemessen zu unterhalten. Ist einem von ihnen die Haushaltsführung überlassen, so erfüllt er seine Verpflichtung in der Regel durch die Führung des Haushaltes (gemäß § 1360 BGB).

Die Wahl des Familiennamens

Seit dem 1. Juli 1976 kann jeder Ehepartner den Familiennamen frei wählen. Es muß nicht mehr unbedingt der Name des Mannes sein. Der bisherige Geburtsname der Frau kann genauso der gemeinsame Familienname werden. Oder der neue Name wird an den bisher geführten Namen angehängt. Für Eheleute, die vor dem 1.7.1976 geheiratet haben, gilt nach einer neuen Verordnung jetzt dasselbe.

Wenn der Geburtsname der Frau der gemeinsame Familienname wurde, dann kann der Mann seinen Namen voranstellen. Im Zuge der Gleichberechtigung!

Heiratsbräuche modern und konservativ

Es versteht sich spätestens für jene heiratswilligen Paare, die um diese Dinge wissen oder gar darüber nachgedacht haben, daß eine derart weitgreifend veränderte Welt auch die Heiratsbräuche umkrempeln wird. So dachten die meisten jungen Menschen. Aber extremen Änderungen folgen bei weitem weniger als darüber debattieren. Nur für eine kleine Minderheit besteht die wesentliche Änderung darin, daß die Heiratswilligen am Morgen das gemeinsame »Bett der Freien« verlassen, um am Abend in das gleiche, nunmehr Ehebett geworden, zurückzukehren. Glücklicher macht sie freilich, je nach Temperament, das Wissen, nunmehr den Eltern einen sehnlichen Wunsch erfüllt und – falls geplant oder bereits vorhanden – für ihr Kind eine problemlosere Zukunft geebnet zu haben.
Die »Gesellschaft« hat zwar schon vorher nur zum geringeren Teil noch einen Stein auf die zusammenwohnenden jungen Eltern geworfen. Nun aber brauchen sich die jungen Leute nicht mehr so oft über moralinsaure Nachbarn und ihre doppelte Moral zu ärgern.

»Geprüfte« Ehen halten oft besser

Fest steht: Die Ehe ohne Trauschein ist längst gesellschaftlich akzeptiert. Doch die Tendenz zur Verlobung und Hochzeit wächst wieder, allerdings ohne die fast entschuldigend wirkende Formel »Drum prüfe, wer sich ewig bindet« für die Zeit des nicht standesamtlich besiegelten Verbundenseins. Jüngste Umfragen ergaben: Gerade Paare, die sich vor der Hochzeit zu lange geprüft hatten, kamen später nicht mehr miteinander zurecht, scheiterten und ließen sich scheiden. Besser scheint: Über eine kurze Zeitspanne beobachten, ob man vom Charakter, von den Wünschen und Interessen her zusammen paßt und wenn ja, dann Nägel mit Köpfen machen, also heiraten. Oder konsequent zu sagen: Wir brauchen keinen Trauschein und sind gerade deshalb glücklich.

Wann ist eine Ehe gescheitert?

Und weil es – Erfahrung auch des Verbreitens von Umgangsformen – unendlich lange dauern kann, bis neue Gedanken, wie neue Gesetze, Allgemeingut werden, hat unser Staat durch das Presse- und Informationsamt der Bundesregierung sogar Aufklärungsschriften herausgegeben, die jeder Bürger kostenlos beziehen kann. So heißt es zum Beispiel in der Broschüre »Frauen« zum neuen Scheidungsrecht:
Eine Ehe kann geschieden werden, wenn sie gescheitert ist. Wer daran schuld ist, geht die Gerichte nichts mehr an. Sie müssen also nicht mehr in der Intimsphäre der Ehepartner herumschnüffeln.
Nach der Lebenserfahrung geht man davon aus, daß eine Ehe gescheitert ist, wenn die Ehepartner über einen längeren Zeitraum getrennt le-

ben und damit die eheliche Wohnung nicht mehr Mittelpunkt des Ehelebens ist. An dieses »Getrenntleben« knüpft das neue Scheidungsrecht die Vermutung, daß die Ehe gescheitert ist und geschieden werden kann.

Mindestens ein Jahr Trennung

Für die Möglichkeit der Scheidung ist die Dauer des »Getrenntlebens« von entscheidender Bedeutung:
Leben die Ehepartner noch kein Jahr getrennt, ist eine Scheidung nur möglich, wenn die Fortsetzung der Ehe für den scheidungswilligen Partner unzumutbar ist. Diese Unzumutbarkeit muß in der Person des anderen liegen.
Nach einem Jahr der Trennung kann die Ehe geschieden werden, wenn die Ehepartner übereinstimmend der Meinung sind, daß ihre Ehe gescheitert ist.
Wenn die Ehepartner 3 Jahre lang getrennt leben, knüpft sich daran die Vermutung, daß die Ehe gescheitert ist. Dann muß sie geschieden werden, auch wenn ein Ehepartner widerspricht.
In folgenden beiden Ausnahmesituationen kann der Familienrichter die Scheidung verweigern:
1. Im Scheidungsprozeß spricht er mit beiden Eheleuten. Wenn er glaubt, die Ehe sei noch nicht gescheitert, kann er das Scheidungsverfahren für höchstens ein Jahr aussetzen. Wenn die Ehepartner aber schon 3 Jahre lang getrennt leben, nur für längstens 6 Monate.
2. Eine Ehe kann nach dreijähriger Trennung nicht geschieden werden, wenn es im Interesse der minderjährigen Kinder aus besonderen Gründen ausnahmsweise notwendig ist, oder die Scheidung aufgrund außergewöhnlicher Umstände eine so schwere Härte darstellen würde, daß es geboten erscheint, die Ehe aufrecht zu erhalten.
Diese Härteklausel darf aber nicht mehr angewandt werden, wenn die Eheleute seit 5 Jahren getrennt leben.

Unterhalt für beide Seiten möglich

Auch das neue Unterhaltsrecht wurde vom Schuldprinzip befreit und damit gerechter gestaltet: Wer nach einer Scheidung Unterhalt bekommt, hängt nicht mehr vom Scheidungsgrund ab. Unterhalt bekommt derjenige, der nach der Scheidung nicht für sich selbst sorgen kann. Dabei ist es gleichgültig, ob die Frau gegen den Mann oder der Mann gegen die Frau Unterhaltsansprüche geltend macht.
Was früher als Scherz galt – »Die kluge Braut geht erst zum Rechtsanwalt« –, ist heute gar nicht mehr so abwegig, vor allem, wenn beide Partner berufstätig sind. Vernünftige Regeln der Lebensweisheit lassen sich, solange der Ehewunsch aus Liebe erwachsen ist, vor der Ehe leichter vereinbaren als später. Wer ein eigenes Konto besitzt und frei darüber verfügen darf, lebt auch innerlich freier. Daß beide für gemeinsame Anschaffungen, Reisen und Geschenke ihren Anteil zusteuern,

sollte dann aber ebenso selbstverständlich sein wie das Bestreben, Rücklagen für die Zukunft zu bilden.
Alles klar? Dann können wir auf »den schönsten Tag des Lebens« zusteuern.

Kleidung für die festliche Hochzeit

Eine »weiße Hochzeit« ist noch immer der Wunsch der meisten Mädchen. Erstaunlicherweise sind den Bräuten ihre Eheaspiranten in Frack, Smoking oder dunklem Anzug fast gleichermaßen willkommen. (Die Kleidung steht hier am Anfang, weil sie zugleich Auskunft darüber gibt, ob die Hochzeit im größeren oder kleineren Rahmen gefeiert werden soll.)
Der Frack befindet sich auf dem Rückzug, der Smoking holt ihn immer mehr ein – und der schwarze Anzug, nach der Heirat am vielseitigsten verwendbar, hat unter den »feierlichen« Hochzeitsanzügen die Führung übernommen. Für den Sommer sind der weiße Smoking wie der weiße Anzug als moderne Möglichkeiten hinzugekommen.
Wer sich zum dunklen Anzug – und im Sommer gar zu einem hellen – entschließt, sagt damit auf keinen Fall aus, daß ihm der Tag – oder gar die Braut – weniger bedeuten.

Das Hochzeitsessen

Ein Hochzeitsessen kann heute nach der Feier im Standesamt oder in der Kirche auch aus einem kleinen Essen nur mit der Familie oder, etwas größer, zusätzlich mit Freundeskreis bestehen, bevor das Brautpaar – der gepackte Wagen steht schon vor der Tür – auf Hochzeitsreise geht.
Wo man rechnen muß – und rechnen muß nicht nur eine Familie, die gerade ein Haus baut oder den Hochzeitern einen neuen Wagen oder eine Zimmereinrichtung schenkt –, kann man das Hochzeitsmahl sehr klein halten. Eine weniger aufwendige Feier kann auch aus Rücksicht auf die bescheideneren Lebensumstände der Familienmitglieder angebracht sein.
Menschliche Überlegungen sind in Anbetracht der heute seltener werdenden großen Familienfeste wichtiger als der Eindruck, man brauche sich keinerlei Beschränkungen aufzuerlegen. Man habe es ja! – um sich finanziell derart zu übernehmen, daß man danach vielleicht jahrelang nur der lieben Nachbarn oder der noch lieberen Verwandtschaft wegen auf Sparflamme kochen muß.

Wer bezahlt die Hochzeit?

Wer bezahlt eigentlich die Ausrichtung der Hochzeit?
Die alte Regel, nach der die Brauteltern dazu verpflichtet waren, gilt heute nicht mehr. Die Mitgift der Braut war einst der Ausgleich für die Erziehungs- und Ausbildungskosten, mit denen die Eltern des Bräutigams für seine Befähigung sorgten, eine Frau ernähren, kleiden und ihr ein Dach bieten zu können.

Heute sind beide Partner im allgemeinen berufstätig, und die Eltern der Braut haben Mitgift oder Aussteuer in die Ausbildung ihres Mädchens gesteckt. Zu den Überlegungen der Hochzeiter gehört heute die Frage: Was haben wir beide von Lohn oder Gehalt zurücklegen können? Wird es für eine Wohnungseinrichtung ausreichen? Was geht vor – ein schönes Heim, eine aufwendige Hochzeitsfeier oder eine längere Hochzeitsreise?
Die Antwort auf diese Fragen ist heute die Hauptsorge des jungen Paares. Selbstverständlich werden sie die Eltern nicht daran hindern, zu Einrichtung, Feier und Reise beizutragen, wenn im Gespräch über die Heiratsabsicht schließlich auch das Wann, Wie, Wo und Wohin erörtert wird.
Die Reihenfolge, welcher Besuch zuerst gemacht werden sollte, ist nicht mehr zwingend festgelegt. Sie bleibt eine Frage der Diplomatie: Wo sind unter Umständen Schwierigkeiten zu erwarten? Wer könnte am besten die Hochzeitskosten übernehmen?
Da zumeist in einem Restaurant gefeiert wird, können beide Elternseiten sich die Kosten teilen. Aber auch die Hochzeiter können die Rechnung bezahlen und sich von beiden Seiten – den finanziellen Umständen entsprechend – einen mehr oder weniger großen Betrag zuschießen oder zustecken lassen. Nicht zu vergessen, daß es ländliche Gegenden gibt, in denen noch immer die alte Sitte gilt, daß die Gäste ihren Anteil – und noch einen Aufschlag für die Hochzeiter dazu – selbst bezahlen.

Feier oder lieber Hochzeitsreise?

Aber man darf heute auch allen Verwandten und Bekannten, die vielleicht damit gerechnet haben, zur Hochzeit eingeladen zu werden, einen netten Brief schreiben. Dieser soll um Verständnis dafür bitten, daß man sich in der Zwickmühle »Hochzeitsfeier oder Hochzeitsreise?« für die Reise entschlossen hat. Dabei empfiehlt es sich, den Brief an Eltern, Großeltern und nächste Verwandte besonders herzlich abzufassen, um ihnen bei dieser Gelegenheit dafür zu danken, daß sie durch Rat und Vorbild in der Jugend zum gemeinsamen Leben des glücklichen Paares beigetragen haben. Sicherlich passen solche Sätze nicht auf jeden nächsten Angehörigen. Aber der Anlaß sollte, auf welche Art auch immer, mit dazu dienen, die Familienbande zu festigen. Es ist besser, damit selbst bei einer Heirat ohne große Bewirtungsfeier zu beginnen, als später enttäuscht zu erleben, daß niemand Babysitter sein oder die heranwachsenden Kinder einmal in die Ferien einladen will.

Tips, damit die Hochzeit klappt

Die nachfolgende Übersicht soll dazu dienen, gleichgültig, wie man feiert, in der »Verwirrung« der Vorbereitungen nichts zu vergessen. Gibt es doch amtliche, kirchliche und weltliche Notwendigkeiten, große festliche und kleine, nicht weniger festliche Hochzeiten.

- Termin beim Standesamt vereinbaren. Anfragen, welche Papiere benötigt werden.
- Vor kirchlicher Hochzeit Gespräch mit dem Pfarrer. Dazu Urkunden und Familienbuch mitbringen. Vorschläge für Hochzeitstag, Bibelspruch, Kirchenlieder. Wo erforderlich, nach dem »Brautexamen« fragen.
- Liste der einzuladenden Gäste. 3–4 Wochen vorher – Brautjungfern und -führer möglichst noch früher – schriftlich einladen. Getrennte Gästeliste für Polterabend, kirchliche Feier und Hochzeitstafel. Pfarrer einladen!
- Geschenkliste: Welche Wünsche hat das Brautpaar insgesamt? – zum Aussuchen für eingeladene Gäste, die danach fragen. Darunter die Namen von bevorzugten Porzellan- und Besteckmustern sowie ihre Bezugsquellen.
- Anzeigen drucken lassen.
- Restaurant, Privatsaal, Hochzeitstafel, Menü und Weine (auch nichtalkoholische Getränke für Kraftfahrer) bestellen.
  Wenn erforderlich, in einem anderen Raum einen Empfang der nicht zum Hochzeitsessen eingeladenen Gäste vorbereiten.
- Blumenschmuck und Tischmusik!
- Eheringe! Sie sollte der Bräutigam einkaufen.
- Tischkarten vorbereiten, auch Sitzplan zum Aushängen. Er wird im Vorraum aufgehängt und gibt Auskunft, auf welchen Plätzen Hochzeitspaar und Gäste sitzen sollen.
- Zeitungsanzeigen aufgeben.
- Fotografen bestellen.
- Taxis, möglicherweise mit Blumenschmuck, bestellen.

Am Hochzeitstag

Erste Frage: Wo ist der Blumenstrauß für die Braut?
Wo sind die Körbchen mit den Streublumen für die »Streuengel?«
Am Hochzeitstag trifft man sich im Elternhaus der Braut, des Bräutigams oder in einem Hotel, in dem auch auswärtige Gäste untergebracht sind, zu gemeinsamer Fahrt in Standesamt oder Kirche.
Im Kirchenvorraum formiert sich der Hochzeitszug. Der Verlauf der kirchlichen Feier ist, je nach Landstrich und Konfession, unterschiedlich – und vorher mit dem Pfarrer abgesprochen.
Geschenke werden abgegeben, je nach dem Gesamtplan:
1. im Hause der Braut;
2. beim Empfang im Hotel oder Nebenzimmer des Restaurants;
3. vor dem Platznehmen an der Hochzeitstafel an einem Tisch im Vorraum oder neben der Tafel.
Glückwünsche werden stets zuerst dem Brautpaar und dann Eltern, Geschwistern und anderen Verwandten ausgesprochen.
Nicht um die Geschenktafel zu bewachen, sondern um zu notieren, von wem welches Geschenk stammt, empfiehlt es sich, eine Verwandte oder Bedienstete mit der Aufsicht über die Geschenke zu betrauen. Am besten schreibt sie den Geschenkgegenstand auf die Glückwunschkarte, um späteren Verwechslungen vorzubeugen.

Die Hochzeitsansprachen werden zwischen Suppe und erstem Gang oder vor dem Nachtisch gehalten. Im allgemeinen spricht erst der Brautvater, dann der Vater des Bräutigams, hier und da auch der Pfarrer oder der beste Freund des Hochzeitspaares. Wann und wie lange geredet wird, muß vorher rechtzeitig abgesprochen und dem Oberkellner mitgeteilt werden. Für alle Redner gilt: Fasse dich kurz. Der Bräutigam kann sich in seinem Glück auf einen einzigen Satz begnügen, wenn er nicht drei bis fünf sprechen möchte. Ein einziger Redner genügt natürlich auch.

Der erste Tanz für das Brautpaar

Wird nach dem Dessert getanzt, gehört der erste Tanz – der Lieblingstanz der Braut – den Hochzeitern allein.
Sie bitten dann die Gäste zu sich auf die Tanzfläche – und während allgemein getanzt wird – reisen sie heimlich ab …

Als Gast im Ausland

Zehn goldene Regeln

Man sollte grundsätzlich nicht ins Ausland fahren, ohne sich über die Eigenheiten der Bevölkerung des zu besuchenden Landes eingehend unterrichtet zu haben.
Wer dazu keine Zeit hat, kann vielen Schwierigkeiten aus dem Wege gehen, wenn er sich zehn goldene Regeln einprägt, die das Generalsekretariat der Europa-Union ausgearbeitet hat.
Diese gelten natürlich für alle Nationen; der Schweizer braucht nur »Schweiz«, der Österreicher »Österreich«, der Franzose »Frankreich« einzusetzen, wo es nachfolgend »Deutschland« heißt:
1. Vergiß es nie: In Deutschland bist du ein Deutscher unter Millionen, im Ausland aber bist du der Deutsche, nach dessen Worten und Taten der Fremde das Bild deiner Nation formt.
2. Verheimliche nicht, daß du von deutschen Eltern stammst, aber sorge dafür, daß der Ausländer von dieser Tatsache angenehm überrascht wird.
3. Bist du der törichten Ansicht, im Ausland sei alles schlechter als zu Hause, dann bleibe daheim. Glaubst du, in der Fremde sei alles besser, dann kehre nicht wieder zurück.
4. Ziehst du durch fremde Länder, dann sorge dafür, daß sie von deiner Schweigsamkeit widerhallen. Je stiller du bist, um so lauter werden die andern reden.
5. Kleide dich so, daß dich niemand bemerkt, aber setze dir keinen Fes auf.
6. Singe gern, wenn man dich darum bittet, aber singe nur dann!
7. Suche nicht dort aufzutrumpfen, wo dir der Fremde überlegen ist. Wo aber du überlegen bist, lasse dich lächelnd besiegen, auf daß du verläßliche Freunde gewinnst.
8. Denke daran, daß nur die Namen der Tugenden und Laster in andere Sprachen übersetzt werden können. Was sie wirklich bedeuten, mußt du in jedem Lande von neuem erfahren.
9. Was dir bei fremden Völkern merkwürdig vorkommt, bemühe dich zu verstehen. Gelingt dir das nicht, so suche den Grund dafür erst zuletzt bei den anderen.
10. Erheben wir im Ausland den Finger nur, um zu lernen, nie um zu belehren!

Wenn wir daheim Touristen aus dem Ausland begegnen

Sprechen Sie nur, wenn Sie ausdrücklich danach gefragt werden, über Krieg, Wirtschaftswunder, das »vereinte Europa«, die deutsche Ost- und Westpolitik, über Entwicklungshilfe und Gastarbeiter.
Verallgemeinern Sie nie persönliche Erlebnisse.
Bedenken Sie stets, daß Sie für den Ausländer schnell von einem Deutschen zu dem Deutschen werden könnten, nach dem er sein Urteil über alle Deutschen bildet.
Sind Sie Gastgeber: Überlegen Sie stets, bevor Sie reden oder handeln, wie Sie dazu beitragen können, daß sich der Gast in Ihrem Lande – wie in Ihrem Heim – wohl fühlt!
Halten Sie die Tatsache, daß Sie Deutscher in der Bundesrepublik Deutschland sind, zunächst einmal für die selbstverständlichste Sache der Welt.
Lassen Sie unser Land und was es dem Ausländer zu bieten hat, auf ihn einwirken. Lassen Sie jedem Gesprächspartner seinen Stolz auf die Errungenschaften seines Landes, die es ihm erlauben, unser Land zu besuchen.
Erst dann, wenn Sie ihm bewiesen haben, daß Sie sich zu unserem Land bekennen, wird er Erlebnisse von Gestern, Kritik am Heute und Wünsche an die Zukunft richtig einordnen können.

Rassenstolz ist Dummheit

Kein Mensch fühlt sich wohl, wenn andere auf ihn zeigen. Es gibt in aller Welt jedoch Ungeschicklichkeiten, die nicht minder empfindlich treffen: Stellen Sie sich vor, Sie wären unter Menschen mit anderer Hautfarbe und hörten aus unmittelbarer Nähe Ihres Tisches oder Tribünenplatzes Gesprächsfetzen wie »Der Weiße da!«
Sie wären sicherlich betroffen, obwohl die Einheimischen vielleicht nichts anderes tun als die Kaffeegartengäste an allen Flanierstraßen der Welt; sie versuchen zu erraten, woher der Fremde wohl stammen mag. Dabei bedarf es keiner großen Mühe, nach Begriffen zu suchen, die niemandem wehtun.
Zumeist ist es ohnehin aussichtslos, vom neutral gekleideten Fremden auf seine Herkunft zu schließen. Aber jeder fühlt sich gern als Vertreter seines Erdteils: »Afrikaner oder ...?« – »Zwei Frauen aus Fernost?« – »Amerikaner?« –
Für die meisten Europäer ist es schon schwierig, einen Japaner von einem Chinesen oder einen Türken von einem Araber, fast unmöglich aber, einen Kongolesen aus einem afrikanischen Staat von einem brasilianischen oder nordamerikanischen Staatsbürger zu unterscheiden, dessen Vorfahren vielleicht schon vor 100 Jahren aus Afrika ausgewandet sind.
Unsere Gäste haben Anspruch darauf, als Staatsbürger ihres Landes respektiert zu werden.

Fernsehen

Früher

In den ersten Jahren, als die Fernsehgemeinde noch nicht nach Millionen zählte – wurde das »Pantoffelkino« oft als Störenfried des Familienlebens und der häuslichen Geselligkeit angeprangert.

Heute

Heute hat das Fernsehen seinen festen Platz. Auch wer ihn nach wie vor ablehnt, muß in gewissem Sinne »mit dem Bildschirm leben«. Neue Umgangsformen tragen dieser Entwicklung Rechnung. Sie verhelfen besonders dort, wo man sich von Dauerberieselung freigemacht oder der Krankheit der Neu-Seher gar nicht erst verfallen ist, mit dazu, daß der »Hausfreund Nr. 1« unser Leben nicht allein als beliebte Informationsquelle zu bereichern vermag.

Familienfernsehrat

Wie die Fernsehanstalten darüber wachen, daß sich niemand zum Programmdiktator aufschwingt, so sollte innerhalb der Familie oberste Fernsehregel sein, die Interessen an den verschiedenen Programmen rechtzeitig vorher abzustimmen. Am besten streicht jeder – je früher, desto besser – im gedruckten Programm mit einem anderen Farbstift an, was er gern sehen möchte.
Für kleine Kinder bestimmen die Eltern aus erzieherischer Sicht, was gesehen wird.
Jugendliche werden bald als Dritte in den »Familienrat« aufgenommen und stimmen bei Interessenkollision mit den Eltern ab. In »Notfällen« kann bald der eine, bald der andere auch einmal auf ein Zweitgerät oder zu Freunden ausweichen. Tochter und Sohn können Freundin oder Freund aufsuchen, von denen sie wissen, daß das gewünschte Programm dort empfangen wird. Die Eltern bieten dafür bei passender Gelegenheit den Platz am Bildschirm ab und zu dem Freundeskreis ihres Kindes an. Woraus schon, auch für die Eltern, hervorgeht, daß alle unterschiedlichen Programmwünsche im allgemeinen leicht zu regeln sind. Der Fernsehapparat kann sogar nachbarlich-freundschaftliche Beziehungen knüpfen helfen. Das ist besser, als daheim einen »Fernsehdiktator« gewähren zu lassen.

Hören, sehen und darüber sprechen

Der Idealfall bleibt immer, sich auf ein gemeinsames Programm zu einigen, um anschließend darüber sprechen zu können. Der Meinungsaustausch über alles, was man gesehen und gehört hat, knüpft die ehelichen wie die Familienbande fester. So läßt sich ohne erhobenen Zeigefinger sogar Einfluß auf die Erziehung der Kinder nehmen, nicht zuletzt durch Hinweise auf gute und schlechte Umgangsformen der in

Fernsehdramen dargestellten Menschentypen. Selbst mancher Krimi ist als positives Lehrbeispiel geeignet. Der gute Erzieher am Bildschirm versteht es, ein politisch oder kulturell lehrreiches Thema, das vor oder nach Krimi oder Western ausgestrahlt wird, in das Familienprogramm einzubeziehen, um die jungen Trabanten vor einseitiger Fernsehkost zu bewahren.

Gäste zum Fernsehen

Wer seine Freunde und Bekannten gut kennt, weiß zumeist auch um ihre Lieblingsprogramme im Fernsehen. Daraus sind neue Formen der häuslichen Geselligkeit entstanden, bei denen der Bildschirm von vornherein in die Darbietungen einbezogen wird. Dazu hier zwei Beispiele:

Fernsehparty sportlich

Bundesligaspiele, Länderspiele, Reitturniere, Wintersportereignisse haben, neben vielen anderen Sportsendungen, ihren festen Kreis. Wir laden interessierte Freunde ein, verbinden damit eine Kaffeestunde oder ein Abendessen, und anschließend spielen wir Karten oder tauschen Gedanken aus.

Während der Sportübertragung holen wir den Sportplatz ins Zimmer, als wären wir auf der Zuschauertribüne dabei. Das erhöht den Reiz. Wir jubeln mit und kritisieren mit, als wären wir am Platz der Ereignisse. Bei Pferderennen kann einer der Zuschauer den Buchmacher »spielen«. Spielgeld für Anhänger des Pferdetotos liegt bereit.

Zum Kaffee gibt es eine Bäckereispezialität nach dem Souvenir-Rezept aus unseren Winterferien, danach Punsch, Grog oder vielleicht den »Anti-Föhn-Fizz« nach dem bewährten Rezept des Mixers im Wintersporthotel.

Solch zwanglose Geselligkeit ist erfolgreicher als jede steife Begegnung mit feierlichen Gesichtern.

Tanzparty und Video-Spaß

Tanzturnierübertragungen können ein schöner Anlaß sein, zu Hause selbst eine kleine Tanzparty zu veranstalten. Mit Einzug des Kabelfernsehens wird auch die Video-Tanzparty immer beliebter – besonders bei jungen Leuten. Einige der Privatsender senden Musikvideos fast rund um die Uhr. Dabei kann geklönt, aber natürlich auch getanzt werden.

Ratschläge für Fernsehgäste

Kommen Sie bitte pünktlich. Der Gastgeber erwartet Sie (im Gegensatz zu anderen Einladungen) etwa zehn Minuten vor Programmbeginn.

Sind Sie verspätet, und die Sendung läuft bereits, wundern Sie sich nicht, wenn Sie mit Ihnen unbekannten anderen Gästen nicht sofort bekannt gemacht werden. Dazu ist später Zeit. Halten Sie keine großen Entschuldigungsreden. Daß Sie eine entwaffnende Erklärung für Ihr Zuspätkommen mitbringen, wird vorausgesetzt. Sagen sie »Guten Abend, entschuldigen Sie bitte!«, nehmen Sie auf der angebotenen Sitzgelegenheit Platz, und warten Sie, bis Ihnen Ihr Nachbar – was er tun sollte – von sich aus an passender Stelle leise und in großen Zügen erklärt, was sich bisher auf dem Bildschirm ereignet hat. Am Ende wer-

den Sie bekannt gemacht, und dann stört Ihre Verspätungsbegründung niemanden mehr!
Hatten Sie Pech und sind so arg verspätet, daß Sie bei mit Spannung geladenen Themen erst nach Ablauf der halben Sendung erscheinen würden, so warten Sie bis zum Schluß in der nächstgelegenen Gaststätte. Informieren Sie sich über den genauen Zeitpunkt.

Auch mal Getränke mitbringen

Sind Sie öfter zum Fernsehen eingeladen, weil Sie in Ihrer Junggesellenbude oder als ratenbelastetes, neu eingerichtetes junges Ehepaar keinen eigenen Fernsehapparat besitzen, so denken Sie bestimmt daran: Wo außer dem Bildschirmerlebnis noch regelmäßig Getränke, Knabberwerk und Zigaretten angeboten werden, sollten Sie sich eines Tages (Blumen haben Sie schon einmal mitgebracht) überlegen, ob Sie Ihre Fernsehgastgeber nicht auch einmal einladen oder – frisch von der Leber weg – sagen sollten: »Wir haben Ihre Gastfreundschaft jetzt so oft genossen! Erlauben Sie bitte, daß wir das nächste Mal wenigstens die Getränke beisteuern!
Ob Sie nicht besser überfallartig beim nächsten Mal einfach damit anrücken – »anstelle von Blumen« –, hängt davon ab, wie Sie die Reaktion Ihrer Gastgeber einschätzen. Die meisten finden solche Zeichen der Anerkennung ganz in Ordnung.

Tips für Fernsehgastgeber

Decken Sie den Tisch nicht erst, wenn die Ansagerin die Sendung angekündigt hat. Wenn es sich nicht um ständige »Mitseher« handelt, so werden die Fernsehprachtsessel der Hausbewohner den Gästen angeboten. Treffen sich zwei Ehepaare, so sitzen die Damen auf den besten, die Herren auf den anderen Sitzgelegenheiten.
Der Gast erwartet einen Sitzplatz, der nicht schon »vorgewärmt« worden ist. Eine gute alte Sitte, die sich bei Zahnärzten und Friseuren an den drehbaren Sitzflächen ihrer »Operationsstühle« ablesen läßt! Beginnen Sie selbst nach einer späten Sendung nicht, gähnend für so-

Wer auf der Bildschirmreise plötzlich einen Schauplatz entdeckt, den er selbst zu schildern weiß, wird mit jeder Eigenreportage auf wenig Gegenliebe stoßen. Im übrigen macht keinen Eindruck, wer in der Fernsehrunde mit Händen und Füßen gestikuliert

fortigen Aufbruch zu werben. Lassen Sie für alle das Erlebte noch ein Viertelstündchen bei (hoffentlich) munterem Geplauder ausklingen!

Schweigen oder kritisieren?

Kritik ist, wenn sie nicht an Anwesenden oder ihnen Nahestehenden geübt wird, stets ein willkommenes belebendes Element der Unterhaltung. Vor dem Bildschirm sollte man sich mit seinen Gästen vor Beginn des gewählten Programms darüber abstimmen: Soll stillschweigend zugeschaut oder spontan kritisiert werden, wann es jedem gerade paßt?
Zum Beispiel:
Konzert und Krimi haben eines gemeinsam: Beide werden, vom Musikliebhaber bzw. Amateurdetektiv, im allgemeinen stumm genossen. So gehen wir sicherer, wenn wir als Gastgeber den temperamentvollen Außenseiter im Interesse der Mehrzahl unserer Fernsehgemeinde vorsorglich davor bewahren, um Ruhe angezischt zu werden.
Beim Konzert wie in Oper oder Schauspiel gibt es Ausnahmen vom Schweigegebot – mit einer großen Ausnahme: Ein wirklicher Musikkenner weiß um die Stellen, an denen Stille im Orchester sozusagen zur Musik gehört und keine Kunstpause für Beifall bedeutet. Wer dann beifällig losplappert, ist blamiert.
In Oper und Drama ist dagegen Beifall auf offener Szene öfter möglich, sind die geeigneten Stellen klarer zu erkennen, zum Beispiel am Ende einer Arie oder eines großen Soloparts.
So ist bei der Fernsehparty nichts dagegen einzuwenden, wenn Kritik im positiven oder negativen Sinne zwischendurch an passender Stelle laut wird.

Wann Reden verpönt ist

Nicht gern wieder eingeladen wird jedoch jener liebe Gast, der zwischendurch unbedingt loswerden muß, daß ihn der Arzt auf Diät gesetzt oder sein Nachbar um die Ecke im Toto gewonnen hat. Nicht minder lieb ist uns jener andere, der den Film, auf dessen Wiederholung durch das Fernsehen wir uns gefreut haben, genau kennt und stets vor sich hinmurmelt, was oder wer »nun gleich kommt«. Es soll schon vorgekommen sein, daß ansonsten wohlerzogene Menschen »Bitte, einen anderen Gast!« gerufen haben, nachdem ein Alleswisser bereits 20 Minuten vor Schluß des Kriminalstücks die Spannung der atemlosen Zuschauer durch »Entlarvung« des Täters rigoros abgeschnitten hatte. Wem das passiert, der schütze im eigenen Interesse einen Grund zu plötzlichem Aufbruch vor, sobald der »Vorhang« über dem Drama seiner Entgleisung gefallen ist.

Es darf nur manchmal mitgeraten werden

Andererseits gibt es Programme, die zum Mitraten herausfordern. Die meisten hören dabei lieber des Rätsels Lösung von den Lippen des auf dem Bildschirm »schwitzenden« Kandidaten als vom neunmalklugen Gast, der keinem anderen die Chance der Entdeckung läßt. Wenn Mitraten vorher abgesprochen ist, so ist am Ende nur der der Klügere, der taktvoll auch andere zu Wort kommen läßt und sich nicht andauernd selbst in den Vordergrund drängt.

Die beiden in der Ecke, die über jede Darbietung der »Flimmerkiste« erhaben tun, sollten ihr Gespräch über das Für und Wider des allen unbekannten Hotels in Hinterwabenbad wirklich bis zum Abschalten des Gerätes zurückstellen. Noch besser, sie hätten die Einladung zu dem doch vorher vereinbarten Programm gar nicht erst angenommen!

Entstörte Störungen

Wer unangemeldet in unsere Fernsehrunde hineinplatzt, kann nicht erwarten, daß wir eine Sendung, die wir ausgesucht, auf die wir uns gefreut und die wir erst zum Teil gesehen haben, unterbrechen. Wer zum engsten Kreis zählt und jederzeit hereinschauen darf, wird eingeweiht und gehört dazu.

Alle anderen Besucher unterliegen der Regel, daß man heute unangemeldet, von seltenen Ausnahmen abgesehen, keinen Besuch mehr macht. Selbstverständlich bildet der Nachbar von gegenüber, obwohl wir ihn nur flüchtig kennen, eine Ausnahme, wenn er zum Beispiel eigens herübergekommen ist, um mitzuteilen, daß Vater seinen Wagen mit aufgeblendeten Scheinwerfern abgestellt hat und morgen mit Sicherheit mit leerer Batterie nicht starten könnte. Und ein alter Bekannter, den wir jahrelang nicht gesehen haben und den bei der Fahrt über die Autobahn erst das Ortsschild an sein Versprechen erinnert hat, bei nächster Gelegenheit »auf jeden Fall« abzubiegen und für ein paar Stunden unser Gast zu sein, kann natürlich erwarten, daß wir das Wiedersehen mit ihm höher einschätzen als selbst den Rest eines spannenden Krimis.

Hilfeleistungen in Krankheits- und Notfällen, um die wir mit Fug und Recht gebeten werden können, gehen immer vor.

Daran hat sich allerdings nichts geändert: Wir sollten keinem Besuch eine Musikberieselung, geschweige denn ein Fernsehgemurmel im Hintergrund zumuten.

Wen der Grundgedanke des Abschirmens des interessierten Fernsehers vor allen unnötigen Störungen nicht anspricht, braucht sich nur zu

»Große Feierabend-Fernsehfeier«: Krimi oder Bundesliga mit Erbsen und Speck – das geht aus vielerlei Gründen allerdings nur, wenn man mit seinem Bildschirm allein ist

überlegen, daß wir – würden uns die Programme nicht ins Haus geliefert – zur gleichen Zeit außerhalb der Wohnung in Kino, Theater, Konzert oder bei einem Vortrag sitzen würden und überhaupt nicht erreichbar wären. Andere Zeiten – andere Sitten!

Plötzlich läutet das Telefon

Aus derselben Überlegung heraus sollten wir keine Hemmung haben, wenn das Telefon läutet, einzugestehen: »Entschuldigen Sie bitte, ich verfolge gerade eine interessante Fernsehsendung. Darf ich anschließend zurückrufen?!«

Den Hörer nicht abzunehmen, ist keine Lösung. Man belastet sich selbst mit der Frage, wer der Anrufer gewesen sein könnte. Und es ist nie die Möglichkeit auszuschließen, daß der Anruf in unserem eigenen Interesse erfolgte (»Ihr Dachstuhl brennt!« – »Ihr Hund steht jaulend vor der Haustür!«).

Zur Zeit der aktuellen Abendsendungen – wie »Tagesschau« und »Heute« –, mit denen sich Millionen von Menschen über die Ereignisse des Tages informieren, sollte niemand außer in Fällen von Not oder Hilfeleistung durch einen Telefonanruf stören. Für diese Zeit gilt dasselbe Ruhegebot wie für die Zeit der Hauptmahlzeiten.

Was ziehen wir an?

Empfehlungen für kleine und große Anlässe

Die Betonung liegt auf wir! Hieß die Frage früher »Was ist korrekt?« oder gar »Was trägt der feine Herr, die vornehme Dame?« so fragen wir heute: »Was ziehen wir an?« An die Stelle der einst »zwingenden« Kleiderordnung tritt heute immer mehr die freie Vereinbarung. Und überall, wo es nur irgend möglich ist, sind Arbeitgeber wie Gastgeber gut beraten, wenn sie die Meinungen anderer mitsprechen lassen, statt sich vielleicht auf einen überholten Kleidungskodex zu verlassen.
So manches Mißverständnis in der Auseinandersetzung über die Frage »Was ziehen wir an?« rührt einfach daher, daß Vertreter einer anderen Meinung sich selbst dann von »Kleiderordnungen« reglementiert fühlen, wenn es nur um Fragen des Praktischen oder der Hygiene geht. Über Fragen des Stils und des Geschmacks läßt sich nur schwer streiten, weil solcher Streit den Gesprächspartner, der eine andere Stil- oder Geschmacksrichtung vertritt, leicht zum Rückzug in ein Ressentiment veranlaßt. Im Gefühl, in die Enge getrieben zu werden, glaubt er nur zu schnell, mit Argumenten wie »Reaktion«, »Diktatur«, »Mief und Muff«, mit Begriffen berechtigten Protests am falschen Platz, jede Diskussion beenden zu können.

Protest durch Kleidung

Protest durch Tragen einer konträr zur Vereinbarung stehenden Kleidung wurde einmal als »Modegag« von jungen Menschen vorgegeben, die sogar über die dem Zweck entsprechende Kleidung verfügten. Viele waren nur gedankenlose Mitläufer, weil sie »Protestieren« zur Zeit für »Mode« hielten. Dazu veranlaßt oft nur dieselbe Schwäche, die den Modegecken bewegt, »um jeden Preis« aufzufallen!
Diese Ausführungen sind noch immer notwendig, weil Ablehnung vielen leichter erscheint als das Vertreten einer stichhaltigen Meinung. Wer sich zum Abbau überflüssiger Autorität oder überflüssiger Herrschaftsansprüche bekennt, kann sicherlich erkennen, daß grundsätzliche Mißachtung jeder Vereinbarung, jeden Gesetzes nur Anarchie und Chaos fördern und hinwegführen von jenem Ideal, dem berechtigter Protest sehr wohl zu dienen vermag – der Achtung vor der Würde des Menschen.
Wenn in einem Gesellschaftssystem, in dem eine prachtvoll gekleidete Herrschaftskaste ein Volk in grauen oder blauen Kitteln ausbeutet, der Kittel zum Revolutionssymbol wird, so zeigt sich darin eine Gesin-

nungsparallele zur französischen Revolution von 1789, an deren Beginn die Hosen der Galeerensträflinge zum Zeichen der Sansculotten, der Armen ohne die Kniehosen der herrschenden Gesellschaft, wurden. Wenn jedoch ein junger Gast in Blue Jeans erscheint, um gegen die Kleiderempfehlung »dunkler Anzug« zu protestieren, so tut ihm zuviel Ehre an, wer ihn als Revolutionär behandelt und sich empört.

Dunkler Anzug erwünscht ...

Die Empfehlung »dunkler Anzug« bedeutet heute nicht mehr und nicht weniger als: Eine Mehrheit ist sich darüber einig, daß einem bestimmten Anlaß ein dunkler Anzug entspricht. »Dunkler Anzug« schließt einen mittelfarbenen nicht unbedingt aus. Aber der Einladende weiß aus Erfahrung, daß sich ein einzelner im hellen Anzug unter Umständen gehemmt fühlen könnte, und er weiß vor allem, daß die meisten Gäste ihm für den Kleidungstip dankbar sind. Es ist dabei gleichgültig, wie groß der Kreis ist, der sich zur Party zusammenfindet, ob ein Ehepaar, ein Verein, ein Gastronom, eine Tanzschule eingeladen hat oder wer auch immer.

Wir reden keinem Anpassungszwang das Wort, sondern vielmehr gegen eine primitive Gleichmacherei überall dort, wo es gar nicht um Gleichheit vor Recht, Gesetz und Menschlichkeit geht, sondern um das Recht auf Freude und Lebensgenuß im positiven Sinne. Es hat seit eh und je in allen Bevölkerungsschichten Menschen gegeben, die unter Lebensgenuß zum Beispiel »reichlich Essen und Trinken« unter Verzicht auf jedes Drumherum verstanden, und in allen Bevölkerungsschichten auch andere, die lieber weniger gegessen und getrunken haben, um den Genuß durch Zutaten zu bereichern, die man nicht essen oder trinken kann. Zu diesen »Zutaten« zählt die Wohnungseinrichtung ebenso wie die Kleidung, zählt die Einstellung zum Rahmen für Fernsehen wie Ferienreise. Ob wir unser Freizeiterlebnis im Pantoffelkino – in Pantoffeln – oder als Ferien am Busen der Natur – im Zelt – suchen, ist weder eine Frage des Geldbeutels, noch einer politischen Ideologie. Es ist eine Frage der Einstellung zu den Freuden des Lebens. Und niemand sollte das Recht haben, dort, wo wir uns von unserer Arbeit, ja auch von der Mitarbeit an der Verfolgung politischer Ziele, erholen, seine Komplexe auf Kosten der Freude anderer abzureagieren.

Unterscheiden Sie bitte

- **»Üblich«** bedeutet: Wenn keine andere Kleidung vereinbart oder durch eine Kleiderempfehlung auf der geschriebenen oder gedruckten Einladung erbeten worden ist!
- **»Möglich«** bedeutet: Hinweise, auch auf Abweichungen von der allgemeinen Handhabe.
- **»Hochoffiziell«** bedeutet: Von einem staatlichen, behördenamtlichen, Haus- oder Familien-Protokoll festgelegt. Hochoffizielle Kleidung kann nur erwarten, wer mit der Einladung eine Kleiderempfehlung ausgesprochen hat. Diese ist zwingend nur bei internationalen Staatsempfängen. Inwieweit bei anderen offiziellen Gelegenheiten abgewichen werden kann, läßt sich im Einzelfall fernmündlich oder schriftlich beim Gastgeber erfragen.

Was ziehen wir an?

Anlaß A
Empfang am Vormittag, Geschäftsjubiläum, Kongreßeröffnung, große Schulfeier (Examen)

ER

Üblich	Dunkler Anzug, weißes Hemd, Krawatte, silbergrau, gedeckt uni oder mit Ton-in-Ton-Effekten. Schwarze Schuhe.
Möglich	In Sommerkurorten, zur Eröffnung von sommerlichen Tagungen, Messen und Ausstellungen: heller Anzug.
Hochoffiziell	Stresemann, Cut, glattes weißes Hemd mit Umschlagmanschetten. Krawatte silbergrau oder schwarz-weiß. Zum Cut auch Plastron. Schwarze Schuhe aus glattem Leder ohne Kappe.

SIE

Üblich	Elegantes Kostüm, Kleid mit Jacke, dreiviertellangem oder langem Ärmel oder Kleid, nach Belieben Hut, Käppchen. Wenn Handschuhe, keine sportlichen Formen.
Möglich	In Sommerkurorten usw. betont sommerlich.
Hochoffiziell	Siehe unter »Üblich«, ferner Kleid mit Completmantel, Turban, passend zu Kleid oder Bluse. Halblange Lederhandschuhe aus feinem, glattem Leder.

Anlaß B
Hochzeit, standesamtliche Trauung
Bräutigam und Trauzeugen

Üblich	Dunkler oder Anzug in gedeckten Farben, weißes Hemd, dezente Krawatte, schwarze Schuhe.
Möglich	Trauzeugen tragen nur dann einen Stresemann, wenn der Bräutigam diesen gleichfalls trägt.
Hochoffiziell	(am Vormittag): Stresemann oder Cut (wie unter A).

Braut
und Trauzeuginnen

Üblich	Kostüm, Kleid mit Jäckchen oder Complet in nicht zu »lauten« Tönen. Auch Hut.
Möglich	Trauzeuginnen kleiden sich nicht eleganter als die Braut.
Hochoffiziell	Siehe unter »Üblich«. Nur dezente Töne! Kleiner Hut.

Anlaß C
Hochzeit, kirchliche Trauung

Bräutigam

Üblich Schwarzer, auch dunkelgrauer oder -blauer Anzug mit glattem weißem Hemd, silbergrauer oder weißgrundiger Krawatte oder (am Vormittag nur, wenn unmittelbar nach der Trauung das Hochzeitsessen folgt) schwarzer Smoking mit Smokinghemd und schwarzer Schleife. Schwarze Schuhe mit dünnen Sohlen.

Möglich Angehörige und Gäste tragen nur dann einen Smoking, wenn auch der Bräutigam diesen oder den Frack trägt. Daher vorher informieren!

Hochoffiziell Am Vormittag Cut. Am Nachmittag (oder am Vormittag, wenn unmittelbar nach der Trauung das Hochzeitsessen folgt) Frack mit Frackhemd, weißer Weste, Schleife und Lackschuhen oder Lackpumps. Zylinder zu Cut und Frack.

Braut

Üblich Weißes Brautkleid oder Brautkostüm, kurz oder lang, von schlichter oder festlicher Eleganz. Auch hier vollzieht sich ein Wandel vom Repräsentativen zum Besonderen mit oft sehr persönlicher Note. Im allgemeinen wird Kranz, Hut oder Käppchen oder auch ein Blumengesteck im Haar getragen, ferner ein kurzer oder langer Brautschleier. Keine Handtasche oder nur ein Beutel in den Farben des Kleides, Brautbukett.

Möglich Mit landschaftlichen Unterschieden wird vor allem in den Großstädten heute auch bei der ersten Trauung vom einst traditionellen Weiß in individueller Entscheidung zu pastellfarbenen Brautkleidern oder -kostümen übergegangen. Ebenso gilt die alte Vorschrift, nach der eine Braut bei der zweiten Eheschließung kein Weiß wählen durfte, nicht mehr als zwingend. Das trifft auch für den grünen Brautkranz aus Myrthe und für das Myrthensträußchen für den Bräutigam zu. In ländlichen Gemeinden wird allerdings zumeist noch an der Tradition festgehalten. Es empfiehlt sich vor allem dort, diese Fragen vorher mit dem Geistlichen zu erörtern.

Hochoffiziell Großes, kurzes oder langes weißes Brautkleid, hochgeschlossen oder leicht dekolletiert, bei großem Dekolleté mit weißem Jäckchen. Lange oder dreiviertellange Ärmel, Kranz oder Käppchen oder Spange aus Blüten oder dem Stoff des Kleides, Schleier halblang oder lang. Für die Trauung keine Handtasche, nur Brautbukett, für die anschließende Feier kleines Abendtäschchen in Weiß, Pastellfarben, Gold oder Silber. Schlichte weiße Pumps oder Sandaletten.

Angehörige und Gäste

Üblich richten sich nach Bräutigam und Braut, berücksichtigen jedoch, daß das Hochzeitspaar auch in der Kleidung Hauptperson bleiben soll. Herren tragen nur dann Smoking, wenn ihn auch der Bräutigam trägt. Am Vormittag tragen die Damen in der Kirche kurze Nachmittagskleider mit oder ohne Hut, am Nachmittag festliche Kleider, kurz oder lang. Weiß ist für die Braut.

Hochoffiziell Am Vormittag tragen die Herren Cut, mit schwarzem Haarzylinder (keinen Chapeau Claque), die Damen hochgeschlossene Nachmittagskleider mit langen Ärmeln und Hut. Am Nachmittag für die Herren Frack (wie der Bräutigam), für die Damen große Abendkleider. Weiß bleibt der Braut vorbehalten.

Anlaß D
Taufe, Konfirmation, Kommunion

Üblich Für Täufling, Konfirmand und Kommunikant sind die Bräuche wie eh und je örtlich sehr unterschiedlich (siehe unter »Möglich«, unten). Eltern und Gäste: Gemäß Anlaß A.

Möglich Im allgemeinen wird, von Regelungen durch die Gemeinde abgesehen, für die Konfirmation heute keine bestimmte Anzug- oder Kleiderfarbe für Konfirmand und Konfirmandin mehr vorgeschrieben. Strenger ist die Kleiderordnung für die Kommunikantinnen, bei denen zumeist auf ein weißes Kleid Wert gelegt wird. Der Anzug des Kommunikanten darf dagegen schwarz, blau, anders dunkelfarbig und hier und da auch heller sein.

Hochoffiziell Eltern und Gäste gemäß Anlaß A.

Anlaß E
Trauerfeierlichkeiten

Üblich ER Schwarzer oder dunkler Anzug bzw. auch Mantel. Schwarzer bzw. sehr dunkler Hut. Keine hellen Westen.

SIE Schwarz oder möglichst dunkel, Kostüm oder Kleid mit Mantel, keine glänzenden Stoffe. Bei Pelz nur schwarzer oder dunkler Pelz. Die Witwe mit Witwenschal oder Witwenschleier.

Auch die engsten Angehörigen mit schwarzen Strümpfen, Handschuhen und Hüten. Keine hellen Schirme.

Möglich Den Trauerflor sieht man heute nur noch selten, vorwiegend in Kleinstädten und ländlichen Bezirken. Geändert hat sich auch die Einstellung zur Frage, wie lange man Trauerkleidung tragen sollte.

Eine genaue Abgrenzung der Trauertage läßt sich nicht mehr aufrechterhalten. Wohl gilt im allgemeinen noch das sogenannte »Trauerjahr«, die Entwicklung geht jedoch dahin, daß immer mehr Ehepartner unter sich oder auch Eltern mit ihren Kindern ungeschriebene Vereinbarungen treffen, die über das Grab hinaus wirken sollen und vor allem auf eine kürzere Beibehaltung der Trauerkleidung und -zeichen hindeuten.

Darin darf man sicherlich kein Schwinden des Pietätsgefühls vermuten. Viele Menschen veranlaßt zum Beispiel der Beruf, persönliche Gefühle vor der fremden Umwelt abzuschirmen.

Hochoffiziell

ER Cut oder Stresemann mit schwarzer Weste und schwarzer Krawatte, schwarzer Mantel. Zylinder mit schwarzem Tuchstreifen. Schwarzer Schirm.

SIE Kostüm, Komplet oder Kleid mit Jacke in Schwarz, matte Stoffe. Mantel, auch Pelz in Schwarz. Großer Witwenschal oder Witwenschleier. Hut schlicht schwarz und ohne Garnierung.

Anlaß F
Sportliche Jugendparty am Nachmittag, zwangloses Jugendtreffen zum Hobby, Jugendtanzunterricht am Nachmittag

Üblich
Herren oder Damen unter sich

Falls nicht anders vereinbart, kommt jede(r) in der üblichen Nachmittags-(lies Freizeit-)Kleidung.

Party mit Damen

Nicht allein, wenn getanzt werden soll, wird die Freizeitkleidung für die kleine Geselligkeit sorgfältiger gewählt. Selbst an heißen Tagen trägt der Herr lange Hose und zum sehr offenen Hemd eine Schalkrawatte. Kein Netzhemd (auch kein »modisches«) ohne Jacke! Bei normalem Klima auch Pulli oder lose Jacke. Die Dame wählt ihre Freizeitkleidung im Sommer unter Berücksichtigung dessen, daß nur die wenigsten Strandanzüge zum Tanzen geeignet sind. Wichtiger Gesichtspunkt: Nicht allein heiße Rhythmen fördern die Transpiration. Ihre Auswirkungen sollte jeder Gast möglichst unsichtbar halten.

Möglich Die Discoparty hat viele Spielarten. Es gibt Veranstaltungen, bei denen man sich mit Freunden auch auf den Boden setzt. Findet die Party aber in einem geschlossenen Raum statt, so sollte Partyhose (»Blue Jeans«) wie Partykleid nicht anzusehen sein, daß die letzte Party im Garten oder am Waldrand gefeiert wurde.

Hochoffiziell
Die sportliche Haus- oder Gartenparty »après«

entspringt zumeist einem Hobby, sei sie Abschluß von Sport oder Spiel, gemeinsamer Ausfahrt oder nach einem Wintersporttag. Man bleibt nicht im Dreß, sondern hat den »Après«-Anzug schon vorher auf den vereinbarten geselligen Treff abgestimmt bzw. Entsprechendes im gastgebenden Haus abgegeben oder im Wagen verstaut. Die Kleidung bleibt sportlich, die Note wird eleganter.

Anlaß G
Kleine Abendparty, Tanzunterricht am Abend

Üblich Wenn auch mit dem Hinweis »aber ganz zwanglos« zu gemeinsamem Fernsehen mit Häppchen, zu Kartenspiel, Plauderkreis oder Tanz auf dem Teppich eingeladen wird, so werden doch Alltag und Alltagskleidung abgestreift. Bei den Herren herrscht der komplette Anzug in sommerlichen oder winterlichen Farben vor; dazu passendes Hemd mit Krawatte.

Die Damen kommen im Nachmittagskleid. Für Tanzunterricht empfiehlt es sich, nicht das Kleid mit dem engsten Rock zu wählen.

Möglich Die kleine Abendparty im Hause gestattet mehr Freizügigkeit in gegenseitiger Vereinbarung als ein Treffen im Restaurant oder in einer Tanzschule. Vor der Aufforderung »Jackett aus, Kragen los, hoch die Tassen!« sollte man sich gut genug kennen!

Hochoffiziell Kleine Abendparty im Hause heißt zugleich »kleiner Kreis« und »ohne großes Abendessen«. Im Winter herrscht dunkler Anzug mit weißem Hemd sowie das kleine elegante Nachmittagskleid vor. Im Sommer werden auch helle Anzüge getragen. Ist ein Geburtstag oder ein anderer besonderer Tag der Anlaß, wird die Kleidung entsprechend angehoben.

Anlaß H
Große Abendparty (einst Hausball).
Wenn etwas »groß« gefeiert werden soll

Üblich Für die Herren ist der dunkle Anzug immer richtig, auch der schwarze mit heller Weste sowie vor allem für jüngere der phantasievolle dunkle oder vom Material her festliche Partyanzug. Die Damen tragen festliche kleine Kleider, kurz oder lang, elegante Kostüme oder den modischen großen Partyanzug. Nicht jedes Hosenkleid hat Abendstil!

Möglich Der Smoking bedarf heute der Vereinbarung bzw. eines Hinweises auf der Einladung. Elegante Partyanzüge sind ihm gleichgestellt. Ist Smoking erwünscht, erscheinen die Damen auch in langen Abendkleidern bzw. großen Partyanzügen. (Nicht möglich ist am Abend der Stresemann, der ein Tagesgesellschaftsanzug ist.)

Hochoffiziell Herren tragen den Smoking (Hose mit Galon), jüngere auch den festlich-smokingähnlichen Partyanzug mit weißem Oberhemd (Plisseefalten, Stickereieffekte). Zum Smoking weißes Smokinghemd, glatt oder mit Brustfalten, Umschlagmanschetten. Im Sommer auch weißer Smoking oder Dinnerjackett. Damen kommen im eleganten Kostüm aus festlichem Material, im eleganten kleinen Abendkleid, Jugendliche auch im eleganten Partyanzug.

Anlaß I
Ball, Theaterpremiere, Festkonzert am Abend, festliches Abendessen

Üblich Smoking, schwarzer und, für Jüngere, auch dunkler Anzug. Elegante Partyanzüge im allgemeinen nur, wo getanzt wird. Weißes Hemd mit Krawatte oder Schleife in Uni-Farben, schwarze Schuhe mit dünnen Sohlen. Damen im Abendkleid, kurz oder lang, im eleganten Kostüm.

Möglich In Sommerkurorten oder bei Veranstaltungen im Freien werden auch helle elegante Anzüge getragen. Bei Theaterpremieren kann die Problematik des Stückes empfehlen, in Alltagskleidung zu kommen (Beispiel: Musical »Hair«)!

Hochoffiziell Frack (Hose mit zwei schmalen oder einem breiten Galon), Frackhemd, Weste und Schleife weiß, Lackschuhe oder Lackpumps. Damen: Großes Abendkleid, kurz oder lang, auch mit Schleppe; großes Dekolleté nur zum Ball.

Die Begriffe mit den meisten Fragezeichen

Die Revolution im Kleiderschrank des Herrn hat einst streng begrenzte Begriffe aus ihrer Exklusivität herausgesprengt. Dabei hat sich zugleich ein Wandel im Hinblick auf die Frage vollzogen: Wann trage ich dies oder das? Ja, manches Problem hat sich bereits gelöst – nur wissen es viele noch nicht, weil sie am alten Sinn des Wortes und an den einst für das Kleidungsstück gezogenen Grenzen festhalten.

Blazer Einst Klubjacke des Engländers, heute das variabelste Kleidungsstück des Herrn (aber auch der Dame). In Dunkelblau oder Schwarz, mit traditionellen Metall- oder anderen Knöpfen, am Tage bevorzugt mit hellgrauer, am Abend mit dunkelgrauer Flanellhose (im Sommer auch mit weißer Hose; bei den Damen zu Röcken, Hosen, Kleidern), kann er sich so gut wie überall damit sehen lassen. Der Blazer paßt ins Geschäft wie auf die Kurpromenade und gewinnt nach Sonnenuntergang den Charakter eines kleinen Abendanzugs.
Der Blazer verlangt nach einem weißen oder einfarbig getönten oder gestreiften Hemd und einer schlichten, unifarbenen oder Schrägstreifen-Krawatte. Da in England verschiedene Klubs Krawatten mit bestimmten Streifenmustern sozusagen als Erkennungszeichen (anstelle oder als Ergänzung des Klubabzeichens auf der linken Brusttasche) tragen, tut der Besucher der Insel gut daran, wenn er Mißverständnisse vermeiden will, eine unifarbene Krawatte zu tragen.

Camber Der Herrenhut mit leicht angerolltem Rand, der vorn nicht herabgeklappt wird, ist heute jederzeit richtig – am Tage heller, zu offiziellem Anlaß am Abend dunkel.

Chesterfield Einst ausschließlich mit Brusttasche und Einstecktuch zu festlichen Gelegenheiten, wird der Mantel ohne diesen Schmuck heute in vielen Variationen überall getragen, wo der Ton nicht auf »Sport« liegt.

Hemd In dieser Zusammenstellung den Begriff »Hemd« zu finden, wird den Leser sicherlich erstaunen. Aber auf diesem Kleidungssektor herrscht die größte Verwirrung. Vom Netzhemd (einst der Unterwäsche vorbehalten) bis zum Smokinghemd mit Rüschen und Jabot über die breite Skala der Partyhemden, unter anderem auch aus denselben Spitzen, die unsere Mütter und Großmütter zu Kleidern oder Tischdecken verarbeiteten, wird eine Überfülle in allen möglichen Geweben und Formen angeboten. Und so läßt sich heute nicht mehr grundsätzlich sagen, daß zu jedem Hemd eine Krawatte zu tragen wäre.
Diese Beobachtung ist jedoch kein Grund, gleich von einem Chaos zu reden. Denn zwei Kragenformen beherrschen noch immer das breite Feld der Hemden. Das Oberhemd traditionellen Stils hat gewissermaßen das Bündchen mit dem Schließknopf aus der Zeit übernommen, als Hemd und Kragen fast ausschließlich getrennt angeboten wurden.

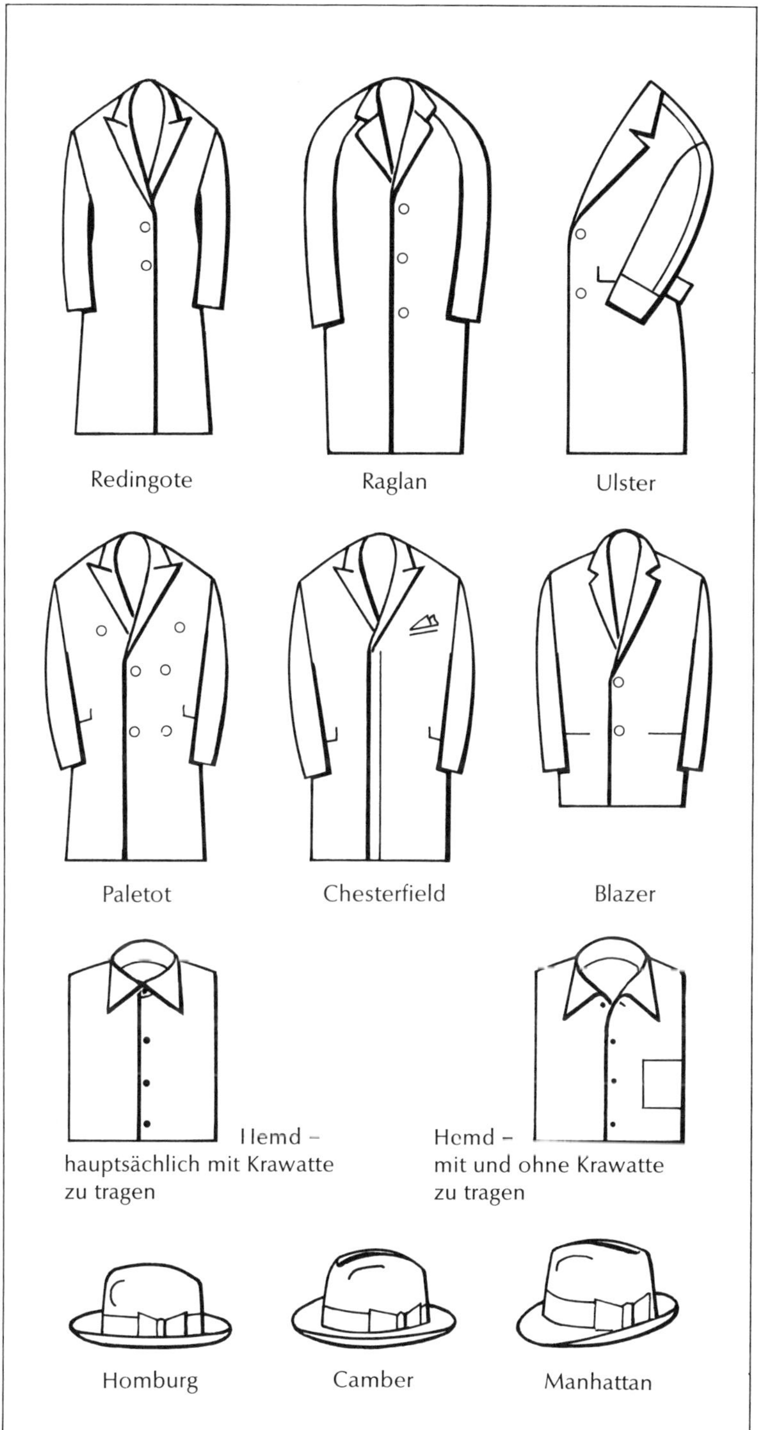

Verschiedene Mantel-, Hemd- und Hutformen für Herren

Diese Hemdenform sollte im Büro oder zu festlichen Anlässen zwar mit Krawatte getragen werden, doch bei jungen Männern gilt es inzwischen als schick, gerade dieses Hemd bis zum letzten Knopf zuzuknöpfen – ohne Krawatte. Das T-Shirt hat zumindest im Sommer fast alle anderen Formen bei der Jugend aus dem Rennen geschlagen. Polos sind gleichberechtigte Favoriten.
Anders bei dem auf den ersten Blick sportlicheren Hemd (Seite 211 unten abgebildet). Dieser Hemdkragenschnitt erlaubt es, das Hemd geschlossen mit Krawatte oder offen ohne Krawatte zu tragen. Der offene Kragen gibt bei gut geschnittenen Hemden nur einen schmalen »Einblick«. Und doch schafft er an heißen Tagen »Luft«. Vor allem aber paßt sich dieser Kragen den meisten Sakkos harmonischer an als der »Bündchenkragen« des üblichen Oberhemds. Wer ein übriges tun will, trägt unter diesem Kragen eine Schalkrawatte und dürfte damit an heißen Tagen selbst dort, wo auf korrekte Kleidung großer Wert gelegt wird, gut gekleidet sein, solange es keine offizielle Veranstaltung ist.

Manhatten Eine Hutform aus den USA. Der Kopf ist etwas höher als bei anderen Formen, der Rand betont schmal und nach vorn abgeklappt. Ein Hut für alle Tagesanlässe.

Homburg Der steife oder halbsteife Filzhut mit ringsum angerollten Seiten, am Tage heller und am Abend dunkel getragen, ist als schwarzer Hut auf dem besten Wege, den Zylinder und auch den »steifen Hut«, die sogenannte Melone, bei vielen Anlässen zu verdrängen.

Hosenträger sind nicht allein bei sportlichen Anzügen sehr weit vom Gürtel abgelöst worden, weil man heute an heißen Tagen und auch in vollklimatisierten, oft überheizten Räumen schneller das Signal zum Ablegen des Jacketts gibt als einst. Nun rät hin und wieder der Arzt vor allem den zu einer gewissen Fülle neigenden Herren, statt eines Gürtels Hosenträger zu tragen. Aber selbst der schmale Träger in der Farbe des Hemdes hat die Abneigung gegen das schnell verschwitzt oder schmuddlig aussehende Hilfsgerät nicht überwinden können. Hier können zwei Trägermodelle helfen. Das eine, nach dem Rucksacktrageprinzip konstruiert, wie das andere, dem üblichen Hosenträger entsprechend, wird unter dem Hemd getragen. Dazu bedarf es lediglich der Anbringung von passenden Knöpfen am inneren Hosenbund. Die Patentschlinge aus Metall oder Plastik wird von innen und mit dem Hemdenstoff über den Knopf geschoben und verhindert gleichzeitig, was beim Gürtel geschehen kann, daß sich das Hemd mit der Zeit nach oben schiebt und unordentlich aus dem Hosenbund quillt.

Paletot Die klassische Form – aus schwarzem Tuch mit Samtkragen, tailliertem Schnitt und doppelreihigem Knopfschluß – weicht immer mehr modischen Varianten (Abendpaletot, Ulsterpaletot). Der Samtkragen schwindet. Heute ist der Paletot vor allem in dunkleren Tuchen ein Wintermantel für alle Gelegenheiten.

Redingote

Die größte Freude der Frau am Spiel mit den Schnittformen der Mode bedient sich praktisch aller Begriffe aus Jahrhunderten bei einem steten Erfindungsreichtum an neuen Modewörtern. Zu den Ausnahmen gehört der Redingote (engl. Ridingcoat), der aus dem Reitrock entstanden ist. Taillierter Schnitt, strenger Reverskragen, einreihig oder zweireihig geknöpft, wird er immer wieder variiert und zählt er zu den beliebtesten Standardmodellen. Einst reiner Sportmantel, heute bestimmt das Material den Verwendungszweck.

Raglan

Der »Schultermantel«, daran zu erkennen, daß Ärmel- und Schulterstück im Zusammenhang geschnitten sind, war einst ein weiter Sportmantel. Heute dient die Schnittform ebenso für Regenmäntel wie, mit verdeckter Knopfleiste, für schwarze Abendmäntel. In der Damenmode gibt es auch Raglan-Kleider und Blusen. Auch Pullover können Raglanform haben.

Ulster

Der Sportmantel aus flauschigen Stoffen, daher zumeist Wintermantel. Typische Kennzeichen sind gesteppte Kanten und aufgesetzte Taschen, einreihig oder, häufiger, zweireihig geknöpft.

Die Zweitfrisur

ist kein Hut, sondern eine Perücke. Haben Sie schon einmal beobachtet, daß ein Herr sein Toupet etwa in Gegenwart anderer ausgewechselt hätte? Gewiß nicht! Damen verbergen mit Zweit-, Dritt-oder Viertfrisuren zwar keine Blößen – es sei denn, von Frisierkunst entbößte Naturhaare –, dennoch sollten wir ihren Wunsch respektieren, mit ihrer neuesten Überraschung allein gelassen zu werden.
Auch den Damen einen Tip: Sorgen Sie unbedingt für vollständige Überraschung! Wählen Sie für das »Umziehen des Kopfes« den verschwiegensten Spiegel des Hauses! – Daß hin und wieder dennoch Herren beim »Kopfwechsel« in der Flurgarderobe geduldet sind, hat seinen Grund: Es gibt Frauen, die ihrem Angetrauten oder besten Freunde als Berater eher trauen als ihrer »besten« Freundin.
Sowohl Takt als auch Erfahrung auf einen Nenner zu bringen, ist eben nicht immer ganz leicht.

Freizeit mit und ohne Kragen

Sportdreß oder Sportanzug?

Die meisten Sportverbände geben klare Regeln für die ihrer Disziplin gerechte Kleidung heraus, und zwar für den Übungsplatz wie für den offiziellen Empfang ihrer Nationalmannschaft. Sie spiegeln die Sauberkeit, Schlichtheit, Würde und gegenseitige Achtung wider, in der sich Sportler überall begegnen sollten. Damit sind Vorbilder und Richtlinien für jeden gegeben, der – ob organisiert oder nicht – seiner Gesundheit durch Ausüben einer Sportart dienen möchte.

Der Sportdreß (Leichtathletik, Fußballsport, Schwimmsport und ähnliche), der nach Ablegen normaler Kleidung nur während der Ausübung des Sports getragen wird, gehört im allgemeinen nicht ins Straßenbild.
In Sonderfällen – zum Beispiel bei Wohnung in unmittelbarer Nähe der Sportstätte – sollte zum Überqueren der Straße ein Trainingsanzug übergezogen werden. Ausnahmen:
Geschlossen auftretende Schulklassen oder Sportgruppen unter Aufsicht eines Lehrers bzw. Übungsleiters, offizielle Veranstaltungen wie Straßenrennen, Umzüge bei Sportfesten, u.a.
Auch wer joggend um den Häuserblock läuft, kann natürlich seinen Jogginganzug auf öffentlichen Straßen tragen.

Der Klubanzug (Blazer mit Klubabzeichen, dazugehöriges Beinkleid bzw. Rock) kann auch bei abendlichen Veranstaltungen getragen werden. Der Blazer ist auch zu einem Ball zugelassen, wenn die Kleidervorschriften der Einladung nicht ausschließlich »Gesellschaftsanzug« vorschreiben.

Freizeitkleidung und Krawatte?

Aus keinem Straßenanzug und nicht einmal aus jedem Sportanzug läßt sich ohne weiteres ein Freizeitanzug machen, indem man einfach die Krawatte ablegt. Dies sei vorweg betont, um nicht mißverstanden zu werden, wenn der Fachausschuß für Umgangsformen das durch Medizin und Sport geförderte Bestreben von Millionen bejaht, auch die Kleidung des Herrn von jenen Fesseln zu befreien, die Erholung und Freizeitgestaltung oder an heißen Tagen sogar die Gesundheit beeinträchtigen können.
Der Anzug mit offenem Hemdkragen hat sich heute einen festen Platz in der Kleiderordnung des Herrn erobert. Dieser Platz ist jedoch nicht so fest abgegrenzt wie bei anderen, vor allem den Anzügen für offizielle Zwecke.
1. Der Anzug sollte vom Modell (Schnitt) her dazu geeignet sein, mit offenem Hemdkragen getragen zu werden.
2. Das Hemd sollte eine Kragenform aufweisen, die vom Schnitt her dafür gedacht ist, offen (oder sowohl offen als auch geschlossen) getragen zu werden. Das normale Oberhemd, auch aus modernem Gewebe, mit verstärktem Kragen ist im allgemeinen nicht dazu geeignet, offen getragen zu werden.
3. Gegen einen Freizeit-Anzug mit einem offenen Kragen ist überall dort nichts einzuwenden, wo Beruf, Aufenthaltsort oder Art einer Veranstaltung keinen anderen Anzug erfordern. Vor allem ist er, insbesondere in der heißen Jahreszeit, der geeignete Anzug für Sportplatz, Freizeitplätze, Reise und Ferienaufenthalt. Allerdings sollte man sich bei der Wahl eines Restaurants auf jene beschränken, deren Stil und Gäste keinen kompletten Anzug mit Krawatte verlangen.
Gesellige oder gar gesellschaftliche Veranstaltungen, die Damen und Herren zusammenführen, erfordern im allgemeinen einen Anzug mit Krawatte. In Ausnahmefällen (sommerliche Veranstaltungen am Nachmittag oder Jugend-Tanzpartys) sind Abweichungen möglich. Dann sollte jedoch auf der Ankündigung oder Einladung »Freizeitkleidung«

vermerkt sein. Wird nämlich zu Sommerball, -party oder Gartenfest »heller Anzug« erbeten, so ist stets ein Anzug mit Krawatte gemeint. Der offene Hemdkragen paßt nach heutiger Auffassung durchaus ins Bild des Alltags wie des Wochenends. Wo der Arbeitsplatz es zuläßt, ist derjenige, der keine Krawatte trägt, durchaus nicht mehr »zweitklassig« angesehen wie einst. Wer die Krawatte ablegen will, sollte sich jedoch fragen, ob Umgebung, Anzug und Hemdenschnitt es zulassen. Es gibt für beide Möglichkeiten zugeschnittene Oberhemden, die sich ganz besonders für Wochenende und Ferienreise empfehlen; denn sie erlauben – einen entsprechenden Anzug vorausgesetzt – den Kragen offen oder geschlossen mit Krawatte zu tragen.
Eine Zwischenlösung ist der offene Kragen mit einer darunter getragenen Schalkrawatte.

Wann das Jackett ausziehen?

Wenn die Herren unter sich sind und sich gegenseitig dazu ermuntern, ist ein Ja schnell zu vereinbaren.
Für Damengesellschaft gilt noch immer die strenge Regel: Eigentlich nie, wenn man mit Jackett erschienen ist! Aber bei entsprechenden Hitzegraden lesen die Damen heute den Herren zumeist bald den Wunsch von der Stirn ab und fordern zum Ablegen des Jacketts auf, wenn man sie nicht bittet: »Erlauben Sie ...?« Man sollte sie für solche Großzügigkeit natürlich mit einem blütenreinen, noch nicht verschwitzten Oberhemd entschädigen und ihnen den Anblick von Hosenträgern ersparen. Da aber die Ärzte sagen, daß man mit Trägern gesünder lebt, bevorzugt der gewandte Gesellschafter, wenn er zugleich gesund und vor Überraschungen sicher leben will, im Sommer Hosenträger, die sich unter dem Oberhemd tragen lassen, oder sie sind – wie jetzt besonders bei Jugendlichen beliebt – witzig oder phantasievoll gemustert.

Die kurze Hose

Die kurze Hose ist für den Herrn wie für die Dame auf Sportplatz oder Strand beschränkt, und man sollte Hosen, die zur männlichen Tracht gehören, wie zum Beispiel die kurze Lederhose, nicht gerade in Städten tragen, in denen nur Kinder kurze Hosen anzuziehen pflegen. In heißen Ländern ist die lange Hose ein Gebot der Hygiene, weil es dort auf den Straßen mehr staubt als in gemäßigteren Zonen.

Nicht allein Handtuch und Seife

Nach dem Sport möglichst noch auf dem Sportplatz reichlich Gebrauch von Wasser und Seife zu machen und außerdem, anstatt das Taschentuch zu strapazieren, stets ein Handtuch mitzuführen, versteht sich von selbst. Mancher – und das gilt nicht allein für Sportler – sollte neben der Körperhygiene auch einem reinen Atem mehr Aufmerksamkeit schenken.
Ein wirklicher Freundschaftsdienst, den die Freundin der Freundin und der Freund dem Freund erweisen sollte, ist ein Hinweis, wenn der Körper- oder Atemgeruch einmal unangenehm ist. Meistens merkt es nur der andere. Und es gibt heute Mittel genug, mit denen sich solche Kontaktbremsen mühelos und schnell beseitigen lassen.

Deine Arbeit + meine Arbeit = unsere Arbeit

Mehr Takt am Arbeitsplatz

Vom Arbeitsplatz der Sklaven bis zum Arbeitsplatz der Freien ist ein weiter Weg – nicht allein in den Jahrtausenden der Geschichte, sondern auch in der Geschichte der Gegenwart.
Aber in einer Zeit, in der der Gedanke immer mehr Raum gewinnt, den größten Arbeitsplatz der Welt, den Haushalt, dem technischen Fortschritt zu erschließen, um die Frau vom Los der kochenden, waschenden und putzenden »Sklavin« zu befreien, setzen sich neue Erkenntnisse an allen Arbeitsplätzen leichter durch.
Der Ehemann, der ausdauerndste »Sklavenhalter« der Geschichte, ist Arbeitgeber oder Arbeitnehmer an den verschiedensten Arbeitsplätzen. Aber er ist es heute nicht mehr allein.
Ehefrauen stehen als Chefin ebenso ihren Mann wie die verheiratete oder ledige Packerin, Staatsanwältin oder Verkäuferin. So arbeiten sie heute gemeinsam in der Maschinenfabrik wie im Friseursalon, im Straßenbau wie im Architekturbüro, in Behörden wie bei Banken, um ein möglichst befriedigendes Ergebnis für den Einsatz ihrer Kräfte, ihrer Zeit zu erzielen.
Hier dem Ethos der Arbeit oder dem Für und Wider der Ideologien von Arbeitnehmern und Arbeitgebern nachzuspüren, würde den Umfang dieses Buches sprengen. Hier geht es um Umgangsformen und damit stets um ein möglichst hohes Maß an Freiheit der Persönlichkeit oder – um es mit einfachen Worten zu sagen, doch wohl vor allem darum, daß sich jeder bei seiner Arbeit auf die Dauer wohlfühlt. Immer mit der Einschränkung: Allen Menschen recht getan, ist eine Kunst, die niemand kann.

Jeder muß den Beruf mehrfach wechseln

Greifen wir ein Beispiel heraus, das im nächsten Jahrzehnt häufiger als heute so manchem am Arbeitsplatz Sorgen bereiten wird. Futurologen, Wissenschaftler, die die Welt von morgen zu erforschen trachten, kündigen an, daß der Mensch der Zukunft seinen Beruf mehrmals wird wechseln müssen. Vielleicht ist das ein Trost für denjenigen, der heute erkennt, daß ihm der gewählte Beruf nicht liegt. Gewiß, ihm bieten sich bereits heute Möglichkeiten, sich umschulen zu lassen. Aber oft ist das leichter gesagt als getan. Der Mensch hängt an seinen Gewohnheiten, ja selbst an den Gefahren eines Berufes unter Tage, wie Umschulungsaktionen in Zusammenhang mit der Schließung von Kohlengruben bewiesen haben.
Andere dagegen schaffen an einem hellen Arbeitsplatz mit allen modernen Errungenschaften für jeden Arbeiter und Angestellten. Das Ein-

treffen am Morgen, Werkbank oder Schreibtisch, Werkkantine und Heimweg sind zur lieben Gewohnheit geworden. Und dann merkt einer eines Tages, und von Tag zu Tag wird sein Problem bedrückender, daß er sich für den gewählten Beruf eigentlich doch nicht eignet. Sei es, daß es ihm an der erforderlichen Konzentrationsfähigkeit, an Kraft oder Ausdauer mangelt. Wenn er dann noch beobachtet, daß der Mann oder gar die Frau neben ihm schneller vorankommt, mehr verdient, so kann ihn vielleicht noch die Selbsterkenntnis trösten, daß er sich den Beruf selbst ausgesucht hat. Die Qual aber, sich wegen seiner geringen Erfolge mißachtet oder auch nur hin und wieder gehänselt zu sehen, können ihm Arbeitgeber, Zwischenvorgesetzte und Mitarbeiter am Arbeitsplatz ersparen.

Umgangsformen – Voraussetzung für gutes Betriebsklima

Dazu verhelfen gute Umgangsformen, verhilft der Takt, das Gespräch vor der Beförderung eines anderen, verhelfen Rat und Tat. Moderne Umgangsformen sind ein Teil, wenn nicht Voraussetzung für das gute Betriebsklima.
Human Relations, mitmenschliche Beziehungen, können in einem kleinen, mit nur wenigen Fachkräften besetzten Betrieb sogar über Sein oder Nichtsein der Firma entscheiden.
Die offene, verständnisvolle Aussprache – wo es angebracht ist, unter vier Augen – hat ihre Bedeutung nicht verloren. Die Datenverarbeitungsanlage, die der Betrieb mit Eigenschaften, Kenntnissen und Leistungen von Bewerbern oder Mitarbeitern füttern kann, vermag das Gespräch von Mensch zu Mensch nicht zu ersetzen. Der Computer kann wohl Gesprächsgrundlagen liefern, Eignungen feststellen und falscher Berufswahl in der Beratungsstelle bis zu einem gewissen Grade vorbeugen. (Dem Manne aus unserem Beispiel hätte er vielleicht viele Sorgen erspart.) Die Maschine kann zwar viele Menschen ersetzen, ihnen unangenehme, monotone, langwierige, körperlich aufreibende Arbeiten abnehmen; aber je mehr der Mensch sich daran gewöhnen muß, mit Maschinen zu leben, um so nötiger ist für ihn die Aussprache mit anderen Menschen.
Und in gleichem Maße die Erkenntnis, daß der Mensch unserer Zeit heute, anstelle der hohlen Formen einzutrichternder Etikettepostulate vor allem mehr als je zuvor taktvolles Verhalten gegenüber jedermann auch am Arbeitsplatz zeigen sollte.
Der Arbeitsplatz der Freien ist ein Platz gleichberechtigter Partnerschaft: Deine Arbeit + meine Arbeit = unsere Arbeit!

Erfolg kommt nicht durch Fleiß allein

Zu keiner Zeit haben dem jungen Menschen die Türen zum Erfolg so offengestanden wie heute. Zu keiner Zeit war sein Traum, in die Welt hinauszukommen, so leicht zu verwirklichen wie in unseren Tagen. Zu keiner Zeit sind so viele Arbeiter zu Spezialarbeitern, so viele Angestellte zu Abteilungsleitern, so viele Kaufmannsgehilfen zu angesehenen Kaufleuten geworden wie in den letzten Jahrzehnten. Und dieselben Chancen bieten sich auch in Zukunft jedem, der ... ja, wem denn eigentlich?

Daß der Streber am Ende nur selten der Erfolgreichere ist, haben wir schon auf der Schulbank bald erfahren. Daß Fleiß allein nicht ausreicht, um voranzukommen – dafür sehen wir Beweise überall und vielleicht gar an uns selbst. Nur mit seinem Wissen ausgerüstet, ist schon mancher verhungert. Und das Können – der stärkste Motor, den wir einsetzen müssen, wenn wir Erfolg haben wollen –, nämlich das Ergebnis all dessen, was wir bisher in unserem Beruf erlernt, erfahren, erarbeitet haben, nützt uns nichts, wenn wir damit nicht auffallen. Aber: Fallen nicht der Streber, der Fleißigere, der mehr Wissende, der Könner – fallen sie nicht alle auf? Die Frage ist nur, wie sie auffallen. Auf das Wie kommt es an!

Nicht immer entscheiden Dienstjahre über die Beförderung

Fast jeder Mensch hat einen anderen vor sich, der mehr zu sagen hat oder mehr Geld verdient. Sind es etwa die besser aussehenden oder – um von den weiblichen Mitbewerberinnen zu sprechen – die schöneren oder die mit den besseren Beziehungen? Gewiß gibt es Ausnahmen und Zufälle. Lassen wir jedoch, wenn wir als Mitbewerber für einen besseren Posten in Frage zu kommen glauben – sei es nun der eines Vorarbeiters, einer Chefsekretärin oder eines Prokuristen –, uns niemals von dem weit verbreiteten Geschwätz beeindrucken, Ausnahmen und Zufälle wären die Regel. Auf der Stufenleiter des Erfolgs wird auch nicht grundsätzlich nach dem Alter in dem Sinne gefragt, Dienstjahre hätten mehr Gewicht als Eignung. Unter zwei gleich geeigneten Bewerbern den älteren zu berufen ist zwar oft ein Gebot der Klugheit, weil er in der Regel der erfahrenere von beiden ist. Aber ein Vorgesetzter wird nie nach der Erfahrung allein fragen.

Wer aufsteigen will, muß außer Können und Erfahrung innere Werte mitbringen; denn wenn er Vorgesetzter werden soll – sei es nun Werkstattleiter, Atelierleiterin oder Abteilungsleiter –, muß er dem Ganzen in zwei Richtungen dienen können: dem Arbeitnehmer wie dem Arbeitgeber und, wenn er mit Kunden zu tun hat, zusätzlich nach innen und nach außen.

Eigenschaften, die über den Aufstieg entscheiden

Bei der Beurteilung wird zu entscheiden sein:

Ist er unter seinen bisherigen Kollegen geachtet genug, um von ihnen als Vorgesetzter anerkannt zu werden?

Wird er nicht zu denen gehören, die gern nach oben schmeicheln und nach unten »treten«?

Hat er die rechte Art, mit seinem Vorgesetzten zusammenzuarbeiten, oder wird er für ihn nur ein Jasager sein, anstatt mitzudenken?

Kann man sich auch dann auf ihn verlassen, wenn er sich unbeobachtet glaubt?

Wenn er im Verkauf tätig werden soll: Hat er die gewinnende Art, mit Kunden umzugehen?

Fragen über Fragen, die alle darauf abzielen, die Art des Menschen zu ergründen. Wer Erfolg haben will, muß also eines Tages mehr in die Waagschale werfen können als seine Arbeitskraft, die freilich stets die erste Voraussetzung ist: Takt!

Der Lehrling, der nach den ersten Wochen, in denen alle neuen Besen gut zu kehren pflegen, alle Fünf gerade sein läßt und sich erst dann wieder zusammenzureißen beginnt, wenn eine Prüfung bevorsteht, übersieht, daß sein Vorgesetzter daraus zumindest Schlüsse auf seine Zuverlässigkeit zieht. Gilt es nach bestandener Prüfung, zwischen zwei Lehrlingen zu wählen, dann wird der andere mit der gleichbleibend guten Arbeitsleistung den Vorzug genießen. Ebenso wird unter Umständen jener Angestellte, der erst wenige Wochen vor dem Ausscheiden seines Vorgesetzten zum Endspurt auf dessen Posten angesetzt hat, von einem jüngeren überrundet werden, der sich stets durch besondere Arbeitsleistung hervorgetan hat, obwohl ihm der Ansporn eines möglichen Nachrückens fehlte.
Das ist nur verständlich. Und ebenso natürlich ist es, daß bei der Auswahl geeigneter Kräfte für den nächsten gehobenen Posten auch danach gefragt wird, wie sich der einzelne in all den Jahren seinen Kollegen gegenüber verhalten hat. Takt!

Was Erfolgreiche auszeichnet

Nur in den seltensten Fällen ist einer »oben« besonders beliebt, der es nicht vorher schon als Arbeiter unter Arbeitern oder Angestellter unter Angestellten war. Lange, bevor es den betrieblichen Vorgesetzten aufgefallen ist, wissen zumeist die Kolleginnen oder Kollegen schon, wer unter ihnen mehr »auf dem Kasten« hat als der Durchschnitt.
Was zeichnet diese – nennen wir sie einmal Erfolgsmenschen – nun aus? Haben sie außer ihrem beruflichen Können, ihrem Pflichtbewußtsein, ihrer Pünktlichkeit und Zuverlässigkeit noch etwas Geheimnisvolles – eine besondere, menschengewinnende Kraft?
Es gibt eine solche Kraft – den Takt, oder anders gesagt, Verständnis für den anderen. Und diese Kraft, nicht nur an sich selbst zu denken, sondern sich auf andere einstellen zu können, verleiht Gespür für viele Aufgaben im Umgang mit Menschen.
Es könnte jemand fragen:
Kann dasselbe Verhalten diesseits und jenseits der Tore eines Bürohauses, einer Fabrik, einer Werkstatt, diesseits und jenseits eines Verkaufstisches oder eines Schalters hier falsch und dort richtig sein?

Überall gelten andere Regeln

Zwar sind die Grundregeln dieselben – um sich aber richtig verhalten zu können, muß man sich stets und überall darüber klar sein, wo man sich befindet. Die Umgebung – ob menschenleer oder von Menschen erfüllt – ist stets mitentscheidend für das Verhalten des einzelnen, so wie es ganz naiv in dem geflügelten Wort zum Ausdruck kommt: »Nur wo du denkst, du bist allein, dort machst du dir die Nägel rein!« Sobald ein einziger Mensch hinzutritt, ändert sich das Verhalten. Und so gelten ganz selbstverständlich andere Umgangsformen am Strand (wo niemand etwas dabei findet, wenn man sich auf den Boden legt), am Rande einer Tanzfläche (wo niemand etwas dabei findet, daß der Herr eine fremde Dame bittet, den Arm um ihre Taille legen, d. h. mit ihr Tanzhaltung einnehmen zu dürfen), als im Betrieb (wo niemand etwas dabei findet, daß eine Frau einem Manne – lies die Sekretärin dem

Kunden – die Tür öffnet und ihm den Vortritt läßt) ... Oder hat sich dieser Mann eben vorbeibenommen?
Und wie ist es mit der Buchhalterin, die mitten im Aufrechnen einer langen Zahlenkolonne von ihrem Chef angesprochen wird? Soll sie den Bleistift hinwerfen und sich sagen: Schließlich kostet es sein Geld, wenn ich anschließend von vorn beginne? Oder denkt sie richtiger, wenn sie meint, die Zeit des Chefs sei kostbarer? Bestimmt das Geld den Grad der Rücksichtnahme? (Wenn Ihr Chef »so einer« ist, dann kündigen Sie bei nächster Gelegenheit!)

Selbstbewußtsein und Einfühlungsvermögen entscheiden

Einmal hieß es in einer Veröffentlichung zu unserem Thema, man solle im Betrieb alles einfach nur andeuten, »so tun, als ob«, z. B. den Sitz nur etwas lüften, anstatt aufzustehen. Das aber ist weniger als eine Lösung, weil es eine Anerkennung des Zustandes der Unsicherheit ist. Eben diese Unsicherheit will der Fachausschuß für Umgangsformen für Millionen Berufstätiger beseitigen. Nicht Gefühlsduselei ist der Motor der Taktvollen, sondern Selbstbewußtsein, Einfühlungsvermögen und Überlegung; nicht Unterwürfigkeit, sondern freie Entscheidung. Wer nur ein wenig darüber nachdenkt, wird sich gern dazu entschließen, sich dazu auch einige Formen anzueignen, weil sie nämlich demjenigen voranhelfen, der sich ihrer bedient.

Wofür wir arbeiten ...

Wo ist man dem Grundsatz, daß das Wohl des Ganzen auch dem Wohl jedes einzelnen dient, wohl näher als im Betrieb?! In der Aufmerksamkeit auf das Werkstück, die Korrespondenz, das Reagenzglas, das Fließband, die Karteikarte, den Kunden ist die charmante Kollegin, mit der man gestern noch so flott getanzt hat, dem Privatleben ebenso entrückt wie man selbst. Sie hat jetzt ihre Pflicht als Hilfsarbeiterin, Stenotypistin, Laborantin, Packerin, Buchhaltungsangestellte oder Verkäuferin im Auge. Etwa deshalb, weil ihre Zeit, ihre Gedanken, ihre Arbeitskraft dem Chef gehören? Weil er dafür bezahlt? Ober gehören diese auch am Arbeitsplatz nicht doch jedem selbst? Leistet nicht jeder, was er leistet, in erster Linie für seine eigene Person, zur Sicherung seines eigenen Unterhalts oder für seine Familie und zugleich – zur Sicherung der Achtung vor sich selbst?
Immer vorausgesetzt, daß wir das Ergebnis als ausgeglichen betrachten können. Denn nur das Bewußtsein, am Arbeitsplatz als Arbeitspartner zu stehen, kann für die Dauer zusätzliche Kräfte freimachen. Wer so behandelt wird, daß er sich für seinen Lohn als verkauftes Werkzeug betrachten muß, wird freilich auch die innere Triebfeder vermissen lassen, aus der das Bestreben erwächst, sich für den Betrieb einzusetzen.

Partnerschaftlich denken

Gewiß geht es in keiner Betriebsordnung ohne Unterordnung unter die Erfordernisse der dem Betrieb gestellten Aufgaben. Partnerschaftliches Denken und Takt sollten den Geist dieser Ordnung jedoch von jedem Zwang zur Unterwerfung befreien.
Daß sich Chef wie höchstbezahlte Mitarbeiter oft als »Sklave der Firma« oder »der Kunden« nicht nur bezeichnen, sondern auch empfinden,

gibt ihnen nicht das Recht, ihnen unterstellte Mitarbeiter demselben Druck auszusetzen. Gewiß hat mancher diesen Alpdruck – »die ich rief, die Pflichten oder Kunden, die werd' ich nun nicht los!« – mit einer Managerkrankheit bezahlt. Diese Tatsache sollte jedoch allen, die Arbeit ein-oder zuteilen, als warnendes Beispiel dienen.
Was das mit Umgangsformen zu tun hat? Das Empfinden der persönlichen Freiheit, aus der die so oft zitierte Kraft der Privatinitiative erwächst, sollte jedem vergönnt sein, und sei er das schwächste Glied in der Produktionskette.
Daß Gehalt und Lohn unterschiedlich hoch sind, läßt sich eher verstehen als eine unterschiedliche menschliche Behandlung. Hier liegt vieles im argen – in Büros wie in Werkstätten, in der Einstellung zum heimischen Mitarbeiter wie zum Gastarbeiter!

Takt macht Kräfte frei

Takt und Rücksichtnahme für jeden Mitmenschen machen Kräfte frei, weil jeder, der sich innerlich frei fühlt, unbeschwerter arbeitet als der Bedrückte oder gar Unterdrückte. Natürlich sollten sich beide Seiten um taktvolle Umgangsformen bemühen.
Sie ermöglichen es dem Vorgesetzten, die ihm unterstehenden Mitarbeiter nicht zu kommandieren, sondern im Dienst der gemeinsamen Sache anzusprechen. Und sie setzen den Angestellten wie den Arbeiter in die Lage, sich ohne Hemmungen – in gesundem Selbstvertrauen – im Interesse der Sache und auch der eigenen Person an den Vorgesetzten zu wenden. So helfen Umgangsformen allen, ob sie an kleinen oder großen Rädern drehen, in gleichem Maße voran!

Wie ich mich bewerbe

Die schriftliche Bewerbung soll viel über mich aussagen und mich in möglichst günstigem Licht erscheinen lassen. Ich muß also meine Unterlagen mit Sorgfalt und genügend Zeit zusammenstellen, damit das Risiko einer Ablehnung, ohne mich vorgestellt zu haben, klein wird. Zu den »üblichen Unterlagen« einer Bewerbung gehören:

- Bewerbungsschreiben
- Lebenslauf
- Zeugniskopien (keine Originale!)
- Foto

Wird noch mehr verlangt, zum Beispiel eine Handschriftprobe oder ein handschriftliches Anschreiben, Referenzen, Gehaltswünsche, muß man auf diese Wünsche eingehen.
Es macht einen schlechten Eindruck, wenn der Bewerber wichtige, in der Anzeige oder Ausschreibung verlangte Unterlagen beizulegen vergißt. Es kann dazu führen, daß der Arbeitgeber sich eine ungünstige Meinung bildet. Das muß ja nicht sein, jedenfalls nicht aus Gründen, die ich selbst in der Hand habe und beeinflussen kann. Im Notfall also eine Begründung angeben, weshalb ein Dokument länger auf sich warten läßt.

Das Bewerbungsschreiben soll den Empfänger ansprechen. Kürze ist oberstes Gebot, aber auch Sachlichkeit. Daher führe ich die Gründe auf, warum ich mich für die ausgeschriebene Stelle interessiere und warum ich meinen bisherigen Arbeitsplatz aufgeben will. Weiter muß ich Kenntnisse und Erfahrungen kurz schildern und damit darlegen, warum ich glaube, der Richtige für die neue Stelle zu sein.
Vergessen wir nicht, das früheste Eintrittsdatum anzugeben und auch den Gehaltswunsch, wenn danach gefragt wurde. Ist diese Angabe nicht verlangt, können wir diese Frage dem Vorstellungsgespräch überlassen, es sei denn, ich will mich von vornherein nur verändern, wenn ich eine bestimmte Verbesserung erreiche. Dann sollten wir das auch schreiben – wie alles andere: gut leserlich. Vermeiden wir unter allen Umständen Schreib- und Zeichensetzungs- oder Rechtschreibfehler. Flüchtigkeitsfehler in einer Bewerbung sind absolut überflüssig. Lassen wir das Schreiben lieber von Bekannten durchlesen.
Bewerber mit kurzem Anschreiben ohne Unterlagen verschlechtern ihre Situation. Unter Umständen fällt schon die Entscheidung, ehe der Arbeitgeber sich noch die Mühe macht, die fehlenden Unterlagen anzufordern.
Wird eine Handschriftprobe erbeten (meist für graphologische Gutachten), sollten wir keinen Text aus unserem Bewerbungsschreiben oder Lebenslauf nehmen, sondern einen neutralen Text etwa aus dem Wirtschaftsteil einer Zeitung. Dazu wählen wir eine Stunde, in der wir ausgeruht sind, um diese Zeilen (10–20) mit Tinte oder Kugelschreiber auf ein gesondertes DIN-A-4-Blatt zu schreiben.
Bevor wir Referenzen angeben, vergewissern wir uns rechtzeitig, daß die angegebene Persönlichkeit auch tatsächlich etwas Positives über uns sagen kann und – dazu bereit ist.

Der Lebenslauf soll tabellarisch sein. Das heißt: Auf einer DIN-A-4-Seite links untereinander die Daten und rechts stichwortartig die Stationen des Lebens- und Berufsweges. Name, Adresse (Telefon nicht vergessen), Geburtstag, Geburtsort, Familienstand und Zahl der Kinder interessieren. Danach müssen Angaben über die Schulausbildung folgen, Wehrdienst, Studium, Berufsausbildung und Berufsweg. Nicht unwichtig sind auch Sonderausbildung, Kurse, Prüfungen, schließlich besondere Interessen und Fähigkeiten, wie Sprachkenntnisse.

Die Zeugniskopien müssen leserlich sein und sollten in der Reihenfolge lückenlos beiliegen, wie die Stationen im Lebenslauf aufgeführt sind. Schulzeugnisse legen nur Berufsanfänger bei. Das Hauptschulzeugnis ist unnötig, wenn man die Handelsschule oder das Gymnasium besucht hat. Ist es aber besonders gut, kann es ja nicht schaden, es beizulegen.

Das Foto ist ein wichtiges Hilfsmittel für die Auswahl eines Bewerbers. Denn der optische Eindruck ist sehr wichtig für die Beurteilung der Bewerbung. Um so erstaunlicher ist es, was für Fotos manchmal Bewerbungen beiliegen. Schnappschüsse sind meist wenig brauchbar. Automatenbilder

fallen selten gut aus und erinnern oft an Fahndungsfotos. Ein gutes Foto aus einem Fotoatelier kostet zwar etwas mehr Geld, aber die Ausgabe kann sich lohnen.
Größe: Paßfoto oder etwas größer. Postkartenformat ist zu groß. Notfalls Freunde oder Bekannte das ihrer Ansicht nach beste Foto auswählen lassen.

Neun »goldene« Bewerbungsregeln

1. Ordnen Sie die Unterlagen in zeitlicher Reihenfolge, so daß sich jeder Leser sofort zurechtfindet.
2. Geben Sie in Ihrem Bewerbungsschreiben oben rechts (neue Form) oder links Ihre vollständige Adresse mit Postleitzahl und Telefon an. Vergessen Sie nicht, es zu unterschreiben.
3. Das Bewerbungsschreiben muß original geschrieben und darf kein Abzug sein. Beim Lebenslauf genügt eine Kopie.
4. Was der Lebenslauf enthält, sollten Sie im Bewerbungsschreiben nicht wiederholen.
5. Lücken im Lebenslauf muß man erklären, zu fehlenden Zeugnissen etwas sagen.
6. Vermeiden Sie Fehler im Text. Die Bewerbung soll Ihre Visitenkarte sein. Fotokopien müssen leserlich sein.
7. Angaben über Ihr Gehalt müssen stimmen. Wie leicht kann man das später nachprüfen!
8. Das Foto soll Bewerber oder Bewerberin vorteilhaft wiedergeben. Wer kein aktuelles zur Hand hat, teilt das mit und schickt es so bald wie möglich nach.
9. Nicht unwichtig: das richtige Porto auf den Brief kleben! Strafporto ärgert den Empfänger und kann gleich Minuspunkte einbringen.

Das Vorstellungsgespräch

Werden wir zum Vorstellen eingeladen, heißt das normalerweise, daß wir mit unseren Bewerbungsunterlagen einen positiven Eindruck gemacht haben. Die erste Hürde wäre also genommen. Wir sind offensichtlich in der engeren Wahl.
Wichtig ist zuerst die Frage, welche Unterlagen wir zum Gespräch mitnehmen. Vorsichtshalber steckt man die Originale seiner Zeugnisse ein; denn der Personalchef möchte sie vielleicht einsehen. Habe ich Arbeitsproben oder schriftliche Ausarbeitungen, die meine Bewerbung stützen, nehme ich sie ebenfalls mit. Überhaupt nehme ich alle Unterlagen mit, die ich aus Platzgründen nicht der Bewerbung beigelegt habe. Man kann nie wissen, ob sie nicht von Interesse sind und vielleicht den Ausschlag geben.
Daß man pünktlich erscheint, ist selbstverständlich. Also informieren wir uns, wie wir am besten zum Treffpunkt kommen. Es macht einen schlechten Eindruck, sich zu verspäten, weil man mit den Verkehrsmitteln nicht zurechtgekommen ist oder die Straße nicht gefunden hat. Lieber eine halbe Stunde zu früh ankommen als abgehetzt zu spät.

Die richtige Kleidung

Die Kleidung muß korrekt sein. Vermeiden wir alle Extravaganzen! Häufig ist unser Gesprächspartner älter oder zumindest konservativer in seinen Auffassungen über das, was man bei einer Vorstellung anziehen sollte. So praktisch Jeans bei der Arbeit auch sein mögen, zum Vorstellen im Verwaltungs-, Verkaufs- oder Bürobereich sind sie nicht das geeignete Kleidungsstück!

Wenn wir verhindert sind, den Termin wahrzunehmen, rufen wir rechtzeitig vorher an. Jeder wird Verständnis zeigen, wenn wir einen triftigen Grund zur Absage haben und um einen neuen Termin bitten.

Die Vorbereitung auf das Gespräch ist wichtig. Nicht unvorbereitet zu einem so wichtigen Anlaß gehen! Es lohnt sich zum Beispiel immer, uns über den neuen Arbeitgeber vorher zu erkundigen, damit wir gezielte Fragen stellen können. Außerdem macht es einen guten Eindruck und zeugt von Interesse, wenn man sich Einzelheiten über den Arbeitgeber besorgt hat.

Mantel und Hut legt man vorher ab. Und: Niemals eröffnen wir das Gespräch mit der Bitte, rauchen zu dürfen! Nur wenn uns eine Zigarette oder Zigarre angeboten wird, dürfen wir das heute gern auch als Falle eingesetzte Rauchthema von uns aus anschneiden! Wir setzen uns erst, wenn wir dazu aufgefordert werden. Unser Auftreten soll verbindlich und korrekt sein, nicht unterwürfig, aber auch nicht zu forsch!

Am besten notieren wir uns vorher schon ein paar Fragen. Niemand wird es uns übelnehmen, wenn wir uns anhand von Notizen als gut vorbereitet erweisen! Wichtig ist, daß wir überhaupt fragen. Denn nicht der Bewerber allein wird getestet, auch der neue Arbeitgeber muß sich uns gegenüber »verkaufen«. Natürlich halten wir Papier und Bleistift bereit, um uns vielleicht Notizen zu machen.

Vermeiden wir, nur Fragen nach unseren Rechten und Ansprüchen zu stellen (Urlaub, Freizeit, Pausen)! Ergründen wir unsere neue Aufgabe sehr genau und lassen wir uns auch den Arbeitsplatz zeigen. Das erspart Enttäuschungen.

Zur Frage des Lohnes oder Gehalts sollten wir uns Gedanken gemacht haben, wenn der Gehaltswunsch nicht schon in der Bewerbung angegeben ist. Bleiben wir in einem Punkte realistisch. Ein Gehaltswunsch von doppelter Höhe im Vergleich zur augenblicklichen Aufgabe spricht nicht für ein gutes Einschätzungsvermögen, wenn es sich nicht um einen Arbeitsvertrag mit wesentlich größerem Arbeits- und Verantwortungsbereich handelt.

Fragt der Interviewpartner nach unseren jetzigen Bezügen, so ist es besser, die Wahrheit zu sagen. Eine Täuschung auf diesem Gebiet kommt schnell heraus und kann gleich zu einer Vertrauenskrise führen.

Vermeiden wir, interne Einzelheiten über unseren jetzigen Arbeitgeber auszuplaudern oder ihn gar schlechtzumachen. Auf Fangfragen in dieser Richtung sollten wir zum Beispiel antworten: »Ich bitte um Verständnis, wenn ich mich zu dieser Frage nicht äußern möchte.«

Die Erstattung der Reisekosten können wir verlangen, auch wenn darüber in der Einladung nichts gesagt ist. Ob es auch Kilometergeld gibt, ist von Fall zu Fall verschieden. Viele Arbeitgeber erstatten nur Bahnkosten, II. Klasse. Wenn nichts über die Art der Kostenerstattung gesagt ist und wir mit dem Wagen gefahren sind, können wir um die Erstattung der Kilometergelder bitten. Der Arbeitgeber ist aber nicht verpflichtet, sie zu zahlen und kann sich auf den niedrigsten Bahntarif beschränken.

10 »goldene« Regeln für das Vorstellungsgespräch

1. Bereiten Sie sich auf das Vorstellungsgespräch vor. Versuchen Sie nach Möglichkeit, sich vorher über den Arbeitgeber zu informieren.
2. Achten Sie auf korrekte Kleidung und Frisur.
3. Nehmen Sie Ihre Originalzeugnisse und sonstige Unterlagen mit, die vielleicht von Interesse sein könnten.
4. Erscheinen Sie pünktlich zum festgesetzten Termin.
5. Nehmen Sie erst Platz, wenn man Sie dazu auffordert, und rauchen Sie nur dann, wenn eine Zigarette angeboten wird.
6. Titel in der Anrede sind nicht mehr gebräuchlich (außer dem Dr.-Titel). Also nicht »Herr Direktor«, sondern »Herr ...«
7. Zwischenfragen stellen, sie zeigen Ihr Interesse.
8. Kritik am letzten Arbeitsplatz oder Vorgesetzten unterlassen.
9. Ruhig eigene Notizen verwenden. Nichts ist ärgerlicher, als wenn man wichtige Fragen vergessen hat.
10. Nicht zu sehr in Einzelheiten gehen, wenn man weiß, daß noch andere Bewerber warten.

Vom Grüßen und Begrüßen

Wer grüßt zuerst? Der Herr die Dame, der Jüngere den Älteren, der junge Untergebene den älteren Vorgesetzten ..., so liest man es allgemein, und so gilt es auch – außerhalb des Betriebes. Geschäftstüren ändern manches. Zwei Beispiele:
1. Der junge Angestellte, der eben seinen Chef auf der Straße noch zuvorkommend gegrüßt hat, betritt ein Modegeschäft. Drinnen tritt nun ein anderer Chef auf ihn zu – grüßt ihn, den Kunden, zuerst.
2. Der Kellner betritt am Morgen die Gaststätte, in der er angestellt ist. Er grüßt den Wirt zuerst. Am Abend, in seiner Freizeit, begibt er sich in ein anderes Lokal und wird dort, als Gast, vom Wirt zuerst begrüßt.
Diese Beispiele können zu dem Trugschluß führen, es grüße immer der zuerst, der von anderen einen Nutzen – Geld – zu erwarten hat, der Kaufmann vom Kunden, der Wirt vom Gast, der Angestellte vom Chef. Dagegen grüßt aber der Vorgesetzte, sei er nun Inhaber, Abteilungsleiter, Meister oder Vorarbeiter, wenn er am Morgen zum ersten Mal den Arbeitsraum der ihm Unterstellten betritt, immer zuerst.

Wer einen Raum betritt, grüßt zuerst

Im Beispiel 1 hat sich der Chef, im Beispiel 2 der Wirt falsch – heuchlerisch berechnend verhalten. Denn die Regel lautet: Wer einen Raum, ein Geschäft, einen Betrieb betritt, und sei er auch der Inhaber oder Generaldirektor, grüßt stets zuerst. Nebenbei gesagt, auch die Frau, die einen oder mehrere Männer vorfindet. Das gilt ja auch für das Eintreffen zu einer Geburtstagsfeier.

Wer kommt, grüßt zuerst

Obwohl der Pförtner in seiner Loge allein waltet – wer den Betrieb betritt, grüßt ihn zuerst, vom Generaldirektor bis zum Lehrling. Und dieselbe Freundlichkeit sollten wir auch den mit der Reinigung der Treppen und Flure beschäftigten Frauen erweisen, die wir auf dem Wege zum Arbeitsplatz antreffen, ganz gleich, ob wir sie schon lange kennen oder ob wir sie zum ersten Mal sehen.

Mit dem ersten Gruß am Morgen bekunden wir zugleich Verbundenheit mit allen, die derselben Sache dienen. Freundlichkeit ist das Öl im Getriebe des menschlichen Miteinanders, und nicht nur im Betrieb. Man selbst »läuft« besser, wenn der Weg an den Arbeitsplatz mit freundlichen Grüßen geölt wird.

Jedem die Hand geben?

Den zwei, drei Kolleginnen oder Kollegen in einem kleineren Betrieb hat man natürlich schnell die Hand gegeben. In einem mit zehn, zwanzig oder mehr Personen besetzten Raum wird der Handschlag zum Problem. Das haben wir ja schließlich schon erkannt, als wir noch die Schulbank drückten. Da haben wir beim Betreten des Klassenzimmers in die Runde gegrüßt und dem Nebenmann auf der Bank die Hand gereicht – gewissermaßen symbolisch für alle. Und keiner hat das übelgenommen. Denn es haben alle den Vorteil gespürt, nicht zwanzig oder gar dreißig Hände schütteln zu müssen. Schließlich hatte man oft genug Eile, seine Siebensachen zu ordnen und für den Beginn des Unterrichts bereitzulegen ... wie man jetzt, nachdem man im Berufsleben steht, Eile hat, für den ersten Kunden oder das Anlaufen des Fließbandes bereit zu sein.

Wem reicht der Vorgesetzte die Hand?

Aus demselben Grunde braucht auch der Vorgesetzte nicht jedem die Hand zu reichen. Vielleicht wird er sie dem ersten, der im anlaufenden Getriebe auf ihn zutritt, symbolisch für alle geben. Aber auch er ist ja, sobald er eintrifft, mit seinen Gedanken schon bei den Erfordernissen des Tages. Und so schält sich ganz von selbst die Gewohnheit heraus, daß man gerade mit jenen Mitarbeitern, mit denen man am häufigsten zusammentrifft, am seltensten einen Händedruck wechselt. Übrigens pflegen die Dirigenten der angesehensten Orchester der Welt alle Musiker zu begrüßen, indem sie nur dem Ersten Geiger die Hand reichen.

Wann Händedruck die Zusammengehörigkeit stärkt

In Großbetrieben aber, wo der Chef die einzelnen Angestellten und Arbeiter verhältnismäßig selten zu Gesicht bekommt, wird er bei den wenigen Begegnungen – zum Beispiel, wenn jemand aus besonderem Anlaß in sein Büro gebeten wird – durch einen Händedruck jenes selbstverständliche Gefühl der Zusammengehörigkeit zum Ausdruck bringen, das er für alle im gleichen Werk empfinden sollte, ganz gleich, ob es nun sein eigenes ist, oder ob er es als Beauftragter von Aktionären verwaltet.

Wer reicht die Hand zuerst? Bekanntlich wartet der Jüngere, ob ihm der Ältere – es wartet der Mann, ob ihm die Frau, es wartet der Mitarbeiter, ob ihm der Vorgesetzte die Hand zur Begrüßung reicht. Da hat es der

Mitarbeiter also leicht festzustellen, wie es in einem Betrieb, in dem er noch nicht zu Hause ist, mit dem Händereichen gehandhabt wird. Von vornherein sei ihm aber klar, daß um so weniger Hände geschüttelt werden, je größer der Betrieb ist.
Außerhalb der Betriebe setzt sich gleichfalls immer mehr das angelsächsische Beispiel durch – übrigens auch aus hygienischen Gründen –, das bei uns einst so tief eingewurzelte Händeschütteln auf jene Gelegenheiten zu beschränken, in denen es mehr bedeutet als eine tägliche Gewohnheit. Um so leichter ist die Frage auch für die weiblichen Angestellten zu beantworten, die – von der außerhalb des Betriebes geltenden Regel abweichend – es ruhig darauf ankommen lassen können, ob der Chef oder ihr geschäftlicher Vorgesetzter zu einem Händedruck ansetzen möchte oder nicht. Frauen haben dafür im allgemeinen ein feineres Gefühl als Männer. Aber kein Chef wird es mißverstehen, wenn ihm zum Dank für eine Freundlichkeit von einem weiblichen oder männlichen Angestellten oder Arbeiter spontan die Hand gereicht wird.
Die Arbeitsunterbrechung der Mittagspause zum Gegenstand von »Abschiedsszenen mit Händedruck« zu machen, wäre dagegen wohl beträchtlich übertrieben und außerdem bei den meist recht kurzen Mittagspausen auch einfach eine Zeitvergeudung.

Wenn der Chef nicht zurückgrüßt

Die Frage, »Wer grüßt zuerst?« und »Wer reicht die Hand?« wird ein wirklich überlegender Vorgesetzter am wenigsten davon abhängig machen, wem er gerade begegnet. Aber der Arbeitnehmer sollte Verständnis dafür haben, daß im Betrieb aus demselben Grunde für umständliche Höflichkeitserweisungen manchmal kein Platz ist, aus dem in der Straßenbahn das bekannte Schild hängt: »Unterhaltungen mit dem Wagenführer sind verboten!« Wer mehr Verantwortung hat, muß seine Gedanken schärfer auf das Ziel konzentrieren. Und manchmal, wenn ein ansonsten umgänglicher Mitarbeiter oder Vorgesetzter einen Gruß nicht erwidert, sollte man sich lieber sagen: »Wer weiß, was er wieder im Kopf hat!«, als sich zu fragen: »Was habe ich wohl verkehrt gemacht, daß er mich nicht grüßt?« – ganz zu schweigen von Auslegungen, die zumeist einem Minderwertigkeitskomplex entspringen, wie zum Beispiel »Der hat es wohl nicht nötig ...?!«
Nun könnte jemand einwerfen: Hat nicht auch ein Angestellter den Kopf voll, wenn er seine Arbeit ernst nimmt, ist der Lehrling nicht von dem Neuen, das auf ihn einstürmt, voll und ganz in Anspruch genommen? Richtig. Daher gilt auch für die langen Treppen und Korridore der Bürohäuser, für Werkhallen, Werkhöfe wie große Verkaufsräume der Grundsatz, daß dort nach dem Morgengruß für die Betriebszugehörigen während der Arbeitszeit keine Grußpflicht besteht. Gewiß bleibt es aber jedem unbenommen, einem guten Bekannten im Vorbeigehen zuzunicken.
Da es gegen jede Betriebsordnung verstößt, sich während der Arbeitszeit zu langen Privatgesprächen zu treffen, entfällt eine Begrüßung mit Handschlag im allgemeinen ohnehin.

Betriebssicherheit geht vor

Nach dem Morgengruß sind viele Formen der Außenwelt für den Betrieb aufgehoben – nicht aber das Gebot der Rücksichtnahme. Und noch eines sollte man vor allem für den Lehrling in technischen Betrieben, obwohl es für alle gilt, rot unterstreichen. Wenn es für den Arbeitsplatz anderer Regeln bedarf, dann auch aus Gründen der Betriebssicherheit und der Unfallverhütung.

Niemandem, der in einem brennenden Haus die Treppe hinaufstürzt, um zu retten, was noch zu retten ist, wird man verübeln, wenn er einen, der abwärts flieht, nicht grüßt.

Gefahren, Verletzungen und Schäden für den Betrieb vorzubeugen, ist ebenso wichtig wie der Einsatz im Gefahrenfall! Die Konzentration auf das Werkstück, auf Maschine und Fließband, auf den Kunden hat den Vorrang – wie ja der Kraftfahrer sein Augenmerk zunächst auf die Verkehrssicherheit richten muß und erst dann auf den Gruß an einen in seinem Gesichtskreis auftauchenden Bekannten oder Vorgesetzten.

Sechs »goldene« Grußregeln

1. Wer einen Raum betritt, grüßt immer zuerst – auch die Kollegin, die Kollegen vorfindet.

2. Bei Begegnungen grüßt immer der Jüngere zuerst, der Kollege grüßt die Kollegin, auch der Chef grüßt, mit Ausnahme der ganz jungen Lehrlinge, die weiblichen Betriebsangehörigen zuerst. Den Chef grüßen alle männlichen Angestellten zuerst, mit Ausnahme der bedeutend älteren Betriebsangehörigen.

3. Söhne und Töchter des Chefs genießen in bezug auf die Grußpflicht keinerlei Vorzüge vor allen anderen Angestellten.

4. Man grüßt am Tage nur einmal beim Eintreffen (»Guten Morgen«) und beim Verlassen des Raumes (»Auf Wiedersehen!«).

5. Auf Treppen, Fluren und Höfen des Betriebes herrscht Grußpflicht nur Vorgesetzten und Bekannten gegenüber, jedoch braucht man jeden am Tag nur einmal zu grüßen. Niemals jedoch einen Gruß von demjenigen erwarten, der sich gerade auf seine Arbeit konzentriert.

6. Arbeitet man mit mehreren in einem Raum zusammen, braucht man nur bei Arbeitsbeginn in die Runde zu grüßen und niemandem die Hand zu reichen. Es ist jedoch kein Taktverstoß gegen die anderen, wenn man der Kollegin oder dem Kollegen, neben dem man arbeitet, gewissermaßen stellvertretend für alle die Hand gibt.

Arbeitet ein Vorgesetzter im gleichen Raum, grüßt man selbstverständlich zu ihm hin – es ist jedoch nicht erforderlich, an seinen Tisch heranzutreten, wenn man nicht aus Gründen der Arbeitseinteilung ohnehin mit ihm sprechen muß.

Rauchen verboten?

Auf jeden Fall ist für die Mitarbeiter des Betriebes das Rauchen in den Räumen verboten, in denen Kunden empfangen oder bedient werden, und zwar auch dann, wenn der Kunde rauchen darf. Daneben gibt es betriebliche Vorschriften, die das Rauchen aus Sicherheitsgründen an bestimmten Plätzen allen untersagen.

Wie sieht es aber sonst mit dem Rauchen aus, am Arbeitsplatz oder in der Kantine?

Rücksichtnahme ist auch hier oberstes Gebot. Als starker Raucher muß ich, wenn ich mit einem Nichtraucher zusammenarbeite, einen Weg finden, diesen Nichtraucher nicht zu sehr zu belästigen. Dazu wären verschiedene Möglichkeiten denkbar:

- Rauchen auf dem Flur oder im Treppenhaus oder am offenen Fenster
- Von Zeit zu Zeit eine kurze Zigarettenpause und anschließend sofortiges Lüften

Nicht immer wird es möglich sein, Raucher und Nichtraucher zu trennen. Daher hilft nur gegenseitiges Verstehen, vielleicht auch vom Nichtraucher hier und da ein Zugeständnis.
Soweit das Rauchen in der Kantine erlaubt ist, hilft auch hier wieder nur gegenseitige Rücksichtnahme. Auf jeden Fall ist es unhöflich, am Tisch zu rauchen, solange noch ein anderer ißt. Man sollte sich so lange beherrschen, bis das Essen vorüber ist; denn fremder Zigaretten- oder Tabakrauch zur Suppe ist selbst leidenschaftlichen Rauchern ein Greuel. Übrigens betritt man auch nie mit brennender Zigarette ein fremdes Büro oder die Kantine.

Wem öffnen wir die Tür?

Ganz einfach – demjenigen, der schwerer trägt. Auch der Chef wird nicht auf den Gedanken kommen, ihm falle eine Perle aus der Krone, wenn er zwei unter der Last einer Kiste daherprustenden Arbeitern die Tür öffnet, neben der er gerade steht.
Ein junger Chef wird auch einem Betriebsveteranen gern diesen Dienst erweisen, trägt dieser doch schwerer an seinen Jahren als der forsche Mann in der Vollkraft des Lebens. Und jeder Chef wird den wesentlich älteren Angestellten gern den Vortritt lassen, ohne erst lange die Jahre abzuwägen, solange er nicht gerade an einer »Kiste« von Problemen trägt. Es müßten ihn halt alle so gut kennen wie seine Sekretärin. Sie weiß, daß er ihr grundsätzlich den Vortritt läßt. Aber sie weiß auch, daß sie nicht an seinen Umgangsformen zweifeln muß, wenn er einmal plötzlich an ihr vorbeischießt. Es geht dann nämlich gar nicht darum, daß der Chef, sondern daß die Sache – das Interesse des Geschäfts, das Interesse aller vorgeht.
Der Angestellte eines Porzellangeschäfts, der eine wertvolle Vase, die er mit beiden Händen tragen soll, hinfallen läßt, weil er dem Chef schnell die Tür öffnen will, ist ein schlechter Angestellter. Er hat übersehen, daß in diesem Falle die Sache wichtiger war. Er hat sich nicht als taktvoll, sondern als servil erwiesen.

Nie sich lächerlich machen

Heute darf niemand von seinen Angestellten und Arbeitern Unterwürfigkeit verlangen. Im Laufschritt heranzupirschen, um mit letzter Puste einem Vorgesetzten die Tür öffnen zu können, ist unnatürlich. Es wirkt ebenso lächerlich wie das krampfhafte Wegsehen desjenigen, der sich aus Mangel an Selbstbewußtsein vor einer solch kleinen Aufmerksamkeit drücken möchte. Und Lächerlichkeit tötet den Erfolg.
Der für sein Amt berufene Vorgesetzte fühlt sich unter sklavischen Naturen ebensowenig wohl wie etwa der Arbeiter unter Sklavenhal-

tern. Das gilt gleichermaßen für das Verhältnis des Vorarbeiters zu seiner Arbeitsgruppe wie für das der ersten Verkäuferin zu den ihrer Aufsicht unterstellten Kolleginnen.
Umsicht, Beweglichkeit, schnelles Schalten – in welchem Beruf brauchte man diese Eigenschaften nicht! Am wenigsten können uns Heuchelei und Dienern voranhelfen. Wo diese gefordert werden – das wäre der nächste Kündigungsgrund!

Oft geht die Sache vor

Die Sache? Das Werkstück, die Maschine, das Gerät, die Ware. Nicht der Mensch? Wir werden sehen, daß es letzten Endes um den Menschen geht, wenn wir manchmal die Sache vor die Person stellen.
Die Werte, mit denen wir arbeiten, und die Werte, die wir durch unsere Arbeit schaffen, stellen letzten Endes die Grundlage für den Lohn dar. Mit der Qualität der Arbeit oder der Ware steht und fällt der Ruf, mit dem Ruf der Bestand der Firma. Daher müssen alle daran mitarbeiten, für möglichst hohe Qualität zu sorgen. So erweist jeder, der seine Pflichten ernst nimmt – und sei es die kleinste – auch sich selbst einen Dienst.
Es wäre also unklug von der Geschäftsleitung, von den Arbeitern am Fließband zu verlangen, sich beim Nahen des Chefs oder wichtiger Kunden zu erheben, um ihren Gruß zu erwidern.
Es wäre sogar leichtfertig vom Apotheker zu wünschen, die gerade mit dem Einzählen von Gifttropfen für eine Medizin beschäftigte Laborantin sollte ihre Arbeit unterbrechen, wenn er eine Frage an sie richtet. Sie »überhört« seine Worte und konzentriert sich nun erst recht auf die Sache, bis sie damit fertig ist. Aber dann wendet sie sich dem Chef zu und erklärt kurz den Grund dafür, weshalb sie nicht gleich geantwortet hat. Er selbst würde sich im umgekehrten Falle (hoffentlich) ebenso verhalten.
So bleibt auch die Stenotypistin an der Maschine sitzen, wenn ein Vorgesetzter an sie herantritt oder wenn ein Kunde den Sachbearbeiter aufsucht, in dessen Zimmer sie schreibt.
Nicht immer, aber sehr oft geht die Sache vor. Zwischendurch ist jedoch immer Zeit für ein aufmunterndes, ein persönliches Wort; denn wir wollen ja nicht stumm wie Tiere schuften.

Drei »goldene« Regeln über das Aufstehen vor Vorgesetzten

1. Wenn der Chef an einen Schreibtisch herantritt, braucht nicht einmal der auf seine Arbeit konzentrierte Lehrling aufzustehen. Reicht er die Hand zum Gruß, stehen nur männliche Betriebszugehörige auf.
2. Wer am bewegten Fließband arbeitet oder sich aus Sicherheitsgründen auf seine Arbeit konzentrieren muß – z. B. bei der Überwachung von Schaltanlagen, Kontrolleinrichtungen, beim Beschicken von Öfen und Förderanlagen, bei der Bedienung laufender Maschinen, bei der Versorgung Kranker und Verletzter –, braucht nur Rede und Antwort zu stehen, wenn es seine Aufgabe gerade erlaubt, und braucht sich auch

einem Vorgesetzten nicht zuzuwenden, solange er sein Augenmerk auf die Arbeit richten muß.
3. Eine Stenotypistin braucht ihre Tätigkeit an der Schreibmaschine nicht zu unterbrechen, wenn der Chef das Zimmer eines Angestellten betritt, in dem sie arbeitet.
Sie bleibt auch mit dem Diktatblock sitzen, wenn ein Kunde in das Arbeitszimmer ihres Vorgesetzten kommt und sich ihr Vorgesetzter zur Begrüßung erhebt.

König Kunde

Ihm öffnet auch der ältere Angestellte die Tür wie daheim der betagte Gastgeber seinem jungen Gast. Ja, selbst die Verkäuferin läßt dem Herrn den Vortritt, wenn es nicht praktischer ist – also der Sache dient –, ihn folgen zu lassen, um ihm so besser den Weg zeigen zu können; dann jedoch nie, ohne gefragt zu haben: »Darf ich vorangehen?« Wenn ein Kunde in ihr Gesichtsfeld tritt, werden nicht nur Angestellte, sondern auch die Inhaber selbst ein wichtiges geschäftliches Gespräch unterbrechen. Da der Kunde nicht ahnen kann, worüber sie reden, wird er vielleicht an ihrer guten Erziehung und damit zugleich am Ruf des Hauses zweifeln, wenn sie ihn auch nur eine halbe Minute unbeachtet stehen lassen – gleichgültig, ob er sich nun in einem Modeatelier oder in einer Tankstelle befindet.

Entschuldigungen für kurze Wartezeiten

Dabei kommt es weniger darauf an, den Kunden sofort zu bedienen, als mit einem freundlichen Wort von ihm Notiz zu nehmen. »Einen Augenblick, bitte!« genügt ebensowenig wie das sprichwörtlich gewordene »Kollege kommt gleich!« Eine kurze Erklärung bringt Zeitgewinn, ohne zu verstimmen. »Guten Tag, ich werde sofort zu Ihnen kommen!« – und dann eine kurze Erklärung, die den Kunden angenehm berührt, z. B.: »Ich will nur die Tür schließen!« (Der Kunde sagt sich: »Gut, damit es nicht zieht«);
»Das Atelier benötigt eine dringende Terminangabe!« (Der Kunde: »Hier werden Liefertermine ernst genommen!«);
»Ich möchte mir schnell die Hände waschen!« (Der Kunde: »Hier hält man auf Sauberkeit!«);
»Die Kundin vor Ihnen hat ihre Handschuhe vergessen!« (Der Kunde: »Das ist wirklich Dienst am Kunden!«);
»Ich werde die für diese Abteilung zuständige Verkäuferin herbeirufen! Sie ist eben zur Kasse gegangen!« (Der Kunde: »Hier herrscht Ordnung!«);
»Ich will nur dafür sorgen, daß der Stapel nicht umkippt!« (Der Kunde: »Hier wird die Ware gepflegt!«).
Es kommt darauf an, dem Kunden, um den man sich nicht sofort kümmern kann, mit wenigen Worten verständlich zu machen, daß das kurze Warten ihm selbst oder einem anderen Kunden zugute kommt.
Eine freundlich geäußerte Erklärung ist dazu dienlicher als kriecherisches Übertreiben, schmeichlerische Unterwürfigkeit oder eine der abgedroschenen Phrasen von einst: »Sofort zu Ihren Diensten!« – »Geruhen Gnädigste, sich noch eine kleine Sekunde zu gedulden!«

Gute Umgangsformen haben nichts mit Schmeichelei zu tun – sie wirken um so überzeugender, je mehr sie mit natürlichem Selbstbewußtsein gepaart sind –, je mehr der Kunde das Gefühl hat, von einem denkenden Menschen betreut und nicht von einer Verkaufsmaschine mit eingetrichterten Redensarten abgefertigt zu werden. Der Kunde möchte nicht beschwatzt, sondern beraten werden. Es kann jedoch nur beraten, wer sich selbst um die genaue Kenntnis der Waren bemüht, die er anzubieten hat.
Die Erklärung, die Ware sei gut, bedeutet vielen Kunden nichts. Sie wollen wissen, warum sie gut ist. Je mehr ein Verkäufer dazu sagen kann, um so mehr wird er vom Kunden geachtet, um so freundlicher behandelt werden.
Nur wer wenig oder nichts weiß, unterliegt der Gefahr, patzig zu werden, wenn der Kunde sich nicht schnell überzeugen läßt.

Ein guter Verkäufer verliert nie die Geduld

Ein selbstbewußter Verkäufer wird selbst dann nicht unhöflich, verliert nie die Geduld, wenn der Kunde sich gehenlassen sollte. Denn er steht an seinem Arbeitsplatz, er steht – was leider so viele Verkäuferinnen und Verkäufer in den zugegebenermaßen oft ärgerlichen Situationen mit ungezogenen Kunden vergessen – als Vertreter des Chefs vor dem Kunden. Für ihn verteidigt er notfalls in aller Form die Qualität der Ware, wenn sie zu Unrecht bemängelt wird.
Aber er sollte auch die Grenzen kennen, wenn es dem Geschäft nicht dienlich sein kann, von einer billigen Ware zu behaupten, daß sie beste Qualität habe. Der Verkäufer darf den Kunden wohl im Interesse des Geschäfts lenken, aber nicht täuschen! Denn der getäuschte Kunde kommt nicht wieder. Und die höchste Kunst des Verkaufs ist es, nicht nur ein Stück verkauft, sondern für die Firma zugleich einen Dauerkunden gewonnen zu haben.

»Frau Müller«? »Gnädige Frau«? »Meine Dame«?

Eine Umfrage hat ergeben, daß weniger als ein Prozent der Kundinnen eines angesehenen Modehauses die Frage bejaht haben, ob sie Wert darauf legen, mit »Gnädige Frau« angeredet zu werden. Kaum 30 % hielten »Meine Dame« für gut. Viel größer, nämlich 65 %, war jedoch der Prozentsatz derer, die »Meine Dame« ablehnten und sich dafür aussprachen, man solle Verkäuferinnen und Verkäufer auf keine bestimmte Anredeformel festlegen. Nur 4 % hatten keine bestimmte Meinung.
Die Geschäftsführung eines Hauses, die Wert darauf legt, daß bestimmte Kundinnen mit »Gnädige Frau« angeredet werden, stellt ihre Verkäuferinnen und Verkäufer damit vor die Aufgabe, aus 100 Kundinnen jene eine herauszufinden, die so und nicht anders angesprochen werden möchte. Die überwiegende Mehrzahl der Frauen pflegt nämlich jenen Augenblick zu genießen, in dem sie nach mehreren Besuchen in einem Geschäft empfindet, wiedererkannt zu werden. Und so kann man häufig beobachten, daß nicht zuletzt die gern mit »Gnädige Frau« titulierte Kundin erfreut aufmerkt, wenn sie als »Frau ...«, also mit ihrem Namen angeredet und damit aus der Masse der anonymen Kunden herausgenommen und wirklich persönlich angesprochen wird.

Wie man den Namen einer Kundin herausbekommt

Vor dem Ziel, den Namen des Kunden unaufdringlich zu erfahren und sich, wenn möglich, bis zum nächsten Mal zu merken, erscheinen andere Anredeformen als unbedeutend.
Hören wir doch einmal einer Verkäuferin zu. Auf die Antworten der Kundin können wir hier verzichten:
»Wie gefallen Ihnen diese beiden Modelle? Das hellere macht Sie, wenn ich mir eine Bemerkung erlauben darf, größer!« – »Nachtblau gehört zu den Modefarben der Saison!« – »Sie tragen Grün lieber? Hier ein sehr apartes Grün!« – »Meine Meinung? Sie können wirklich beide Farben gut tragen. Diese hier hebt die Frische Ihres Teints vielleicht etwas vorteilhafter hervor!« – »Eine mittlere Qualität, dem sehr günstigen Preis entsprechend. Wolle mit Seide.« – »Nein, keine Bedenken. Ich würde es allerdings stets chemisch reinigen lassen!« – »Sie werden sicherlich Ihre Freude daran haben!« »Wenn Sie Wert darauf legen, daß wir Ihnen stets den Eingang von Neuheiten dieser Art mitteilen, natürlich völlig unverbindlich, schreibe ich gern Ihre Anschrift auf!« – »Vielen Dank, Frau Schulze!« – »Darf ich Sie zur Kasse begleiten ... Der Packtisch befindet sich gleich daneben, rechts!« – »Auf Wiedersehen, Frau Schulze! Vielen Dank!«
Ohne Mühe hätte die Verkäuferin im Laufe dieses Gesprächs 25mal »Gnädige Frau« oder »Meine Dame« sagen können. Haben Sie es vermißt? Es geht besser »ohne«, wenn man sich erst einmal dazu erzogen hat. Denn allzuleicht unterliegt man der Versuchung »Gnädige Frau« oder »Meine Dame« zu oft einzustreuen. Auch wenn die Verkäuferin den Namen der Kundin schließlich weiß, sollte sie diesen nicht an jede Frage, jede Antwort anhängen, sondern nur hin und wieder einstreuen. Keine Übertreibung! Und:
Wenn man den Namen der Kundin oder des Kunden auch nie erfahren sollte: mit Takt und Hilfsbereitschaft – dazu gehören auch nützliche Auskünfte – gewinnt man selbst die eingefleischteste »Gnädigste«, ohne sie als solche anzureden.
»Gnädiger Herr!« gehört schon lange nicht mehr zu den zeitgemäßen Anredeformen.

Das »Du« vor den Kunden

In einem großen Werk erfuhr der Leiter des Verkaufs erst nach drei Jahren, daß sein Assistent der Bruder des Einkaufschefs war. Die Brüder waren ständig durch eine Sprechanlage miteinander verbunden gewesen und hatten sich gegenseitig stets mit »Herr Meyer« und »Sie« angeredet. Da sie in den Personallisten als Meyer I und Meyer II aufgeführt waren, hatte der Verkaufsleiter angenommen, es handele sich um eine zufällige Namensgleichheit. Mit Rücksicht auf den Eindruck bei den Kunden hatten sie sich, als der Bruder bei derselben Firma eintrat, verabredet, sich im Geschäft grundsätzlich nur zu »siezen«. Und so sollte es eigentlich nicht nur im Verkauf, beim Kontakt mit der Außenwelt, sondern auch vor Vorgesetzten gehandhabt werden.

Wann das »Sie« angebracht ist

Zwei Stenotypistinnen mögen noch so gut miteinander befreundet sein. Vor dem Abteilungsleiter sollte nicht die Liesel nach der Annegret, sondern Frau Müller nach Frau Schulze rufen.
Und so sollte es erst recht der erste Verkäufer halten, der in Gegenwart eines Kunden mit seiner Braut, der Atelierleiterin, telefoniert.
Und wenn die beiden dann eines Tages miteinander verheiratet sind? Dann mögen sie sich gründlich und in aller Ruhe fragen, was aufgrund der neuen Situation zu beachten wohl leichter ist: Nie zu vergessen, in Gegenwart des Kunden einen Hinweis einzustreuen wie etwa »Ich werde meine Frau, die das Atelier leitet, nach dem Termin fragen ...« oder im Interesse des Ansehens der Firma und auch der schnelleren Abfertigung den Fall »per Sie« zu erledigen.

Hier nützt das Du

Wenn man im selben Arbeitsraum, am selben Fließband, in derselben Gruppe »unter sich« ist, dann kann das »Du« sogar der Sache nützlich sein, weil man schneller gesagt hat »Kurt, gib mal schnell den Hammer her!« als »Herr Oberreiter, würden Sie mir bitte einmal den Hammer herüberreichen!«
Ein Vorgesetztenverhältnis zwischen guten Freunden ist ohnehin eine Charakterprobe. Denn nur ein wirklicher Freund wird einräumen, daß die Verantwortung, die der andere trägt, den Ton zwischen ihnen bestimmen muß. Jeder, der mehreren Untergebenen vorsteht, muß zudem bestrebt sein, sie stets so anzusprechen, daß sich alle gleichberechtigt behandelt fühlen.
Es kommt zwar auf die Art des Betriebes und auch auf die Art der Arbeit an, wie wichtig es ist, die Distanz zwischen den betrieblichen Vorgesetzten und Untergebenen weiter oder enger zu halten – fest steht, daß das »Sie« zumeist die Aufrechterhaltung der Ordnung im Zusammenwirken aller erleichtert und daher beibehalten werden sollte, wo es nur beizubehalten ist.
Dem Lehrling fällt zwar keine Perle aus der Krone, wenn ihn seine Vorgesetzten duzen, der Geselle aber sollte auf jeden Fall mit »Sie« angeredet werden; denn er wird oft Lehrlingen mitvorstehen müssen, und er wird bei ihnen um so mehr Achtung finden, je mehr die Vorgesetzten ihm selber durch die Anrede Achtung erweisen.

Warum viele Firmen ein Du ablehnen

Daher ist die Entscheidung vieler Unternehmen, in denen mit Rücksicht auf die weiblichen Lehrlinge angeordnet wird, alle Lehrlinge mit Sie anzureden, durchaus richtig, weil damit gleichzeitig einer plumpen Duzerei zwischen den jungen männlichen und weiblichen Betriebszugehörigen ein Riegel vorgeschoben wird.
Diese Regelung erscheint dort besonders wichtig, wo die Lehrlinge mit den Kunden Kontakt bekommen. Im übrigen braucht man sich nach der Gehilfenprüfung nicht erst umzugewöhnen. Je früher man dem jungen Betriebszugehörigen das Gefühl vermittelt, ein geachtetes (und nicht etwa ein bei jeder Gelegenheit zu duzendes) Glied der Firma zu sein, um so mehr werden sich gerade die besten für die Sache des Betriebes einsetzen.

Am Lehrling freilich ist es, sich solcher Achtungsbeweise auch würdig zu zeigen. Zu den Prüfsteinen dazu gehört nicht nur, wie er sich seinen Vorgesetzten, sondern auch seinen jungen Kollegen gegenüber verhält – nicht zuletzt denen vom anderen Geschlecht.

Gleichberechtigung am Arbeitsplatz

Daß in vielen Berufen Frauen wie Männer den gleichen Arbeitsplatz ausfüllen können, schaltet die besondere Rücksichtnahme nicht aus, die dem weiblichen Geschlecht in allen Bereichen des Lebens entgegengebracht werden sollte. Gleichberechtigt sind Frauen im Hinblick auf die mit dem Arbeitsplatz verbundenen Pflichten dem Betrieb gegenüber (und hoffentlich auch im gleichen Lohn für gleiche Arbeit). Als männlicher Betriebszugehöriger braucht man sich nur vorzustellen, wie man die eigene Mutter, Frau oder Schwester in einem Arbeitsverhältnis von Vorgesetzten und Kollegen behandelt sehen möchte, um die Unterschiede herauszufinden, in denen Ton und Verhalten den Kolleginnen gegenüber von dem unter Männern abweichen müssen. Der Arbeitsplatz ist zwar nicht der Platz, um das andere Geschlecht zu umwerben – aber auch ein Ort, an dem der Mann den Frauen und Mädchen gegenüber Achtung erweist.
Dabei ist Übertreibung ebenso falsch wie Unterlassung. Die Männer neigen nun einmal dazu, den hübscheren Mädchen und Frauen mehr Aufmerksamkeit zu erweisen als den anderen. Das rechte Maß im Betrieb findet daher am leichtesten derjenige, der zu keiner freundlicher ist als zu der häßlichsten. Aber ihr gegenüber eine betont übertriebene Höflichkeit an den Tag zu legen, würde sie sicherlich kränken. Takt!

Wie Männer sich verhalten sollten

Die erste Forderung an den Mann für die Zusammenarbeit mit dem anderen Geschlecht ist:
Niemals zu verletzen!
Die zweite Forderung:
Die Kollegin vor jenen Männern zu schützen, die es nicht unterlassen können, in ihrer Gegenwart peinliche Witze zu erzählen oder gar aufdringlich zu werden! (Es sei denn, sie hätte damit angefangen!)
Die dritte:
Jenen Kolleginnen die geringste Aufmerksamkeit zu widmen, die es darauf anlegen, die Augen der Männer mit aller Gewalt durch auffälliges Gebaren auf sich zu ziehen!

Wie Frauen sich verhalten sollten

Und damit wäre gleichzeitig das Erforderliche für das Verhalten der weiblichen Betriebszugehörigen angedeutet. (Wer die Gefahr herausfordert …)
Jedes Mädchen, jede Frau hat es in der Hand, sich durch ihr ganzes Auftreten bei Kollegen jenen Respekt zu verschaffen, den eine selbstbewußte Art (ohne Arroganz) und eine gepflegte Erscheinung Männern stets abringt.
Dabei kann man durchaus freundlich bleiben. Freundlich und sachlich – das ist kein Widerspruch. Oft wird es klug sein, manches einfach nicht zu hören.

Und das gilt für beide Seiten

Wer geachtet sein will, muß vor allem erst einmal die anderen achten, muß auf die Wahrung seines eigenen wie auch des Rufes seiner Kolleginnen und Kollegen bedacht sein. Wo alle Sie zueinander sagen, horchen die Menschen nun einmal auf, wenn zwei sich plötzlich duzen. Nur allzu schnell sind andere mit Fragen bei der Hand wie »Die duzen sich, die haben wohl etwas miteinander?«
In einem größeren Betrieb kann man ja nicht jedem seine Bekanntschafts- oder Verwandtschaftsverhältnisse auseinandersetzen.
Die ganz Jungen mögen diese Probleme noch auf die leichte Schulter nehmen. Aber je älter man wird, um so ernster wird ein neues »Du« genommen, um so hellhöriger werden die Ohren um uns.

Vorsichtig mit dem Du sein

Daß jemand seinen Lebenskameraden am Arbeitsplatz kennenlernt, ist heute gang und gäbe. Je aufrichtiger es jedoch der eine mit dem anderen meint, um so mehr wird er den anderen vor Klatsch zu schützen bestrebt sein. Aller mögliche Tratsch bildet sich nun einmal schnell um zwei Menschen, die gestern noch Sie zueinander gesagt haben und sich – zum Beispiel am Morgen nach einem Betriebsfest – plötzlich im Geschäft mit Du anreden.
Also tut man gut daran, bevor man das Du verschenkt, im eigensten Interesse zu prüfen, ob man nicht an einen oder an eine von jenen geraten ist, die solche Erlebnisse nur »sammeln«, um mit ihren Eroberungen im Kreise anderer zu prahlen. Ein guter Ruf ist schnell dahin, wenn er in die Mäuler der Klatschbasen gerät.
Zwar wird ein verantwortungsbewußter Chef auf Klatsch nicht viel geben – und noch lange nicht alles glauben.

Ein guter Ruf erhöht Aufstiegschancen

Wenn er aber zwischen zwei Stenotypistinnen, Verkäuferinnen oder Vorarbeiterinnen für einen freigewordenen Posten zu wählen hat, wird er, um sicherzugehen, auch den Ruf der einen wie der anderen mit in die Waagschale seiner Entscheidung werfen.
Er wird ganz besonders streng bei der Besetzung jener Posten prüfen müssen, die es mit sich bringen, wie z. B. der einer Sekretärin oder Einkäuferin, daß die Angestellte einen Abteilungsleiter oder den Chef selbst einmal auf eine Reise zu begleiten hat. Zwar braucht er auf sie dann nicht alle Rücksichten wie auf eine Dame seines privaten Umgangs zu nehmen, aber er muß sie in der Öffentlichkeit, also außerhalb des Geschäfts und des geschäftlichen Ziels, als Dame respektieren. Die Angestellte muß sich allerdings dessen bewußt sein, daß sie diesen Respekt selbst gefährdet, wenn sie durch ihr Verhalten den Eindruck zu erwecken sucht, eine private Bekannte des Chefs zu sein.

Das Wichtigste über den Umgang mit Kolleginnen

1. Rücksichtnahme und Takt den weiblichen Betriebszugehörigen gegenüber sind überall dort angebracht, wo die Arbeit durch Aufmerksamkeit nicht unterbrochen zu werden braucht.
2. Man hilft der Kollegin aus dem Mantel, wenn man gerade in der Nähe steht, verläßt aber nicht seine Arbeit, um ihr zu diesem Zweck entgegenzugehen.

3. Man öffnet ihr die Tür und läßt ihr den Vortritt, wenn man sie gerade an der Tür trifft.
4. Man unterläßt, wenn Kolleginnen im Raum arbeiten, sogenannte »Männergespräche« und peinliche Witze. Umgekehrt gilt natürlich dasselbe; sonst befindet man sich in passender Gesellschaft (und der erste Satz ist dann überflüssig).
5. Auch Vorgesetzte sollten Stenotypistinnen weder beim Diktat noch beim Maschinenschreiben über den Rücken auf die Finger sehen.
6. Man mutet Kolleginnen und Mitarbeiterinnen nicht zu, Lasten zu tragen, die über ihre Kräfte gehen.

Kollege Gastarbeiter

Das Wichtigste über den Umgang mit Gastarbeitern

1. Rücksichtnahme und Takt sind immer angebracht, wo man mit ausländischen Kollegen zusammenarbeitet. Gewiß gibt es viele Gastarbeiter, die sich, weil sie schon lange in Deutschland sind, uns gegenüber anders verhalten als zu Kollegen in ihrem Lande. Aber solange sie über unsere Eigenheiten nichts wissen, sind beide Seiten vor Mißverständnissen und deren Folgen nie sicher. Wer von Fremden umgeben ist, reagiert stets empfindlicher, wenn er sich angegriffen fühlt. Gastarbeitern gegenüber ist also nur derjenige überlegen, der beim Zusammensein mit ihnen der freundlichere, tolerantere und hilfsbereitere ist.
2. Wer über Sprachschwierigkeiten des anderen lacht, vergißt, daß er im Urlaub häufig in eine ähnliche Situation kommt und dann selbstverständlich Hilfsbereitschaft und Verständnis erwartet.
3. Es gibt keinen Grund, sich über andere Eßgewohnheiten lustig zu machen. Religiöse Vorschriften verbieten ausländischen Kollegen mancherlei. Es ist z. B. ungehörig, einen moslemischen Türken zum Essen von Schweinefleisch oder Trinken von Alkohol aufzufordern.
4. Vorsicht vor dem Ehren- und Sittenkodex anderer. Eifersucht kann lebensgefährliche Folgen haben. Beleidigungen können zu einer bedrohlichen Situation führen. Einen Gastarbeiter oder gar dessen Frau zu duzen, ohne daß man mit ihnen befreundet ist, kann unter Umständen sehr unliebsame Folgen haben.
5. Auch wenn besonders jüngere ausländische Mitarbeiter deutsch sprechen, bedeutet das noch nicht unbedingt, daß sie so denken wie wir. Der Einfluß der Familie ist nachhaltig, und Religion, Sitten und Gebräuche sowie die Mentalität können völlig anders sein als bei uns.
6. Weibliche Arbeitnehmer aus dem Ausland arbeiten häufig zum ersten Mal in ihrem Leben in einem Betrieb. Dementsprechend ist vieles für sie ungewohnt. Die männlichen Kollegen sollten darauf Rücksicht nehmen. Aufdringlichkeit und Respektlosigkeit können oft schwerwiegendere Folgen haben, als das gegenüber deutschen Kollegen der Fall ist. Stolz und Empfindsamkeit sind bei Gastarbeiterinnen häufig besonders stark entwickelt. Die Religion der Türken z. B. fordert von ihr, einen Schleier oder ein Kopftuch zu tragen. Es hat also keinen Sinn, sie aufzufordern, das Tuch abzulegen.

7. Immer hilft Verständnis und die Bereitschaft, dem ausländischen Mitarbeiter und Kollegen in seiner schwierigen Lage zu helfen und tolerant zu sein, auch wenn man manches nicht begreift. Integration bei uns bedeutet nicht völlige Anpassung und Aufgabe alles dessen, was der Ausländer in seiner Heimat gewohnt war.
8. Bei neuen ausländischen Mitarbeitern und Kollegen sind Geduld und Verständnis das oberste Gebot. Geben Sie sich Mühe, den Arbeitsplatz zu erklären, und werden Sie nicht ungeduldig, wenn die Neuen, weil sie Sprachschwierigkeiten haben oder die Arbeit für sie ungewohnt ist, nicht gleich alles verstehen.
9. Treffen wir einen Gastarbeiter, den wir vom Arbeitsplatz her kennen, in der Freizeit, auf der Straße, so ist Grüßen eine Selbstverständlichkeit. Ist er in Gesellschaft, wird die Frage, ob wir ihn begrüßen sollen, zum Problem. Viele haben in ihrem Heimatland gelernt, daß wir zum Beispiel Familienmitglieder und vor allem Frauen und Mädchen nur ansprechen dürfen, wenn der älteste Mann der Gruppe gewissermaßen eine Einladung zum Begrüßen seiner Familie an seinen Arbeitskollegen ausspricht. Dazu wird er unter Umständen auf unsere Familiengruppe erst allein zukommen und den Kollegen vom Arbeitsplatz allein begrüßen. Aus diesem einen Beispiel geht schon hervor, wie wichtig es ist, mit dem Gastarbeiter, der regelmäßig in unserer Nähe oder mit uns zusammenarbeitet, ein Gespräch über solche Fragen zu führen. Der wiederholte Gedankenaustausch, der mit den Worten »Wie ist es bei euch?« beginnt, kann viele Komplikationen von vornherein aus der Welt schaffen.
10. Was wir im Gespräch in der Frühstückspause oder nach Feierabend auf dem Heimweg voneinander erfahren, sollten wir daheim bald mit Frau und Kindern besprechen. Dabei kommt es vor allem darauf an, Worte und Gesten zu finden, wie es sich am besten vermeiden läßt, den anderen zu kränken. Auch wer als Gastarbeiter bei uns schon Fuß gefaßt hat, bleibt noch lange Zeit empfindlich. Allzuleicht flackert mit dem Gefühl, in der Fremde leben zu müssen, der Verdacht auf, im Gastland abgelehnt zu werden. Bewahren wir ihn davor!

Die Pause

Jede Arbeitspause, sei sie auch noch so kurz, sollte der Erholung und Gesundheit dienen. Also selbst eine Frühstückspause von nur einer Viertelstunde zur Entspannung nutzen!
Wer mit anderen gemeinsam frühstückt, sollte seine eigene Erholung nicht auf Kosten anderer betreiben.

Damit keinem der Appetit vergeht ...

Stark riechende Lebensmittel können dem Nebenmann den Appetit nehmen. Für manchen genügt es, zusehen zu müssen, wie jemand sein Brot in schmutzige Hände nimmt, oder zuhören zu müssen, wenn einer in der Nähe schmatzt. Den Nichtraucher stört der Rauch des Zigarettengenießers neben ihm. Sauberkeit und Rücksichtnahme sind die

Vorbedingung dafür, daß sich jeder, der an eine Gemeinschaft gebunden ist, in ihr wohlfühlt.
Übrigens: Auch der Lehrling hat Anspruch auf jede Pause. Solange er noch wächst, hat er sie vielleicht nötiger als der Erwachsene. Wenn man ihn schon unbedingt zu einer Besorgung wegschicken muß, dann so, daß er nicht um seine Frühstückspause gebracht wird. Gerade wenn er ein guter Lehrling ist, wird er Hemmungen haben, sein Frühstück später in einer Ecke in steter Angst nachzuholen, von einem anderen Vorgesetzten, der von der Besorgung nichts weiß, bei einer scheinbar eigenmächtigen Pause ertappt zu werden.

In der Kantine

Die Kantine gehört wohl zum Betrieb – aber man braucht im Hinblick auf die Vorgesetzten hier weniger Rücksicht zu nehmen als in einem Selbstbedienungsrestaurant. Hier entfällt jede Grußpflicht außer der, den Kolleginnen und Kollegen, an deren Tisch man Platz nimmt, einen »Guten Appetit« zu wünschen. Auch die Vorgesetzten erholen sich in der Mittagspause besser, wenn sie sich auf das Essen konzentrieren und nicht nebenbei aufpassen müssen, ob sie nicht einen Grüßenden übersehen.
Muß das Essen an einem Schalter in Empfang genommen werden, tut man besser daran, das Warten in der Schlange zur Erholung zu rechnen, statt durch Drängeln die eigenen und die Nerven anderer zu strapazieren.

Kein Vorrang in der Schlange

In dieser Schlange gibt es keinen Vorrang. Wer zuerst kommt, mahlt zuerst. Wer sich durch Laufschritt einen »besseren Platz« sichern will, macht sich nicht nur lächerlich. Er wirbelt im doppelten Sinne Staub auf, und das ist in einem Speiseraum besonders rücksichtslos. Rücksichtslos ist es auch, sich als vorgesetzter Angestellter von jüngeren in der Kantine bedienen zu lassen, weil das auf Kosten der Erholung anderer geht. Die Annahme, daß die weiblichen Tischgenossinnen von Natur aus für das Servieren bestimmt wären, ist ein großer Irrtum. Sich beim Abräumen in der Kantine im Mitnehmen der Teller und Bestecke anderer abzuwechseln, ist eine gute Lösung. Bei einer immer gleichen Tischbesetzung dabei der Reihe nach zu gehen, ist klug, weil es Drükkebergerei gar nicht erst aufkommen läßt.

Spiele nach dem Essen

Bleibt dann noch ein Viertelstündchen für ein Spielchen – Glücksspiele sind ja ohnehin verboten –, so sollten die Vernünftigen stets eingreifen, wenn sie beobachten, daß jüngere Betriebszugehörige von älteren und mehr verdienenden zum Mitspielen »gekeilt« werden. Die Befürchtung, durch Ablehnen einer Runde Skat nicht für voll genommen zu werden, hat bedauerlicher Weise schon manchen Jungen am Wochenende mit stark gelichteter Lohntüte oder leerer Geldbörse heimgehen lassen.
Die Freundschaft hört – das merke sich jeder junge Mensch – nicht erst bei Geldverlusten auf, sondern schon vorher, nämlich bei der Äußerung des Ansinnens, Geld herzuleihen oder es aufs Spiel zu setzen!

Familienfeste im Betrieb?

Geburtstag und Namenstag sind Feste der Familie und des engsten Freundeskreises. Auch am Arbeitsplatz sollten sie sich auf den engsten Kreis beschränken. Es ist gewiß eine schöne Sitte, der Kollegin, dem Kollegen am persönlichen Feiertag einen Blumenstrauß zu überreichen oder, wo es möglich ist, den Arbeitsplatz zu schmücken. Dabei ist die Aufrichtigkeit des Freudebereitens jedoch entscheidender als Ausmaß oder gar Kosten.

Man sollte bei der Überlegung, wie man dem zu Feiernden eine Freude bereiten könnte, stets davon ausgehen, ihm jede Verpflichtung zu einem »Dankopfer«, zum Beispiel zu einer Einladung oder zu »Gegengaben« bei ähnlichen Spenden für andere zu ersparen. Und man sollte vor allem auch sogenannte scherzhafte Hinweise unterlassen, in denen sich die Erwartung ausdrückt, der Gefeierte möge Kaffee und Kuchen oder eine Runde Bier spendieren.

Wo derartige Sitten erst einmal als allseitige Verpflichtung einreißen, ist der eigentliche Sinn des Glückwunsches zumindest für einen Teil der Betroffenen dahin. Es gilt nämlich auch an jene zu denken, von deren Lohnkonto eine größere Familie leben muß. Gemeinschaftsgeschenke setzen unbedingt von allen sehr viel Takt voraus.

Geschenke nur im kleinsten Kreis

Wer über diese Fragen einmal nachdenkt, wird selbst den Vorschlag befürworten, Geburtstagsangebinde auf einen möglichst kleinen Kreis zu beschränken, weil man sich nur in diesem – wenn man Tag für Tag wirklich eng zusammenarbeitet – gut genug kennt, um auf die Dauer Härten aus Gedankenlosigkeit vermeiden zu können. Aus demselben Grunde ist der Betrieb auch nicht der Platz für kleine Bewirtungen von Kollegen mit Kaffee und Kuchen oder gar alkoholischen Getränken. Ob man zu seinem Geburtstag den einen oder anderen Arbeitskollegen einladen oder für einige eine Bewirtungsrunde in einer Gaststätte geben möchte, ist jedem selbst überlassen. Der Betrieb ist für solche Bewirtungen allein schon deshalb nicht geeignet, weil es dort sehr schwierig ist, den Kreis zu beschränken. Ist aber das Feiern im Betrieb wirklich unumgänglich, weil zum Beispiel weit und breit keine Gaststätte liegt – manche Fabrik ist nun einmal allein auf weiter Flur –, dann sollte man auch nicht auf Kosten der Firma noch eine Runde und noch eine Runde steigen lassen.

Das wäre nämlich der Fall, wenn jemand seine Arbeitszeit stempeln muß und dieser Pflicht, statt vor der Privatfeier, erst hinterher nachkommt.

Wenn jemand im Betrieb heiratet ...

Es gibt also zahlreiche Gründe, die den Einsichtigen erkennen lassen, daß höhere, nicht alljährlich wiederkehrende Feiertage einzelner Betriebszugehöriger, wie Hochzeit oder Arbeitsjubiläum, erst recht so vorbereitet werden müssen, daß dem Sinn des Freudebereitens richtig entsprochen wird.

Diesem Sinn widerspricht es zum Beispiel, in größeren Betrieben mit Geschenk-Spendenlisten auch an diejenigen heranzutreten, die den Hochzeiter oder Jubilar gar nicht kennen.

Die Organisatoren der Geschenke sollten ferner darauf bedacht sein, dem zu Feiernden unzumutbare Belastungen durch Bewirtung vieler zu ersparen. Sie sollten genau prüfen und vielleicht durch einen wirklich vertrauten Kollegen vorher rechtzeitig klären lassen, wie zahlreich die Abordnung sein darf, die zur privaten Feier gern gesehen ist. Das gilt natürlich ebenso für Festlichkeiten bei Vorgesetzten.

Sympathie und Abneigung

Niemand wird jemanden achten, der seine eigene Familie beschimpft. Und so wird es auch jeden rechtlich denkenden Menschen zumindest stutzig machen, wenn jemand abfällig über die Firma spricht, bei der er seinen Arbeitsplatz hat.
Auch im angenehmsten Arbeitsverhältnis wird man hin und wieder einmal etwas auszusetzen finden – sei es an Menschen oder Einrichtungen. Es wird vielleicht auch nicht ausbleiben, daß einem die Art des einen Vorgesetzten mehr liegt als die des anderen und daß man ausgerechnet unter demjenigen arbeiten muß, den man weniger gut leiden mag. Ebenso wünscht man sich manchmal einen anderen Nebenmann. In solchen Situationen soll man sich zuerst fragen, ob die Abneigung, die man irgendwann einmal einem anderen gegenüber gefaßt hat, auch zu Recht besteht. Ob man sich selbst diese Meinung gebildet oder nur die eines anderen übernommen hat. Oder ob der Anlaß eine Ablehnung auf die Dauer rechtfertigt.

Niemals zu schnell beurteilen

Ein klärendes Gespräch kann beiden Seiten Beklemmungen ersparen! Bevor wir über einen anderen Menschen urteilen, sollten wir sorgfältig prüfen, ob wir ihm nicht unrecht tun. Hüten wir uns vor allem davor, abfällige Äußerungen anderer weiterzugeben. Schließlich setzen wir uns bei der Weitergabe von Klatsch immer der Gefahr aus, selbst als Klatschbase eingeschätzt zu werden.

Klatsch tötet Vertrauen

Die meisten hören Klatsch zwar sehr gern – sie achten jedoch denjenigen gering, der sie damit versorgt! Wird aber die Vertrauenswürdigkeit eines Menschen einmal geprüft – zum Beispiel, weil man ihn auf einen Posten setzen möchte, der ein höheres Maß an Verantwortung verlangt als sein bisheriger –, dann wird man auch der Frage nachgehen müssen, wie stark sein Urteilsvermögen über andere, ob er verschwiegen oder ein Klatschweib ist.

Schweigepflicht bei Krankheiten

Je höher man im Beruf steigt, um so mehr erfährt man von den Geschäftsgeheimnissen. Zu den Geschäftsgeheimnissen gehört auch das Urteil über die beruflichen Leistungen einzelner Betriebszugehöriger sowie über alles, was man durch den Betrieb über ihre persönlichen Verhältnisse erfährt.
So unterliegt zum Beispiel die ärztliche Diagnose über eine Krankheit der ärztlichen Schweigepflicht. Da der Betrieb Mitteilung erhalten muß, wenn jemand wegen Krankheit ausfällt, bleibt es oft nicht aus, daß mehr Personen als Sachbearbeiterin oder Sachbearbeiter von der Art der Krankheit Kenntnis erhalten. Oft wird eine Kollegin oder ein

Kollege von den Angehörigen persönlich oder telefonisch gebeten, den Chef von der Erkrankung zu benachrichtigen.
Es gibt nur wenige Gründe, die eine Notlüge rechtfertigen. Aber Takt und Rücksichtnahme gebieten, von Krankheiten, deren Bekanntwerden dem Erkrankten peinlich sein muß, niemandem außer denen, die es wirklich angeht, Mitteilung zu machen.
In einem solchen Fall ist auf die verständliche Frage der Kollegen nach der Krankheitsursache die Notlüge »Ich weiß es nicht!« ohne weiteres gerechtfertigt.
Mögen sie es nun »Kameradschaft«, »Kollegialität«, »Rücksichtnahme«, »Solidarität« oder »Takt« nennen – so kann und sollten sie sich in allen Fragen äußern, in denen es um persönlichste Dinge des Menschen geht, auch um seinen Ruf.
Wie der Chef, wie jeder Vorgesetzte darauf bedacht sein sollte, im kleinen wie im großen den Ruf aller Betriebszugehörigen zu wahren, so sollte es auch umgekehrt jeder Betriebszugehörige gleichfalls halten. Vertrauen gegen Vertrauen!

Wichtigtuer

So gibt es zum Beispiel Wichtigtuer, die sich äußerst klug vorkommen, wenn sie sich im Bestreben, den Anschein eines hervorragenden Sachkenners zu erwecken, gegen ein Erzeugnis ihrer Firma aussprechen und behaupten, der gleiche Artikel der Konkurrenz sei viel besser.
Ihnen kommt nicht einmal der Gedanke, daß jeder rechtschaffene Gesprächspartner von ihnen das Gegenteil erwartet, selbst wenn der negative Vergleich stimmen würde. Nicht umsonst heißt es im Volksmund: »Es ist ein arger Vogel, der sein Nest beschmutzt.« Was aber soll der Betriebszugehörige tun, wenn er einen seiner Kollegen in der Öffentlichkeit abfällig über andere Kollegen, über die Firma oder ihre Erzeugnisse reden hört?

Wie »Nestbeschmutzer« behandelt werden sollten

Der beste Weg ist stets, ihn selbst zur Rede zu stellen. Oft wird es richtiger sein, dies unter vier Augen zu tun. Ist jedoch ein weiterer Zeuge aus dem Betrieb dabeigewesen, dann ist es gut, diesen zu der Aussprache hinzuzuziehen.
Man soll jedem Menschen einräumen, sich zunächst einmal seinem Kritiker gegenüber rechtfertigen zu können und vielleicht in einer Aussprache einzusehen, einen Fehler begangen zu haben. Dann wird er, wenn er – zum Beispiel unter Alkoholeinwirkung – unüberlegt gehandelt hat, unter Umständen sogar zu veranlassen sein, die Sache vor dem betriebsfremden Zeugen wieder richtigzustellen.
Nur wenn man sich mit aller Ruhe und entsprechenden Vernunftgründen nicht durchsetzen konnte, vor allem wenn man beobachtet, daß der zur Rede Gestellte seine schädigenden Redereien fortsetzt, sollte man als nächsten Schritt eine Aussprache unter Kollegen herbeiführen; aber nur bei negativem Verlauf Vorgesetzte informieren.

»Aber niemandem weitersagen!«

Abzulehnen ist dagegen der Weg einer Mitteilung »unter dem Siegel strengster Verschwiegenheit«. Was nützt es dem Betrieb, wenn der

nächste Dienstvorgesetzte oder die Chefsekretärin etwas erfährt, ohne es, wenn sie es für schwerwiegend hält, im Interesse der Firma an den Chef weitergeben zu dürfen? Das bedeutet doch nichts anderes, als jemandem eine Last aufzubürden, ohne ihm die Freiheit zu lassen, diese auch abwälzen zu können.
Kluge Mitarbeiter lehnen daher das Ansinnen, sich Betriebsvorkommnisse »unter dem Siegel strengster Verschwiegenheit« berichten zu lassen, von vornherein ab. Wird ihnen jedoch zugemutet, Schweigen zu bewahren, nachdem man sie unterrichtet hat, dann sind sie auch berechtigt, den Berichterstatter darauf aufmerksam zu machen, nunmehr ihrerseits Meldung erstatten zu müssen, wenn der Vortragende sich nicht selbst dazu aufraffen sollte.

Treue zur Firma

Tritt in einem großen Unternehmen, in dem man den Chef nur selten zu sehen bekommt, das Bewußtsein, aufeinander angewiesen zu sein, auch nicht so klar zutage wie in einem kleineren Betrieb, in dem man täglich mit ihm zu tun hat, so besteht doch kein Unterschied. Es muß sich hier wie dort der Meister auch dann auf den Gesellen verlassen können, wenn er ihn nicht sieht, wie der Ingenieur auf jenen Arbeiter, der irgendwo an einem großen Gerüst die Halteschrauben befestigt. Steht dieser eine nicht treu zur Sache, dreht er die Schrauben nicht fest genug, wie er es gelernt hat, dann kann das ganze Gerüst zusammenstürzen. Kaum einer steht auf seinem Posten allein. Wer hat keine Kolleginnen oder Kollegen zur Seite? Und so gebietet die Rücksichtnahme – ein Herzstück der Umgangsformen – Tag für Tag, seine persönlichen Interessen auch auf jene einzurichten, die links und rechts oder weit entfernt mit einem zusammenarbeiten.
Treue am Arbeitsplatz ist in vielen Fällen mehr als Treue zur Firma – es ist Treue zu den Mitmenschen, Rücksichtnahme auf den Nächsten, ist ein Stück jener gegenseitigen Verläßlichkeit, die wir alle – ob wir Chef sind oder Lehrling – nötiger haben. Dieser Grundgedanke sollte alle zu partnerschaftlichem Denken und Handeln veranlassen.

Den Kollegen achten

Unsere modernen Großbetriebe mögen mit Elektronengehirnen und automatisch gesteuerten Walzstraßen arbeiten und mit drei Mann erledigen, wozu früher dreihundert erforderlich waren – die Grundgesetze des Arbeitsplatzes sind an jedem dieselben. Wer den Menschen nicht achtet, geht am Menschen und nicht an der Maschine zugrunde. Takt und Verständnis für den anderen sind nicht die Tugend der Unterwürfigen, sondern die Tugend der Überlegenen.

Das Wichtigste über Rücksichtnahme und Vertrauen

1. Krankheitsursachen unterliegen der ärztlichen Schweigepflicht. Jeder, der von der Krankheit eines Kollegen erfährt, sollte eine Diagnose, deren Bekanntwerden dem Kranken schaden oder peinlich sein muß, für sich behalten.
2. Äußerungen, die den Ruf der Firma, ihrer Inhaber oder von Kolleginnen und Kollegen schädigen könnten, Klatsch und Tratsch fallen stets auf den zurück, der sie verbreitet.

3. Jeder sollte mißtrauisch jenen Kolleginnen und Kollegen gegenüber sein, die »unter dem Siegel strengster Verschwiegenheit« abfällig über Kollegen, Kolleginnen oder Vorgesetzte reden.
4. Wer Vertrauenspersonen der Geschäftsführung über betriebliche Vorfälle »unter dem Siegel strengster Verschwiegenheit« informiert, sollte sich darüber im klaren sein, daß er ihnen unter Umständen zumutet, gegen ihre Pflichten zu verstoßen.
5. Körperpflege und saubere Kleidung sind nicht nur Gebote der Hygiene zum eigenen Nutzen, sondern eine Forderung der Rücksichtnahme gegenüber den Kolleginnen und Kollegen sowie gegenüber den Kunden. Dazu gehört auch, seinen Atem zu überprüfen, gegen Körpergeruch etwas zu unternehmen und aufdringliche Parfums zu meiden.
6. Zum Essen in der Gemeinschaft sollte man keine stark riechenden Lebensmittel mitbringen.
7. Ohne Not »krank zu feiern«, ist zumeist eine größere Rücksichtslosigkeit den Kollegen gegenüber in der Gruppe oder in der Abteilung als gegenüber der Geschäftsleitung.
Denn oft läßt es sich gar nicht vermeiden, daß die Kollegen durch Mehrarbeit in die Bresche springen müssen, bevor Ersatz für den plötzlich ferngebliebenen Betriebsangehörigen geschaffen werden kann.
8. Vor jüngeren oder noch unerfahrenen Betriebszugehörigen mit seiner besseren Leistung oder seinem höheren Lohn zu prahlen, ist taktlos. Niemand sollte vergessen, daß er selbst einmal angefangen hat, und darum bemüht sein, »neuen« Kollegen das Einleben an ihrem Arbeitsplatz möglichst leicht zu machen.
9. Auch aus triftigem Grunde sollte kein Vorgesetzter einen Arbeiter oder Angestellten in Gegenwart anderer zur Rede stellen oder gar abkanzeln.
10. Niemand, auch kein Vorgesetzter, sollte die Schreibtischfächer eines anderen Betriebszugehörigen in dessen Abwesenheit durchsehen, es sei denn, eine besondere Situation, z. B. Krankheit, zwingt dazu, an geschäftlich unentbehrliche Unterlagen heranzukommen. In solchen Fällen sollte dann mindestens ein Zeuge zugezogen werden. Dasselbe gilt auch für Kleiderspinde und alle der persönlichen Verantwortung eines Betriebszugehörigen anvertrauten abgeschlossenen Schränke, Einzelfächer, Werkzeugkästen.

Nach Feierabend

Unmittelbar vor der Schwelle des Betriebes entfallen alle Abweichungen von den Umgangsformen, die uns drinnen aus der Verantwortung der Vorgesetzten und aus den Forderungen des Arbeitsplatzes erwuchsen. Die Kollegen, mit denen wir eng zusammenarbeiten, können wir draußen als gute Bekannte betrachten und diejenigen, die man – in größeren Betrieben – eigentlich mehr vom Sehen als vom Sprechen her kennt, als flüchtige Bekannte.

Rückkehr in den Kreis der Familie und der Freunde

Wie sich die Verhältnisse ändern, erkennt man am besten daran, daß selbst der Kollege die Kollegin, mit der er Tag für Tag am selben Platz zusammenarbeitet, wenn er sie am Feierabend jenseits der Geschäftstür noch ein Stück begleiten möchte, erst fragen muß, ob sie damit einverstanden ist. Ja, auch der Chef dürfte sich nicht anders verhalten.
Jeder kehrt nach der Arbeit in seinen eigenen Kreis zurück, in den Kreis seiner Familie und der selbst gewählten Freunde. Und weder ein Vorgesetzter noch ein Kollege ist berechtigt, unaufgefordert in diesen Kreis einzudringen, mag man sich vom Arbeitsplatz her auch noch so gut kennen. Daß es sich hierbei um das persönliche Recht jedes Menschen handelt, wird so oft mißverstanden.

Den Kollegen nicht gleich ansprechen

Nur wer sich darüber noch nie Gedanken gemacht hat, kann zum Beispiel einen Kollegen oder Vorgesetzten für eingebildet halten, der »nur« mit einem Gruß an dem Restauranttisch vorbeigeht, an dem sein Werkstatt- oder Büro-Nachbar mit Angehörigen zusammensitzt. An den Tisch herantreten darf er nämlich, solange er den Angehörigen nicht bekannt ist, nur dann, wenn sein Kollege sich erhebt und auf ihn zugeht. Während man im Betrieb, wenn es der Arbeit nützlich ist, jeden Kollegen, jede Kollegin ansprechen kann, muß man draußen in der Öffentlichkeit immer überlegen, ob man nicht stört. Wer sich in einem Kreis von Bekannten, Freunden oder Familienmitgliedern befindet – oder auch nur in Begleitung eines einzigen Menschen –, kann nicht einmal allein entscheiden, ob der allen Unbekannte »mit seinen Leuten« bekannt gemacht werden soll. Oft wird er erst fragen müssen, ob es den anderen recht ist. Nur in begründeten Fällen darf der einzelne an seinen Arbeitskollegen herantreten und ihn – mit einem freundlichen »Entschuldigen Sie bitte!« in die Runde – veranlassen, ihn anzuhören. Freilich hängt die Art und Weise mit davon ab, wie gut man sich persönlich kennt.
Das alles hat nichts mit Klüngelei zu tun – es ist ein Gebot der Rücksichtnahme, das heute dem einen und morgen dem anderen zugutekommt.

Kollegialität und plumpe Anbiederei stehen auf zwei verschiedenen Blättern. Und so wird das Urteil über einen Kollegen auch im Betrieb mit davon abhängen, wie er sich draußen denen gegenüber verhält, die er vom Arbeitsplatz her kennt.

Zu guter Letzt

Rücksicht zu nehmen auf alle, auch auf Mitmenschen, die wir nicht kennen, ist ein Dienst an uns selbst. Da gibt es doch Zeitgenossen, die bei Licht auf gute Formen halten, aber auf dunkler Straße ohne weiteres eine Bananenschale wegwerfen. Anderen fällt eine ganze Tüte voller Obstreste aus dem fahrenden Wagen. Sie denken nicht daran, daß sie allein durch die Spuren, die sie hinterlassen, ein schlechtes Beispiel geben. Und eines Tages rutschen sie auf einer Bananenschale aus, weggeworfen von einem, den sie ungesehen für die Gilde der Gleichgültigen und Rücksichtslosen geworben haben.

Wer anderen eine Bananenschale hinwirft, wird eines Tages selbst darauf ausrutschen

Register

Halbfette Seitenzahlen verweisen auf ausführliche Behandlung des Begriffs und kursive Seitenzahlen auf Abbildungen.